Uma esperança mais forte que o mar
A jornada de Doaa Al Zamel

Uma esperança mais forte que o mar
A jornada de Doaa Al Zamel

MELISSA FLEMING

Tradução de Ryta Vinagre

ROCCO

Título original
A HOPE MORE POWERFUL THAN THE SEA
One Refugee's Incredible Story of Love, Loss, and Survival

As opiniões expressas nesse livro são da autora e não refletem as da ONU.

Copyright © 2017 by Melissa Fleming.

Todos os direitos reservados.

Direitos para a língua portuguesa reservados
com exclusividade para o Brasil à
EDITORA ROCCO LTDA.
Av. Presidente Wilson, 231 – 8º andar
20030-021 – Rio de Janeiro – RJ
Tel.: (21) 3525-2000 – Fax: (21) 3525-2001
rocco@rocco.com.br
www.rocco.com.br

Printed in Brazil/Impresso no Brasil

preparação de originais
THADEU DOS SANTOS

CIP-Brasil. Catalogação na fonte.
Sindicato Nacional dos Editores de Livros, RJ.

F628e

Fleming, Melissa R.
    Uma esperança mais forte que o mar: a jornada de Doaa Al Zamel / Melissa Fleming; tradução de Ryta Vinagre. – 1. ed. – Rio de Janeiro: Rocco, 2017.

    Tradução de: A hope more powerful than the sea: one refugee's incredible story of love, loss, and survival
    ISBN: 978-85-325-3074-5
    ISBN: 978-85-8122-698-9 (e-book)

    1. Al Zamel, Doaa, 1995-. 2. Mulheres refugiadas – Síria – Biografia. 3. Refugiados – Síria – Biografia. 4. Síria – História – Guerra Civil, 2011. I. Vinagre, Ryta. II. Título.

17-42305

CDD–920.72
CDU–929.0552

O texto deste livro obedece às normas do
Acordo Ortográfico da Língua Portuguesa.

Para Peter, Alessi e Danny, meus pais, e para as mais de 65 milhões de pessoas que foram forçadas a fugir de suas casas.

Sumário

um: Uma infância na Síria — 11
dois: Começa a guerra — 29
três: O cerco de Daraa — 55
quatro: A vida de refugiada — 85
cinco: O amor no exílio — 108
seis: O noivado — 131
sete: Pacto com o diabo — 146
oito: Começa o pesadelo — 176
nove: Só o que resta é o mar — 193
dez: Resgate na hora da morte — 221

Epílogo — 251
Nota de Doaa — 259
Nota da Autora — 261

UMA
ESPERANÇA
MAIS FORTE
QUE
O MAR

UM

Uma infância na Síria

Na segunda vez que quase se afogou, Doaa estava à deriva no meio de um mar hostil que tinha acabado de engolir o homem que amava. O frio era tanto que ela nem conseguia sentir os pés e a sede era tamanha que a língua havia inchado. Estava tão abalada de tristeza que se não fossem as duas meninas pequenas nos braços, quase mortas, teria deixado o mar consumi-la. Nenhuma terra à vista. Apenas os destroços do naufrágio, alguns outros sobreviventes rezando pelo resgate e dezenas de cadáveres inchados, boiando.

Treze anos antes, um pequeno lago, e não o vasto oceano, quase a levara. Naquela época, a família de Doaa estava lá para salvá-la. Doaa tinha 6 anos e era a única da família que se recusara a aprender a nadar. Morria de medo da água; bastava a visão para enchê-la de pavor.

Durante os passeios no lago perto de sua casa, Doaa se sentava sozinha e via as irmãs e os primos espadanarem e darem cambalhotas na água, refrescando-se do escaldante calor do verão sírio. Quando eles tentaram convencer Doaa a entrar na água, ela se recusou firmemente, sentindo o poder em sua resistência. Mesmo quando pequena, ela era teimosa. "Ninguém pode dizer a Doaa o que fazer", a mãe falava a todos com uma mistura de orgulho e irritação.

E então, numa tarde, o primo adolescente de Doaa decidiu que ela estava bancando a boba e que já passara da hora de ela aprender a nadar. Doaa estava sentada, distraída, desenhando na terra com os dedos e vendo os outros brincarem, e ele apareceu de mansinho atrás dela, agarrou-a pela cintura e a levantou enquanto esperneava e gritava. Ignorando seus apelos, ele a jogou no ombro e levou para o lago. Seu rosto estava apertado na parte superior das costas dele e as pernas balançavam logo abaixo do peito. Ela chutou com força o tórax do primo e cravou as unhas em sua cabeça. As crianças riram enquanto o primo de Doaa esticava os braços e a atirava na água turva. Doaa entrou em pânico quando caiu de cara no lago. Afundou apenas até o peito, mas ficou petrificada de medo e incapaz de posicionar as pernas e encontrar algum equilíbrio. Em vez de flutuar para a superfície, Doaa submergira, ofegante, procurando o ar e, em vez disso, engolindo água.

Um par de braços a puxou para fora do lago bem a tempo, levando-a para a praia e para o colo reconfortante de sua mãe assustada. Doaa tossiu toda a água que ingeriu, aos prantos, e jurou que dali em diante nunca mais chegaria perto da água.

Naquela época, não havia nada a temer em seu mundo. Não quando a família estava sempre por perto para protegê-la.

Aos 6 anos, Doaa não conseguia se lembrar de nenhum momento em que estivesse sozinha. Morava com os pais e cinco irmãs em um quarto na casa de dois andares do avô. Três irmãos do pai e suas famílias ocupavam os outros quartos, e cada momento da vida de Doaa era repleto de parentes: ela dormia ao lado das irmãs, as refeições eram comunais e as conversas, animadas.

A família Al Zamel morava em Daraa, a maior cidade no sudoeste da Síria, localizada a poucos quilômetros da fronteira com a Jordânia e a umas duas horas de carro ao sul de Damasco. Daraa fica em um planalto vulcânico de solo fértil e vermelho. Em 2001, quando Doaa tinha 6 anos, a cidade era famosa pela abundância de frutas e legumes produzidos naquelas terras — romãs, figos, maçãs, azeitonas e tomates. Dizia-se que a produção de Daraa podia alimentar toda a Síria.

Anos depois, em 2007, o país foi varrido por uma seca arrasadora que durou três anos, obrigando muitos agricultores a abandonar os campos e se mudar com as famílias para cidades como Daraa, em busca de emprego. Alguns especialistas acreditam que aquela enorme migração deu origem à onda de insatisfação que, em 2011, cresceu para um maremoto de protestos e depois o levante armado que destruiria a vida de Doaa.

Mas em 2001, quando Doaa era só uma menina, Daraa era um lugar pacífico, onde as pessoas cuidavam da vida e havia uma esperança recém-descoberta no futuro do país. Bashar al-Assad tinha acabado de suceder o pai repressor, Hafez al--Assad, na Presidência. O povo da Síria estava esperançoso de que dias melhores viriam para seu país, num primeiro momento acreditando que o jovem presidente romperia com a política opressiva do pai. Bashar al-Assad e sua glamourosa mulher foram educados na Inglaterra e o casamento era visto como uma fusão — ele do ramo minoritário alauita do Islã e a mulher, Asma, como a família de Doaa, da maioria sunita. Sua política era secular e era grande a esperança, em particular em meio à elite instruída de Damasco, de que sob sua liderança seria revogada a lei de emergência já com 48 anos que o pai herdara e mantivera para esmagar a dissidência; além disso, seriam suspensas as restrições à liberdade de expressão. Com o pretexto de proteger a segurança nacional de militantes islâmicos ou rivais externos, o governo havia utilizado os poderes de emergência para restringir severamente os direitos e as liberdades individuais e permitir que as forças de segurança fizessem prisões preventivas com pouco amparo da lei.

Os grupos mais conservadores e mais pobres, como aqueles em Daraa, esperavam principalmente uma melhora na economia, mas a maioria aceitou calmamente como as coisas eram tocadas no país. Esta aquiescência silenciosa foi o resultado de uma dura lição que eles aprenderam, em 1982, na cidade de Hama, quando o então presidente Hafez al-Assad ordenou a morte de milhares de cidadãos como punição coletiva pela ascensão do movimento Irmandade Muçulmana, que desafiava seu governo. Aquela retaliação brutal ainda estava fresca na cabeça dos sírios. Porém, com uma nova geração no poder, eles esperavam que o filho de Hafez al-Assad afrouxaria algumas restrições que estorvavam a vida cotidiana. Para decepção das pessoas por toda a Síria, o novo presidente limitou-se a se declarar a favor da reforma, nada mudou muito e, depois de Hama, poucos se atreveram a desafiar o regime autoritário.

Aos sábados, quando Doaa era pequena, a antiga cidade-mercado — ou *souk* — enchia-se dos habitantes e visitantes de outro lado da fronteira, na Jordânia, que iam comprar produtos de alta qualidade a bons preços e negociar as ferramentas e os frutos da agricultura. Na principal rota comercial para o Golfo Pérsico, Daraa atraía gente de toda a região; as pessoas se reuniam ali ou faziam questão de parar enquanto estavam de passagem. Em seu âmago, no entanto, era uma comunidade muito unida de famílias ampliadas e amizades que se estendiam por gerações.

Como em toda a Síria, as crianças em Daraa permaneciam com a família até a idade adulta. Os filhos homens ficavam em casa depois do casamento, trazendo as esposas para o lar da família a fim de criar seus filhos. Os lares sírios, como o de Doaa, eram lotados de familiares, várias gerações sob o mesmo teto, dividindo uma única casa. Quando uma família em crescimento transbordava dos quartos no primeiro andar da habitação, outro andar era acrescentado e a casa se estendia para cima.

Na casa de Doaa, parte do andar térreo pertencia a seu tio Walid e à tia Ahlam com seus quatro filhos. Os vizinhos dele eram o tio Adnaan, com sua família de seis; o avô de Doaa, Mohamed, e a avó, Fawziyaa, tinham o próprio quarto. No último andar, o tio Nabil tinha um quarto pequeno com a esposa, Hanadi, e três meninos e duas meninas. A família de oito integrantes de Doaa dividia no térreo um quarto mais próximo da cozinha, o cômodo mais movimentado e mais barulhento da casa. Todos os quartos principais situavam-se em torno de um pátio aberto, típico das casas árabes antigas, onde as crianças entravam e saíam correndo, reunindo-se para brincar quando não estavam na escola ou entre as refeições. O terraço também proporcionava um espaço para a família se reunir e, nas noites quentes de verão, ali relaxavam até as primeiras horas da manhã, os homens fumando seus narguilés, as mulheres fofocando, todos bebendo chá sírio adoçado. Nas noites quentes, em especial, a brisa fresca no terraço atraía a família a estender seus colchões e dormir sob as estrelas.

Toda a família — tias, tios, primos — fazia as refeições comunais no pátio, sentada em círculo em um tapete em volta de pratos fumegantes de comida. Na hora das refeições, Doaa e as irmãs comiam com voracidade, devorando tudo o que podiam, pegando a comida com pedaços de pão pita fino, enrolado na ponta dos dedos.

O pai de Doaa valorizava esses momentos com a família por serem os únicos durante o dia em que ele poderia ficar mais tempo com as filhas. Assim que a refeição terminava e ele finalizava os restos de seu chá com açúcar, ele voltava de bicicleta à barbearia para trabalhar até a meia-noite.

O amor, os conflitos, as alegrias e tristezas da convivência com um grande clã afetavam cada parte da vida cotidiana de Doaa. E as tensões começaram a surgir debaixo do terraço desta família amorosa.

Quando Doaa nasceu, os pais dela tinham já três filhas e enfrentavam pressão da família para ter um menino. Na sociedade síria tradicional e patriarcal, os meninos eram mais valorizados do que as meninas porque as pessoas acreditavam que sustentariam a família, enquanto as filhas se casariam e voltariam a atenção para o marido e seus sogros. Shokri, pai de Doaa, era bonito, tinha cabelo preto encaracolado, era barbeiro desde os 14 anos e já havia trabalhado no exterior, na Grécia e na Hungria. Shokri pretendia voltar à Europa para encontrar um emprego e uma esposa estrangeira, mas, depois que conheceu Hanaa, mãe de Doaa, seus planos mudaram. Hanaa estava terminando o ensino médio quando eles se conheceram no casamento de um vizinho. Ela era baixinha, tinha cabelo preto, ondulado e comprido, os olhos eram de um verde impressionante. De imediato, ela e Shokri sentiram-se atraídos. Ela o achou mais cosmopolita e autoconfiante do que os outros homens da cidade e gostou de como ele se vestia, com jeans boca de sino, além do fato de ele tocar *oud*, um instrumento de cordas considerado o ancestral do violão.

Shokri e Hanaa casaram-se quando Hanaa tinha apenas 17 anos. Seus primeiros anos juntos foram tranquilos e cheios de amor, mas, aos poucos, as coisas mudaram. A primeira vez que Hanaa ouviu sua sogra, Fawziyaa, queixar-se de que ela e Shokri não tinham um filho homem foi quando Hanaa deu à luz a terceira filha. Hanaa ficou chocada quando ouviu os parentes de Shokri falando que ele deveria encontrar uma nova esposa que lhe desse um menino. Apesar de ter de lutar contra os preconceitos e expectativas profundamente arraigados, Shokri tinha orgulho das filhas em crescimento. Porém, a mãe insistia nas críticas a Hanaa e que Shokri merecia filhos homens. A casa da família, que antes era um santuário para Shokri e Hanaa, logo se tornou um lugar de conflito quando algumas cunhadas de Hanaa juntaram-se à mãe de Shokri nos cochichos e nas fofocas sobre sua incapacidade de gerar meninos.

Quando Doaa nasceu, em 9 de julho de 1995, Hanaa recebeu da família de Shokri os parabéns desanimados habituais e resmungos de "Da próxima vez, *inshallah*" — se Deus quiser — "pode ser um menino".

Mas quando Hanaa olhava o bebê solene e sério, sentia algo especial pela menina. Quando uma amiga da família, muito respeitada, rica e de fora da cidade, veio de visita por um dia para ver o bebê, ajudou a estabelecer o lugar de Doaa em sua família. A amiga, incapaz de ter seus próprios filhos, sentiu agudamente a dinâmica familiar e a pressão que Hanaa sofria para ter um menino, decidindo ajudá-la. Quando a família estava reunida na cozinha para acolher a convidada especial, ela tomou Doaa cuidadosamente nos braços e segurou-a com delizadeza. Olhou no rosto sério do bebê, colocou um dedo na testa, e anunciou: "Esta aqui é especial." Referindo-se ao significado do nome de Doaa, a amiga acrescentou: "Ela é verdadeiramente uma dádiva de Deus." Antes de ir embora, a amiga deu a Hanaa dez mil liras — uma pequena fortuna na Síria — de presente para Doaa. O resto da família ficou aturdido. O status exótico da amiga, como uma moradora rica dos Estados do Golfo, impunha respeito. Depois disso, a mãe de Shokri sempre insistia em segurar Doaa e, por algum tempo, Hanaa não ouviu mais nenhum insulto.

Durante seu crescimento, Doaa encantava a maioria das pessoas que a conheciam. Ela era extremamente tímida, ao contrário das irmãs, mais expansivas, porém as pessoas sempre se sentiam compelidas a tirá-la da concha. Havia uma doçura nela e as pessoas na rua comentavam sobre seus belos olhos cor de chocolate emoldurados por cílios longos e sua atitude calma sempre que Hanaa a levava para fora. "Desde o início", recorda-se Hanaa, "nós sabíamos que ela traria sorte para a família."

Três anos após o nascimento de Doaa, Hanaa deu à luz outra filha, Saja, e, dois anos depois, à sexta, Nawara. De repente, voltou a se inflamar a conversa do "pobre Shokri", sem filhos homens. Àquela altura, os oito membros da família moravam todos em um quarto de 4 metros por 5, com uma janela.

O restante da grande família crescia, porque os tios e tias de Doaa também tiveram mais filhos. As famílias numerosas são comuns na Síria porque o nascimento de uma criança é considerado uma sorte e as famílias grandes são um sinal da felicidade de um casal, bem como a garantia de que eles terão cuidados na velhice.

Todavia, com mais de 27 pessoas morando na mesma casa, começava a aumentar o atrito entre as mulheres. Era impossível cozinhar para tanta gente de uma vez só e, por isso, as refeições comunais, que antes traziam tanta alegria a todos, chegaram ao fim. Em vez disso, cada família teria sua vez na cozinha. Hanaa ficou com o primeiro turno, então, todos os dias, tinha de correr ao mercado, descascar e picar legumes e cozinhar tudo a tempo de servir o almoço quando Shokri fazia seu intervalo do meio do dia na barbearia, às três horas. Era a principal refeição para a família e para Hanaa era importante que fosse especial. Ela sempre tinha prazer e orgulho no preparo daquela refeição, mas, então, se encontrava sempre às pressas, tentando evitar qualquer conflito com os sogros.

Doaa e sua família comiam o desjejum, o almoço e o jantar em seu quarto pequeno, sobre uma toalha de plástico que era aberta no meio do chão. Aquele cômodo tinha se tornado o centro de seu universo. Como quarto, sala de estar e de jantar, todas as atividades da família aconteciam dentro daquelas quatro paredes.

À proporção que as meninas cresciam, mais difícil ficava espremer a vida de todos ali. À noite, Doaa e as irmãs tiravam seus colchões e, um após outro, eram colocados no chão em cada espaço possível, como peças de um quebra-cabeça. Doaa sempre escolhia o espaço sob a janela para poder olhar as estrelas até seus olhos se fecharem. Quando todas estavam finalmente adormecidas, Shokri e Hanaa tinham de passar por cima de um mar de braços e pernas entrelaçados para chegar a seu canto do quarto.

O ambiente na casa lotada tornou-se insuportável para Hanaa. Suas cunhadas viviam-na criticando por não ter um filho homem. Certa noite, quando as entreouviu fofocando sobre ela na cozinha mais uma vez, Hanaa decidiu que estava farta dessas insinuações, das escaramuças pela cozinha e do barulho infindável. Naquela noite, quando Shokri voltou do trabalho,

Hanaa estava na soleira da porta, de braços cruzados e as lágrimas lutando para escapar dos olhos.

— Ou você encontra outra casa para nós ou vai procurar outra mulher — exigiu ela. — Não podemos ficar mais tempo aqui. — Ela se aproximou um passo de Shokri. — E também não se trata apenas de mim. Ayat tem 15 anos e Alaa, 13. São adolescentes! Elas estão fartas de dividir o quarto com todos nós. Precisam ter privacidade. Se você não encontrar uma casa nova para nós, vou abandoná-lo e pedir o divórcio.

Shokri tinha notado as tensões e dificuldades crescentes que a família enfrentava em seu pequeno quarto. Depois de 16 anos de casamento, ele também entendia que Hanaa falava sério. Seus lábios contraídos e a carranca feroz lhe diziam que ela cumpriria a ameaça de ir embora. Ele sabia que precisava encontrar um trabalho melhor remunerado para que pudessem se mudar para uma casa melhor.

Doaa, então com 6 anos, estava alheia às tensões crescentes e não tinha ideia de que estava prestes a descobrir, pela primeira vez na vida, que seu mundo não era tão seguro quanto parecia. Para ela, a grande casa ainda era um lugar de lembranças felizes: de cheiros intensos de carne cozida e especiarias aromáticas; de risos e brincadeiras intermináveis com os primos no pátio cercado por flores de jasmim perfumado; de noites quentes no terraço ouvindo o zumbido dos adultos que conversavam e fumavam o narguilé.

Shokri só sabia ser barbeiro, mas perguntou por perto para ver se o seu Peugeot velho e amarelo podia ser usado para o transporte de mercadorias pela fronteira com a Jordânia. O "submarino amarelo" era o único transporte da família e também a melhor piada entre eles. Enferrujado e amassado, tendia a pifar nos fins de semana, mas era o orgulho e a alegria de Shokri. Agora, era a esperança da família de sair de sua casa sufocante e superlotada.

Shokri encontrou um empresário jordaniano que ofereceu pagamento para encher o carro de pacotes de biscoitos sírios produzidos na localidade para levá-los aos clientes do outro lado da fronteira com a Jordânia.

Nos dois meses seguintes, Shokri saía de casa de madrugada para dirigir até a fábrica em Daraa, onde enchia o Peugeot com caixas de biscoitos e bolos. Às vezes, ele mal conseguia enxergar pelo espelho retrovisor porque o carro estava cheio demais. Se o trânsito de fronteira era leve, ele conseguia fazer a viagem em cinco horas e chegar em casa a tempo de almoçar com a família antes do turno da tarde na barbearia. Doaa e suas irmãs adoraram o novo emprego do pai; sempre que ele chegava em casa, trazia guloseimas da Jordânia para elas. Elas esperavam na porta pelo *ishtiraak kubz*, um pão pita fino que eles não conseguiam obter na Síria, e batatas chips da marca Barbi, que as meninas gostavam mais do que a que tinham em casa. Ele também trazia vestidos e outras roupas mais elegantes do que qualquer uma que as meninas tivessem.

E então, numa tarde, Shokri não voltou para casa. Horas se passaram sem nenhuma notícia dele. Hanaa e as meninas ficaram preocupadas; Shokri nunca se afastava mais do que algumas horas sem informá-las de antemão. Hanaa pediu a ajuda de todos da família. Solicitou a vizinhos e amigos. Por fim, depois de horas de telefonemas frenéticos, a tia de Doaa, Raja, soube por um amigo na Jordânia que Shokri havia sido preso. Autoridades da fronteira descobriram que seu carro carregava mais do que os 110 quilos permitidos de produtos. E ainda por cima, os documentos de permissão para transportar mercadorias pela fronteira, dados a Shokri pelo proprietário da fábrica, eram falsificados. Shokri, então, estava preso na Jordânia.

A família sabia que as condições na prisão podiam ser terríveis e ficou tomada de preocupação. Imaginaram-no dormindo no chão de uma cela lotada, com fome e incapaz de se lavar ou se exercitar. Não podiam pagar um advogado, assim a família não sabia como poderia lidar com a complexidade do sistema judicial da Jordânia.

As preocupações da família aumentavam com o passar dos dias. Não só tinham medo pelo bem-estar de Shokri, como também não tinham meios de viver sem ele. Mal conseguiam se manter com o dinheiro que ele trazia para casa e agora eles não tinham renda nenhuma. A família de Hanaa entrou em cena, dando-lhes comida e todo o dinheiro extra que podia. Como uma família pobre, os Al Zamel não tinham ligações com pessoas influentes no governo que talvez pudessem ajudar e não se atreveram a comunicar às autoridades locais que Shokri estava preso na Jordânia, temendo que a atitude causasse mais problemas judiciais para seu retorno.

A família não teve permissão de visitá-lo na prisão, nem falar com ele ao telefone. Assim, recebiam notícias de Shokri esporadicamente de contatos que moravam na Jordânia, mas a maioria era confusa e só as deixava mais ansiosos com o tratamento que ele recebia. Doaa e as irmãs choravam todo dia, e à noite, depois que as meninas estavam dormindo, chorava Hanaa também, sem saber se o marido um dia voltaria para casa.

Toda a família ampliada se reuniu para descobrir um jeito de tirá-lo de lá. Quatro meses depois da prisão de Shokri, um amigo de seu irmão, chamado Adnaan, pagou 10 mil liras sírias (o equivalente a 500 dólares) a um advogado bem relacionado na Jordânia para ajudar Shokri. O advogado estava familiarizado com o sistema judicial da Jordânia e conhecia os funcionários da prisão e o juiz que teriam de ser subornados para conseguir a libertação de Shokri.

Com as 10 mil liras, Adnaan comprou o mais puro azeite de oliva sírio — no valor de duzentas liras o quilo — para as autoridades encarregadas do caso, e os melhores cortes de carne para o juiz. Convenceu o juiz de que Shokri tinha sido enganado pelo dono da fábrica e era apenas um homem simples tentando sustentar a família. Os subornos funcionaram e Shokri foi finalmente libertado da prisão.

Doaa e a família quase não reconheceram o homem magro e barbudo que chegou à sua porta tarde da noite. Depois de ouvirem sua voz conhecida, as meninas correram para ele, gritando de prazer e jogando os braços no pai. Após quatro meses, Doaa teve seu pai de volta e não queria deixá-lo partir nunca mais.

A vida normal foi rapidamente retomada depois da libertação de Shokri. Ele voltou aos seus dias na barbearia, enquanto Hanaa continuou a preparar as refeições da família. Juntos, eles ainda buscavam a realização do sonho de ter uma casa só deles. Por fim, encontraram um apartamento de preço acessível em um bairro mais barato de Daraa, reuniram as meninas e se mudaram.

A segunda casa de Doaa era um apartamento de três cômodos no bairro subdesenvolvido, conservador e pobre de Tareq Al--Sad. Shokri e Hanaa levaram meses para encontrar o apartamento, lúgubre e sujo, que estava em péssimas condições. Mas, ali, eles não precisavam se preocupar com a perturbação de tias e tios, e as crianças podiam correr livremente e ser elas mesmas. As meninas rapidamente foram ajudar os pais a limpar os aposentos e torná-los mais alegres. As irmãs de Doaa de imediato assumiram a nova casa.

Doaa, porém, teve problemas de adaptação. Odiou a mudança e sentia falta dos primos. Em particular, tinha saudades da antiga escola. Demorara muito para se abrir a seus professores e colegas, e agora, ela precisava começar tudo de novo. Na nova escola, se retraiu timidamente enquanto as irmãs faziam novas amigas. Muitas vezes, fingia doença para não ter de assistir às aulas. Mas Doaa era o tipo de criança que atraía a bondade dos outros e, aos poucos, com o tempo, fez amigas e começou a desfrutar de seu novo ambiente.

Em 2004, a família comemorou o nascimento do irmão mais novo de Doaa, Mohammad, apelidado de Hamudi. Enfim, a família tinha um filho homem. As meninas o adoravam e brigavam para ver quem cuidaria dele. Agora que havia um menino na família, os tios e tias de Doaa os convidaram a voltar para a casa da família, mas Hanaa se recusou. Tinham se ajeitado em sua própria casa e criado raízes no novo bairro.

Mas, quando Doaa fez 14 anos, chegou a notícia de que o proprietário do apartamento que eles passaram a amar precisava do imóvel e a família teria que se mudar novamente. Doaa, que desprezava mudanças, precisava desarraigar sua vida mais uma vez.

Parecia um desafio insuperável encontrar um novo lar com o salário modesto de Shokri. Um número maior de pessoas se mudava para Daraa a fim de encontrar trabalho e os aluguéis aumentavam. Depois de uma busca de três meses, a família de Doaa finalmente achou um lugar além de suas expectativas, um modesto apartamento de três cômodos no bairro arborizado El-Kashef, com uma cozinha pequena e bem iluminada e o teto forrado com videiras. Shokri e Hanaa tiveram seu próprio quarto e as meninas dormiam em outro que, durante o dia, fazia as vezes de sala de estar. Naquela época, a filha mais velha, Ayat, tinha se casado e morava com os sogros.

Doaa, porém, não viu nenhuma promessa em seu novo lar, apenas a perda irremediável das amigas que fizera no antigo bairro e das pessoas que a entendiam sem esforço algum. Mais uma vez, em um novo ambiente, ela foi dominada pela timidez.

Recusou-se a falar em sua nova escola e suas notas caíram. No início, ela resistia a quaisquer gestos de amizade. Quanto mais as irmãs mais velhas, Asma e Alaa, lhe pediam para fazer amigas, Doaa recuava, mostrando-lhes que ninguém poderia forçá-la a fazer nada que ela não quisesse. Sua timidez e a obstinação feroz a protegiam, permitindo-lhe ter controle de situações desconhecidas. Doaa levava muito tempo para confiar nas pessoas ou permitir que qualquer um visse quem ela de fato era.

Mas, com o passar do tempo, aos poucos, como nos outros bairros, os muros de Doaa começaram a ruir e ela acabou por sair da sua concha. Doaa fez novas amigas e, muitas vezes, saiu para passear com elas pelo bairro. Elas se visitavam para estudar, fofocar e falar de meninos. Costumavam subiu ao terraço — o lugar preferido de Doaa em seu novo lar — para tomar banho de sol. Ao anoitecer, iam para dentro, tocar música pop árabe e dançar em roda, cantando em uníssono junto com as gravações.

Embora Doaa acabasse feliz com o novo bairro e as amigas, ficou evidente que a vida de uma menina síria tradicional não bastaria para ela. Sua teimosia de infância cresceu, tornando-se a determinação de que ela faria algo da própria vida. Daraa era uma comunidade tradicional, mas ela sabia bem, pelas novelas e por um ou outro filme, que algumas mulheres estudavam e trabalhavam, mesmo em seu próprio país. O Estado sírio havia se declarado oficialmente a favor da igualdade das mulheres, e crescia a tensão entre duas facções: aqueles que acreditavam que as mulheres deviam ser donas de casa submissas aos pais e aos maridos por casamento arranjado e os que achavam que as mulheres podiam procurar ensino de nível superior, uma profissão e marido, de sua própria escolha. A professora favorita de Doaa era uma mulher que dizia às alunas: "Vocês devem estudar muito para que sejam as melhores de sua geração. Pensem no futuro, não apenas no casamento." Quando ouviu isso, Doaa sentiu dentro de si uma agitação para infringir os pressupostos das pessoas sobre ela e ter uma vida independente.

Depois da sexta série, meninos e meninas já não dividiam as mesmas salas de aula. Doaa e as amigas falavam de meninos; no entanto, não era culturalmente aceitável falar com eles. Aos 14 anos, ela e as amigas se aproximavam da idade tradicional para o casamento. As outras meninas faziam apostas sobre quem iria se casar primeiro. Mas, quando Doaa considerava o futuro e o que ele lhe reservava, só conseguia pensar em ajudar sua família.

Além da escola e de sua casa, o lugar de que ela mais gostava era a barbearia do pai. Ela queria mostrar-lhe que poderia ser uma trabalhadora útil e eficiente, mesmo que não fosse um menino. A partir dos 8 anos, Doaa ia à barbearia de Shokri para ajudá-lo sempre que podia. Enquanto Shokri aparava e cortava, Doaa varria o cabelo caído no chão e sempre aparecia no momento em que ele terminava de fazer a barba, segurando aberta uma toalha limpa e seca. Quando chegavam novos clientes, Doaa entrava na pequena cozinha nos fundos do salão e saía com uma bandeja de chá quente, ou copinhos cheios do amargo café árabe.

Às quintas-feiras, depois da escola, Shokri deixava Doaa cuidar dele com o barbeador elétrico. Ele ria para sua expressão séria e a chamava de "minha profissional", porque a filha se concentrava em sua tarefa. Esse apelido agitou dentro dela um orgulho extremo e só a tornou mais determinada a um dia ganhar dinheiro para sustentar o pai.

Então, quando as irmãs, Asma e Alaa, se casaram, aos 17 e 18 anos, e a família começou a provocar, "Você é a próxima na fila!", Doaa logo a informou que eles deviam deixar o assunto de lado e que não estava interessada em se casar tão cedo. Após a surpresa inicial, os pais de Doaa aceitaram que ela tomaria um caminho diferente das outras meninas e às vezes sonhavam que talvez ela fosse aquela da família que faria uma faculdade. Hanaa sempre lamentou jamais ter tido essa oportunidade e adorava a ideia de uma de suas filhas realizando seus próprios sonhos profissionais.

Doaa surpreendeu a todos quando anunciou que queria ser policial. "Uma policial?", disse Hanaa. "Você deve ser advogada ou professora!"

Shokri também detestou a ideia. Menosprezava a ideia de a filha patrulhar as ruas, misturando-se com todas as esferas da sociedade e enfrentando criminosos. Além disso, ele não confiava muito na polícia. Shokri era antiquado e acreditava que era papel do homem proteger a sociedade, proteger particularmente as mulheres, e não o contrário. Mas Doaa insistia, dizendo que queria servir a seu país e ser o tipo de pessoa a quem os outros procuravam quando tinham problemas.

Enquanto o pai reprovava e suas irmãs se divertiam à custa de Doaa por sonhar ser policial, Hanaa não implicava nada com a filha. Em vez disso, conversava com ela e tentava entender suas motivações. Doaa confidenciou que se sentia presa como uma menina. Por que não podia ser independente e construir a própria vida? Por que sempre tinha de estar ligada a um homem?

Hanaa confessou a Doaa que mesmo tendo se apaixonado por Shokri, ela se arrependia de ter se casado aos 17 anos. Hanaa fora a primeira da turma na escola e se destacara em matemática e comércio. Tinha a esperança de estudar na universidade. Naquela época, porém, as mulheres tinham poucas opções além de se casar e criar uma família, mas Hanaa pensava que talvez Doaa pudesse ser diferente.

Quando Doaa foi convidada por suas tias a uma viagem a Damasco, a capital cosmopolita, Shokri lhe deu permissão, esperando que a viagem satisfizesse seu desejo de aventura. No entanto, a visita só o aumentou. Doaa ficou atônita com a cidade movimentada. Imaginou-se vagando pelas ruas, visitando a bela mesquita dos omíadas, negociando no movimentado comércio no *souk* e andando pelas calçadas da enorme universidade onde um dia esperava estudar. Damasco abriu os olhos de Doaa e fixou em sua cabeça a ideia de um futuro diferente do que o tradicional prescrito para ela.

Mas aqueles sonhos em breve lhe seriam arrancados. Em 19 de dezembro de 2010, depois de lavar os pratos do jantar, a família se reuniu, como de costume, em volta da TV para procurar os noticiários nos canais por satélite. A Al Jazeera transmitia as últimas notícias da Tunísia, sobre um jovem vendedor de rua chamado Mohamed Bouazizi, que ateou fogo a si próprio depois que a polícia confiscou seu carrinho de hortaliças. A falta de oportunidades econômicas no país o reduziu à venda de frutas e legumes, e quando essa última lasca de dignidade lhe foi subtraída, ele deu cabo da própria vida num espetáculo horrível e público de protesto. Era o início do que viria a ser conhecido como a Primavera Árabe. Tudo na região estava prestes a mudar.

Inclusive em Daraa. Mas não como esperava o povo da cidade natal de Doaa.

DOIS

Começa a guerra

Tudo começou com algumas pichações em spray numa parede, feitas por um grupo de estudantes.

Era fevereiro de 2011 e, durante meses, o povo de Daraa tinha visto que regimes repressores em todo o Oriente Médio eram contestados e derrubados. Na Tunísia, os jovens marginalizados, identificando-se com o desespero de Mohamed Bouazizi e reagindo a sua autoimolação, atearam fogo a carros e quebraram vitrines sob frustração e desespero. Em resposta, o presidente linha-dura da Tunísia, Zine El Abidine Ben Ali, no poder desde 1987, prometeu ao povo mais oportunidades de emprego e liberdade de imprensa, e disse que deixaria o cargo quando seu mandato terminasse, em 2014. Contudo, seus pronunciamentos de pouco adiantaram para acalmar o povo. Estouraram distúrbios por todo o país, exigindo a renúncia imediata do presidente. Ben Ali respondeu declarando estado de emergência e dissolvendo o governo. Seu poder sobre o país enfraqueceu e seu círculo de partidários no Exército e no governo voltou-se contra ele. Em 14 de janeiro, menos de um mês depois de Mohamed Bouazizi tirar a própria vida, o presidente renunciou ao cargo e fugiu para a Arábia Saudita com a família.

Pela primeira vez na história da região árabe, um protesto popular conseguira derrubar um ditador. Na Síria, as famílias, como a de Doaa, observavam, assombradas. Ninguém imaginava que eles poderiam desafiar o regime sírio. Todos rejeitavam algumas coisas no governo — a lei de emergência crônica, a piora da situação econômica, a falta de liberdade de expressão —, mas todos tinham aprendido a conviver com isso. Todos achavam que nada poderia ser feito. Um aparato de segurança onipresente alcançava todos os bairros e ficava atento a encrenqueiros. Os ativistas em Damasco que exigiram reformas após a morte do ex-presidente Hafez al-Assad acabaram na prisão, intimidando as pessoas para que não falassem mal do regime, e muito menos fizessem exigências — até agora. A rebelião na Tunísia fez parecer aos sírios comuns que tudo era possível.

Doaa, agora com 16 anos, e suas irmãs começaram a pressionar os pais para obter detalhes sobre o que estava acontecendo na região, perguntando se isso poderia ocorrer na Síria também. O pai empanava o entusiasmo das filhas, com medo de incentivá-las. A Síria era diferente da Tunísia, disse-lhes ele. O governo era estável. O que aconteceu na Tunísia foi uma coisa única. Ou assim ele pensava.

Então veio o Egito e, em seguida, a Líbia e o Iêmen. Em cada país, os protestos seguiram um roteiro diferente, mas todos apelavam à mesma coisa: liberdade. O ato de protesto desesperado de um homem tinha acendido as chamas da revolta em todo o Oriente Médio. Nasceu a Primavera Árabe, agitando a esperança nos insatisfeitos, sobretudo nos jovens, e o medo em quem os governava. Quando os levantes varreram o Egito, os sírios observaram atentamente. Os dois países tinham se fundido por um breve período de três anos, em 1958, na República Árabe Unida. A Síria separou-se dessa união em 1961, mas os laços culturais continuaram fortes. Assim, quando o presidente egípcio, Hosni Mubarak, foi obrigado a renunciar, em 11 de fevereiro de 2011, muitos sírios descontentes comemoraram a vitória de sua queda, como se fosse seu próprio líder.

Doaa e sua família viam pasmadas as reportagens de TV enquanto milhares de manifestantes na praça Tahrir, no Cairo, explodiam em alegres celebrações. Comemoraram junto com os gritos de *"Allahu Akbar"* (Deus é grande) e *"Misr hurr"* (o Egito é livre) que saíam de suas telas de TV.

Daraa sempre foi considerada uma base confiável de apoio ao presidente Assad e seu partido, Ba'ath. Mas, após a queda de Mubarak, em debates sussurrados, os cidadãos de Daraa começaram a falar de seu próprio regime opressor. Quem ousaria enfrentar o governo sírio?, perguntavam-se eles. Assad era famoso por tratar a dissidência com violência esmagadora. Talvez gente comum, levantando-se contra um sistema todo-poderoso, pudesse mudar as coisas em outros países, mas não na Síria, eles tinham certeza.

Um grupo de meninos contestadores entrando na puberdade seria os primeiros dissidentes a ganhar a atenção na Síria. Em uma noite tranquila no final de fevereiro de 2011, inspirados pelas palavras de ordem que haviam dominado a Primavera Árabe, eles picharam no muro de sua escola *Ejak Al Porta ya Duktur* (Você é o próximo, doutor), aludindo a Bashar al-Assad, oftalmologista formado. Depois que terminaram, os meninos correram para casa rindo e brincando, animados com o que viram como um trote inofensivo, um ato menor de desafio. Eles sabiam que a pichação irritaria as forças de segurança, mas nunca imaginaram que seu pequeno ato provocaria uma revolução na própria Síria e levaria a uma guerra civil que viria a dividir e destruir o país.

Na manhã seguinte, o diretor da escola descobriu a pichação e chamou a polícia para investigar. Um por um, 15 meninos foram presos e levados para interrogatório no escritório da segurança política local, braço do aparato de inteligência sírio que monitora firmemente a dissidência interna. Eles foram então transferidos para um dos mais temidos centros de detenção do serviço secreto em Damasco.

A família de Doaa conhecia alguns meninos e seus familiares. Quase todo mundo os conhecia. Na cidade coesa de Daraa, todos estavam ligados de alguma forma, seja por casamento ou pela comunidade. Ninguém sabia ao certo qual daqueles envolvidos, na realidade, tinha feito a pichação. Alguns meninos foram pressionados a confessar ou implicar amigos. Outros foram interrogados porque seus nomes haviam sido rabiscados nos muros da escola muito antes de o grafite ser pintado. Ninguém conseguia acreditar que aquelas crianças haviam sido presas por um ato tão insignificante.

Cerca de uma semana depois, as famílias dos meninos visitaram Atef Najib, primo do presidente Assad e chefe da agência da inteligência política local, para apelar por sua libertação. De acordo com relatos não confirmados que se tornariam lendários, Najib disse aos pais para esquecer os filhos e que eles deveriam ter lhes ensinado boas maneiras. Ele teria zombado dos homens, dizendo: "Meu conselho é que vocês esqueçam que já tiveram esses filhos. Voltem para casa, durmam com suas esposas e tragam outros filhos para o mundo, e se não puderem fazer isso, tragam suas mulheres para nós e faremos o serviço por vocês."

COMEÇA A GUERRA

Este foi o insulto definitivo para o povo de Daraa. Em 18 de março, os manifestantes tomaram as ruas, exigindo a libertação dos meninos. Isso aconteceu três dias depois de centenas de pessoas encenarem um raro protesto na Cidade Velha de Damasco, pedindo reformas democráticas, o fim das leis de emergência e a libertação de todos os presos políticos. Eles gritaram "Pacificamente, pacificamente" enquanto marchavam para anunciar a natureza de seu movimento. Alegou-se que seis manifestantes foram detidos naquele dia.

Em 18 de março, numa ação coordenada, o povo de Damasco, Homs e Baniyas também foi às ruas junto com a população de Daraa para exigir a libertação dos filhos de Daraa, cantando: "Deus, Síria, liberdade".

Doaa ficou do lado de fora de sua casa e viu os manifestantes marcharem, gritando "Abaixo a lei de emergência" e exigindo a libertação de presos políticos, inclusive os meninos de Daraa. Ela ficou na beira da calçada, diante de sua porta de entrada, enquanto os manifestantes passaram bem na frente, tão perto que ela poderia ter estendido a mão e tocá-los. A energia e a promessa da manifestação deixaram-na eufórica. Por toda sua vida, disseram a ela que o povo da Síria nunca desafiaria o governo e que ela teria de aceitar as coisas como eram. Mas, parada ali, assistindo aos manifestantes que passavam por ela, por um momento Doaa teve o desejo de sair da calçada e se juntar a eles, fazer parte do que seria uma nova Síria. De repente, para sua surpresa, a polícia começou a lançar gás lacrimogêneo contra os manifestantes e os atingiu com canhões de água de alta pressão, de grandes caminhões que avançavam pela rua. Sua empolgação transformou-se em horror quando os manifestantes correram aos gritos para todo lado ou caíram desamparados no chão. A rua em frente de sua casa, em um instante, transformara-se em local de confronto. Apavorada, ela se retirou para a segurança da casa.

Naquele mesmo dia, na frente da mesquita al-Omari, no centro da cidade, manifestantes se reuniram e organizaram um protesto passivo, declarando a manifestação da sexta-feira o Dia da Dignidade e exigindo a libertação dos meninos e a renúncia do governador de Daraa. Daquela vez, as forças de segurança na mesquita fizeram mais do que lançar gás lacrimogêneo. Abriram fogo contra os manifestantes, matando pelo menos quatro pessoas.

Foram as primeiras baixas em uma guerra que mataria mais de 250 mil pessoas e expulsaria metade do país de suas casas — mais de 5 milhões de sírios se tornaram refugiados no exterior e somaram quase 6,5 milhões de desalojados no país. Grande parte da população de Daraa acabaria por ser expulsa de suas casas, enquanto as escolas, lares e hospitais seriam reduzidos a escombros.

Os relatos do uso da força contra manifestantes pacíficos em Daraa ganharam os noticiários internacionais e a reação da comunidade global foi rápida. Nas Nações Unidas, em Nova York, o secretário-geral Ban Ki-moon emitiu uma declaração por intermédio de seu porta-voz, afirmando que o uso da força letal contra manifestantes era inaceitável e exortou "as autoridades sírias a absterem-se da violência e respeitarem seus compromissos internacionais na questão dos direitos humanos, que garantem a liberdade de opinião e expressão, inclusive a liberdade de imprensa e o direito à reunião pacífica".

O secretário-geral afirmou acreditar que era "responsabilidade do governo da Síria ouvir as aspirações legítimas do povo e resolvê-las pelo diálogo político inclusivo e por reformas genuínas, não pela repressão".

COMEÇA A GUERRA

O governo sírio, porém, tinha uma versão diferente dos acontecimentos. De acordo com a agência de notícias estatal da Síria, a SANA, "infiltrados tiraram proveito depois de um encontro de cidadãos perto da mesquita Omari, na cidade de Daraa, na sexta-feira à tarde, para provocar o caos por meio de atos de violência, o que resultou em danos à propriedade privada e pública". A SANA afirmou que os infiltrados tinham incendiado carros e lojas e atacado as forças de segurança.

Apesar da reação violenta do governo, as manifestações continuaram a se espalhar por toda a Síria, enquanto cidadãos furiosos exigiam reformas. No Dia das Mães na Síria, que cai em 21 de março, a SANA publicou uma matéria que citou uma fonte no governo Assad, afirmando que foi formada uma comissão para investigar os violentos confrontos em Daraa e que se decidiu pela libertação de vários "jovens".

Os meninos de Daraa receberam de volta suas roupas e mochilas e foram levados para casa, libertados na praça al--Saraya diante de uma multidão de milhares de manifestantes eufóricos. Mas o entusiasmo logo se transformou em pavor, quando ficou claro que alguns meninos, com apenas 12 anos, tinham sido torturados. Suas costas revelavam feridas abertas deixadas por fios elétricos que os guardas usaram como chicote. Os meninos tinham queimaduras de cigarro no rosto e a alguns faltava-lhes unhas. A notícia do estado dos meninos alimentou uma fúria ainda maior. Mesmo em um regime conhecido pela repressão à dissidência, a tortura de crianças era impensável. Os meninos de Daraa tornaram-se ícones da florescente revolução e os protestos cresceram.

O governo esperava que a liberação dos meninos sufocasse o movimento; mandaram um enviado importante em nome do gabinete do presidente para falar com uma multidão de manifestantes. Ele lembrou à multidão que o presidente determinara a libertação dos jovens prisioneiros e que estava ciente das reivindicações dos manifestantes. O enviado também disse que estavam investigando quem tinha instigado a violência que eclodiu em seguida às detenções, mas acreditava que os autores fossem pessoas que fingiam pertencer às forças de segurança. Acrescentou que o presidente Assad estava enviando representantes pessoais às famílias dos manifestantes mortos para prestar condolências.

Esses gestos não satisfizeram ninguém e, como os protestos se alastraram, o governo acusou os manifestantes de ignorar aquelas ações numa tentativa de derrubar o Estado. As forças de segurança começaram a entrar na cidade em grande número. Em noticiários da mídia estatal, os manifestantes foram acusados de ligação com terroristas. A culpa foi colocada em "bandidos", como o primo distante do presidente Assad, Ribal Rifaat al-Assad, que foi exilado da Síria quando criança e se tornou um crítico do governo, ou Abdul Haleem Khaddam, ex-vice-presidente da oposição, que atacou o governo em 2005, desertou para a França e apelou por uma mudança de regime. Assad também afirmou que elementos estrangeiros tentavam destruir o país.

Naquele Dia das Mães, o mundo de Doaa se alterou para sempre. Todos os anos, por tradição familiar, ela, a mãe, as irmãs e o irmão visitavam o avô para almoçar e ir ao cemitério ler o al-Fatiha, o primeiro capítulo do Alcorão, junto ao túmulo da avó, um ritual importante para Doaa. Depois de ler o al-Fatiha, as crianças distribuíam biscoitos *ma'amoul* recheados com tâmaras e flores de seu buquê aos outros visitantes do cemitério, recebendo pequenos presentes semelhantes em troca.

Naquele dia em particular, a intuição de Hanaa dizia para ela ficar em casa. Diante da porta de entrada, a rua, em geral

COMEÇA A GUERRA

movimentada de transeuntes e consumidores, estava estranhamente silenciosa. Falaram de atiradores de elite, postos de controle e confrontos entre manifestantes e forças do governo. Para chegar à casa de seu pai, Hanaa e os filhos teriam de se aventurar pelo centro da cidade, onde ocorriam os confrontos mais violentos. E, ainda por cima, Shokri estava no trabalho e não poderia acompanhá-los, só muito mais tarde naquele dia.

No entanto, Doaa não quis saber de ficar em casa. Adorava visitar a antiga casa do avô, com seu jardim florido onde ela brincava com os primos mais novos. Pelo menos trinta familiares eram esperados lá, uma ocasião que ela não queria perder.

"Mamãe", insistiu Doaa, "nós vamos todos os anos. Não podemos parar de fazer o que nós amamos."

Hanaa finalmente cedeu, sabendo que, se não a levasse, Doaa provavelmente tentaria ir por conta própria, deixando Hanaa preocupada em casa. Durante toda a agitação na Síria, Hanaa queria dar às filhas e a Hamudi um senso de normalidade. Porém, nada seria normal naquela viagem que os aguardava.

Hanaa concluiu que o jeito mais seguro de chegar à casa de seu pai era de táxi. Trajados nas melhores roupas e carregando cuidadosamente caixas que continham bolo de chocolate e biscoitos variados, eles partiram.

No início, os temores de Hanaa pareciam infundados. Hanaa, Doaa, Saja, Nawara e Hamudi foram à porta e olharam para sua rua em El-Kashef. Havia menos gente do que o habitual, mas as lojas ainda estavam atendendo aos clientes e as pessoas cuidavam de sua vida. Doaa localizou o grupo habitual de vizinhos na praça sombreada, a popular loja de falafel Abu Youssef tinha sua fila costumeira à espera dos pedidos e a loja da esquina, onde Doaa e as irmãs compravam doces e batatas fritas, tinha a porta escancarada. Por um momento, a família esqueceu a violência que varria a cidade e perturbava a paz de suas vidas. Doaa andou pela rua sorrindo, pensando em visitar o túmulo da avó e passar um dia com a família.

Era um percurso de apenas 15 minutos para a casa do avô de Doaa. Normalmente, os táxis eram abundantes e baratos: 35 liras por uma corrida ao centro da cidade. Naquele dia, porém, os poucos carros que rodavam tinham as janelas fechadas e não reduziam para Hanaa, que fazia sinal com o braço. Finalmente, um táxi parou e o motorista baixou a janela para dizer seu preço — 250 liras, uma margem de lucro de 600 por cento. Ele disse que aquela era a sua "taxa de risco". Doaa ficou chocada que o motorista cobrasse tanto, mas se quisessem chegar à casa do avô não tinham alternativa senão pagar o preço do motorista.

Eles se amontoaram no táxi, com o cuidado de não esmagar o bolo ou enrugar as roupas boas. Doaa viu-se no retrovisor lateral e alisou o véu de estampado brilhante, querendo ter a melhor aparência para a celebração.

O jovem taxista estava extremamente nervoso, ofegante e constantemente olhando por cima dos ombros. À medida que percorriam as zonas militarizadas de Daraa, eles ouviram tiros, que assustavam o motorista e fizeram Doaa pensar que talvez os receios da mãe não fossem infundados. A todo momento eles eram parados em uma barreira militar. O motorista tentava contorná-las, pegando ruas secundárias, e prometeu levar a família o mais perto possível de seu destino.

Quando se aproximaram do centro da cidade, Doaa viu uma fumaça cinza escura subindo uma quadra adiante. Eles viraram a esquina e viram um incêndio numa delegacia de polícia. As chamas brotavam no telhado e lançavam-se violentamente para fora das janelas, e o cheiro de fumaça agora enchia o táxi, queimando a garganta de Doaa. Policiais saíram correndo do edifício para escapar das chamas e o motorista pisou no freio. "Os manifestantes atearam fogo", ele gritou enquanto o carro parava cantando pneus. Mas Doaa mal conseguia ouvi-lo com o ronco do fogo e os gritos das pessoas na rua. Analisando a cena pelo para-brisa, de repente ela viu através da fumaça manifestantes atirando pedras e gritando para a polícia em fuga. Ela se apertou na janela, tentando ter uma visão clara do que estava acontecendo.

"É agora que será o inferno na Terra." O medo na voz do motorista apavorou Doaa. "Sinto muito, mas vocês precisam sair. Fiquem perto das paredes ou vão atirar em vocês." Doaa não acreditava no que estava ouvindo. Aquele taxista ia deixá-los no meio do caos? E por que seu próprio governo a mataria, apenas por estar na rua? Com relutância, Hanaa pagou ao motorista e a família saiu. Hanaa manteve Hamudi perto de si, enquanto as meninas se agruparam. O calor do fogo os pressionava enquanto começaram a andar com a maior rapidez possível para longe dali, olhando com cautela em volta. O coração de Doaa disparou quando ela percebeu que a mãe tinha razão. As coisas se agravaram. Os manifestantes que eles viam já não levavam ramos de oliveira e atiravam pedras, agora estavam ateando fogo, e as forças de segurança revidavam com canhões de água, gás lacrimogêneo e artilharia verdadeira — e a família de Doaa estava bem no meio de tudo isso. Foi ela que insistira que eles fossem. Ela era a razão de sua família correr perigo.

Com os estampidos de tiros estourando por perto, Hanaa agarrou a mão de Hamudi e correram, de cabeça baixa, para o edifício mais próximo. Sentindo-se expostos, espremeram-se na parede, enquanto as balas ricocheteavam acima de suas cabeças. Eles não conseguiam ver de onde vinham as balas e não sabiam como evitá-las. A mente de Doaa não conseguia processar que estavam atirando nela. Em parte ela não acreditava no que estava acontecendo a seu redor, como sua vida tranquila e normal em um instante tinha se transformado de tal forma que a família então se espremia de medo enquanto balas voavam pelo ar e os incêndios grassavam pela rua. Por outro lado ela pensava friamente em um plano para proteger a família. Ela sabia que eles tinham de continuar em movimento. Voltar para casa seria tão perigoso quanto seguir adiante, então eles decidiram avançar para a casa do avô. Em dado momento, caíram de quatro e se arrastaram pelas ruas. "Fiquem perto da parede!", gritava Doaa aos irmãos à frente dela. Hamudi e Nawara começaram a chorar. Doaa ignorou o gosto amargo de medo que sentiu quando tentou reconfortá-los: "Não tenham medo. Levantem-se agora e corram!" Ela sabia que se eles entrassem em pânico a possibilidade de serem mortos seria maior. A família abandonou o bolo, levantou-se e deslocou-se com cautela junto das paredes, recuando para becos antes de avançar mais pela rua novamente. Uma caminhada que deveria ter levado dez minutos consumiu uma hora.

Enfim, eles chegaram à casa no bairro de Abassiya e bateram freneticamente na porta. O tio de Doaa a abriu e os puxou para dentro da casa, o rosto pálido de preocupação com a visão de sua família no meio do tiroteio. "Você ficou louca?", gritou ele para Hanaa quando estavam todos a salvo dentro da casa. "Não sabe o que está havendo lá fora?"

Saja, Nawara e Hamudi estavam em choque. Rapidamente retiraram-se para os fundos da casa, longe do barulho de disparos e morte, tremendo de medo. Doaa, no entanto, achava que precisava saber o que estava acontecendo. Minutos depois de ter cumprimentado os parentes, ela deixou cair um saco de biscoitos na mesa e correu pela escada até o terraço, sabendo

COMEÇA A GUERRA

que dali veria a praça, onde eles tinham visto os confrontos. Hanaa gritou a ela para não subir, mas Doaa a ignorou.

Ela subiu o resto da escada, abriu a porta com um empurrão e correu para a mureta na altura do peito que cercava o terraço. Ofegante, olhou por cima da mureta a praça em frente à casa do avô. Por toda sua infância, Doaa passara horas no terraço, observando a praça tranquila, cercada de lojas e casas. Agora, ela esquadrinhou a vizinhança, atônita com os manifestantes que tinham se reunido na praça e entoavam "Queremos liberdade", enquanto marchavam com placas e ramos de oliveira em direção a uma linha de homens da segurança, vestidos de preto. Ao contrário dos protestos a poucas quadras de distância, aquela manifestação na praça em frente à casa do avô era pacífica.

Os manifestantes estavam apenas a 500 metros dela. Doaa tinha o ponto de observação perfeito para assistir ao desdobramento dos protestos. Os manifestantes estavam em filas e avançavam lentamente para o outro lado da praça quando as forças de segurança começaram a disparar gás lacrimogêneo neles. As latas de metal voaram pelo ar, golpeando alguns manifestantes antes de caírem no chão e expelirem o gás. Algumas pessoas fugiram, enquanto outras continuaram marchando e entoando "Abaixo a lei de emergência" e "O povo sírio não será humilhado". Muitos caíram de joelhos, esfregando os olhos que ardiam enquanto o gás lacrimogêneo sufocava sua respiração. E então, para horror de Doaa, ela viu os policiais levantarem os fuzis e atirarem munição verdadeira diretamente na multidão. Ouviu-se gritar "Meu Deus!", antes de uma onda de gás lacrimogêneo atingir sua boca e queimar a garganta. As substâncias químicas queimavam os olhos e ela teve um acesso de tosse incontrolável. Começou a se sentir fraca quando agarrou a borda da mureta do terraço e viu as pessoas caindo no chão, algumas feridas, outras imóveis. Mesmo a distância, Doaa tinha certeza de que estavam mortas e ela chorou pela brutalidade daquelas mortes. O governo com que ela cresceu querendo servir como policial agora atirava em seu próprio povo, nas pessoas de seu bairro. Ela percebeu que tudo em que acreditou sobre o seu país durante sua criação estava errado.

"Desça para cá!", Doaa ouvia os gritos de pânico da mãe, que estava no alto da escada. Meio cega pela fumaça e as lágrimas, Doaa correu de volta para dentro. No momento em que alcançou a mãe, ela caiu em seus braços, ofegante do gás lacrimogêneo e tremendo de choque. Foi a primeira vez que Doaa viu alguém morrer diante dela, e não podia fazer nada a respeito disso. Ela era uma espectadora impotente.

Lacrimejando, Doaa e a mãe tatearam o caminho escada abaixo e entraram na casa. Retiraram-se para um quarto, a fim de se recuperar e tentar entender o que Doaa contou ter visto. Após alguns minutos, o avô as convenceu a sair. Queria manter o ritual da refeição do Dia das Mães e a família começou a comer em um silêncio pesado. Mas quando Doaa tentou comer, foi tomada de um mal-estar e deixou intocado o prato, cheio de sua comida preferida. Shokri irrompeu pela porta justamente quando estavam prestes a comer a sobremesa. Juntou-se a eles para o café e os doces, mas anunciou que estaria partindo antes de escurecer. Embora o tiroteio tivesse terminado e os manifestantes recuado, o clima nas ruas era tenso. "Podemos visitar o túmulo da sua avó outro dia." Daquela vez, Doaa não discutiu.

Quando saíram da casa, agrupados e bem próximos, eles viram manchas de sangue na calçada onde ocorreu o tiroteio. As ruas estavam desertas, exceto por alguns homens que carregavam os feridos para carros que os levariam dali. Todos sentiram os olhos ardendo e lacrimejando do gás que permanecia invisível no ar. Shokri levou a família a uma rua adjacente e movimentada que parecia não ter sido afetada pela rebelião e a violência que aconteceram a apenas uma quadra e parou um táxi a fim de levar a família para casa.

Mais tarde, eles descobriram que os manifestantes tinham ateado fogo também à sede do Partido Ba'ath e a um tribunal. Duas agências da Syriatel, a companhia telefônica de propriedade do primo bilionário do presidente Assad, Rami Makhlouf, também foram alvo de ataque. Quinze manifestantes foram mortos naquele dia, de acordo com relatos de testemunhas oculares, e dezenas ficaram feridos. O governo em Damasco, na esperança de conter uma agitação maior, anunciou que investigaria as mortes, mas de imediato colocou a culpa nas autoridades de Daraa. Depois disso, os protestos só aumentaram e mais confrontos ocorreram entre os manifestantes e a polícia. Enquanto isso, o número de mortos crescia. Em reação à brutalidade do governo, surgiu uma ala de oposição armada a partir do movimento de protesto pacífico.

Um mês após o incidente do Dia das Mães, Hanaa se juntou à irmã em uma visita a uma amiga das duas, a mãe de Ahmad, de 14 anos, um dos meninos que foram presos. Quando voltou para casa, Hanaa estava agitada e chorosa. Ahmad estava magro e abatido, um fantasma do que era antes. "Nós quase não o reconhecemos quando ele chegou em casa", a mãe dele havia dito a Hanaa. Quando se encontrou com o menino, ele estava sentado, imóvel, olhando o vazio, incapaz de responder quando lhe falavam. Seu rosto inchado estava coberto de ferimentos vermelhos e brilhantes, os braços estavam manchados de hematomas. Não apenas isso, os nós dos dedos foram abertos e arrancaram suas unhas. A mãe explicou que as mãos dele tinham sido espancadas com fios como punição para a pichação.

Quando a notícia dos maus-tratos e abusos dos meninos na prisão se espalhou e o número de mortes de manifestantes continuou a subir, um número cada vez maior de pessoas se juntou aos protestos semanais na mesquita e os manifestantes foram além de suas exigências originais do fim da corrupção e da lei de emergência. Agora, apelavam para uma mudança de regime. Os protestos foram crescendo rapidamente em porte e frequência, e chegavam mais soldados de Damasco para subjugar o movimento.

Doaa ouviu que as mulheres eram incentivadas a participar das manifestações. Depois do que tinha visto no terraço do avô e do que ouviu da mãe sobre o corpo machucado e espancado de Ahmad, ela estava ansiosa para participar. Algo havia mudado nela. A menina tímida que antes temia a mudança agora se sentia impelida a participar de uma revolução.

Uma das manifestações aconteceu em seu bairro e muitas pessoas do campo e de áreas vizinhas foram participar. O clima era de euforia. O povo de Daraa começava a acreditar que podia fazer uma diferença real em seu país. Quando Doaa ouviu os gritos dos manifestantes que se aproximavam de sua casa, ela reuniu as irmãs, o irmão, Hamudi, e as amigas Amal e Hoda e juntou-se a uma fila de mulheres e outras jovens na parte de trás da multidão. Doaa estava eufórica. Pela primeira vez na vida, teve um senso de propósito maior e estava decidida a ter um papel no que esperava que fosse um movimento para a mudança pacífica no país que amava.

Quanto mais comparecia a protestos, mais, Doaa ficava ousada, e ela descobriu diferentes maneiras de contribuir para a causa. Um de seus papéis em um protesto era ajudar as pessoas que haviam sido expostas ao gás lacrimogêneo, espremendo limão em um pano com que poderiam cobrir os olhos irritados, ou cortando cebolas ao meio para provocar lágrimas que lavariam a substância química. Uma de suas tarefas mais perigosas foi pegar bombas de gás lacrimogêneo e jogá-las de volta às forças de segurança. As latas quentes queimavam-lhe as mãos e ela se arriscava a levar o gás em cheio na cara se a lata explodisse enquanto ela a segurava. Doaa também corria o risco de chamar a atenção das forças de segurança, mas ela não se importava; agora estava inteiramente comprometida com a revolução e as amigas também começavam a se envolver.

Os protestos acabaram por se tornar um evento social em que os jovens se reuniam para partilhar suas esperanças para o futuro. Amal e Hoda costumavam se juntar a Doaa e suas irmãs nos protestos depois da escola e nos fins de semana, quando as mães permitiam. Mas a maioria das amigas de Doaa ficou confinada a suas casas e esperava ansiosamente que ela contasse o que tinha acontecido em cada reunião. As conversas de Doaa com as amigas já não versavam sobre os meninos, casamento ou fofocas de bairro. Agora só falavam de resistência e rebelião.

À noite, Doaa não assistia mais à TV, e passava seu tempo livre pensando em slogans e palavras de ordem inspiradores para imprimir em cartazes que ela levaria para os outros nas manifestações. Também começou a fazer pulseiras e anéis de contas com as cores da bandeira revolucionária: vermelho, preto e verde. A confecção de cada uma delas levava várias horas e quando ela ficava sem miçangas, tinha de pedir ao pai que comprasse mais. No início, Shokri se recusava, com medo de que Doaa estivesse arriscando sua segurança fazendo a bijuteria de tema revolucionário, mas no final, como quase sempre, cedia a ela. Doaa usava as pulseiras nos dois pulsos e as dava às amigas, dizendo-lhes para esconder a bijuteria por baixo das mangas quando as forças de segurança faziam suas rondas. Ela sabia que era arriscado ser capturada com tal enfeite, mas estava decidida a contribuir para a causa do jeito que pudesse. Sua mãe ficava paranoica que alguém descobrisse que Doaa produzia aqueles pequenos símbolos de rebelião e temia que a filha fosse presa; assim, Hanaa passou a esconder o material de Doaa quando ela estava fora, porém Doaa acabaria por encontrá-lo novamente e durante a noite voltava a trabalhar em suas pulseiras, enquanto os pais dormiam.

"Se não for assim, vou enlouquecer", explicou aos pais. Ela não podia participar de protestos à noite, quando só os homens iam às manifestações, mas não podia ficar de braços cruzados e não fazer nada.

Os protestos aconteciam tão perto de sua casa que ela podia ouvir os gritos dos manifestantes que marchavam pela rua. Sempre que ouvia, Doaa se sentia compelida a participar. Durante o dia, vestia seus jeans e um suéter e jogava a bandeira da revolução nos ombros, preparando-se para sair. Vendo-a se vestir, a mãe implorava que ela ficasse em casa, longe da possibilidade de se machucar.

"*Hayati* [Minha vida]", implorava Hanaa, "por favor, não vá. As forças de segurança vão reconhecê-la e se vingar."

Mas Doaa não dava ouvidos. "Mãe, não podemos ficar em casa sem fazer nada."

Hanaa sabia que entraria numa batalha se tentasse impedir Doaa de sair e, no fundo, tinha orgulho da coragem e da determinação da filha de fazer parte da revolução que poderia mudar a Síria, assim a deixava ir.

Com o passar dos dias, Hanaa notou uma transformação em Doaa. Em vez de tímida, medrosa e sempre resistente à mudança, Doaa agora a defendia. Seu entusiasmo enchia o ar quando ela contava histórias de onde tinha marchado naquele dia e o que acontecera pelo caminho.

Shokri ouvia com medo os relatos de Doaa. Estava apavorado pelas filhas. Ouvira histórias que circulavam sobre mulheres sendo despidas e estupradas por homens da segurança na frente de suas famílias. Outras simplesmente tinham desaparecido. Aquele era seu pior pesadelo e ele se sentia sufocar de preocupação quando saía para trabalhar todo dia, deixando as meninas sozinhas com Hanaa.

Quando estava em casa, Shokri insistia que as meninas não saíssem em momento nenhum, exceto para ir à escola, e Doaa resistia a obedecer.

— *Baba*, você nos diz que temos de lutar por nossos direitos, e ainda assim não vai nos deixar sair e nos juntar às manifestações — queixou-se ela.

Shokri meneou a cabeça.

— É meu dever proteger você e suas irmãs. Deixe as manifestações para os homens da cidade.

Ele passou a insistir que Hanaa mantivesse todas em casa enquanto ele estava no trabalho. Mas Doaa era rebelde. Chorava e ficava amuada, recusando-se a comer ou falar durante dias. Sentia-se inútil presa dentro de casa.

Por várias vezes, quando se sentia particularmente inquieta, Doaa escapulia para uma manifestação. Shokri ficava furioso quando descobria que a filha estava desaparecida, mas pouco podia fazer. Por fim, desistiu de tentar mantê-la em casa e longe do perigo. A obstinação de Doaa simplesmente superava a dele.

Os protestos passaram a fazer parte da vida cotidiana do bairro. Homens, mulheres e crianças se reuniam para participar ou assistir a eles. Muitas vezes, Doaa encontrava primos e amigas da escola, e quando via as amigas mais íntimas, Amal e outra que também se chamava Doaa, elas se davam as mãos e todas cantavam, gritavam e marchavam juntas, em uníssono.

Em 30 de março de 2011, o presidente Assad fez um discurso ao Parlamento, abordando pela primeira vez a agitação que engolia o país. Enquanto ele entrava na Câmara, os membros do Parlamento se levantaram, aplaudindo com entusiasmo e cantando alto e em coro "Deus, Síria e Bashar". Assistindo à cobertura do discurso naquela noite no noticiário, Doaa teve esperanças de que ele estivesse prestes a ceder às exigências dos manifestantes. Em vez disso, embora admitisse as mortes em Daraa, ele se referiu a elas como casos isolados e um "erro". Todo cidadão, observou ele, tem queixas, e seu governo esforçava-se para resolvê-las. Mas agora, advertiu, "conspiradores" operavam para forçar uma "agenda de Israel" que estava influenciando aqueles que tinham tomado as ruas de boa-fé. Ele chamou os que estavam por trás daquela conspiração de "agentes estrangeiros", rotulou os manifestantes de "terroristas" e afirmou que os canais árabes de TV por satélite faziam parte do esquema que "criava o caos com o pretexto da reforma". Anunciou que poderia considerar algumas mudanças no sistema, mas apenas depois que o país voltasse à estabilidade e a economia melhorasse. Afirmou que os vídeos e as fotos que os meios de comunicação transmitiam ao público, mostrando as forças do governo reprimindo os civis, eram falsos, e prometeu que não cederia às exigências daqueles que considerava terroristas. O primeiro-ministro, observando, entoou "Deus, Síria e Bashar", dando sua concordância.

Doaa ficou confusa ao ver a transmissão. Quando Assad falou de "terroristas", ele se referia a suas amigas, à família e aos vizinhos? *Não somos terroristas!*, pensou ela com firmeza. Mas quando se tratou do fuzilamento de manifestantes desarmados em Daraa, só o que Assad disse foi que cometeram "erros" e que "nem todos os manifestantes eram conspiradores". Ele não condenaria os atos de repressão brutal realizados pelas forças de segurança. Naquele momento, Doaa percebeu que a luta estava apenas começando e seu país se desintegrava.

Após o discurso do Parlamento, a agitação continuou a se espalhar por toda a Síria, protestos explodindo nas cidades de Damasco, Homs, Aleppo, Douma e Latakia. Por um tempo, parecia que a maré mudava em favor da oposição, na medida em que gente por toda a Síria voltava-se contra o governo. Encorajados, os manifestantes juraram continuar a marcha até que suas exigências fossem atendidas. E então, para surpresa deles, em 21 de abril, apenas dois meses após o incidente da pichação, o presidente Assad anunciou na TV estatal que revogaria a lei de emergência, em vigor desde 1963.

Para o movimento de oposição, aquela concessão era muito pequena e chegara muito tarde. Não bastava mais revogar a lei, agora o povo tinha os olhos postos na mudança do regime, mas logo percebeu que o presidente Assad trabalhava em uma transformação própria — para fortalecer seu poder, substituindo o antigo sistema que herdara do pai por um novo, com o pretexto de combater o terrorismo. Assad alterou as leis para que qualquer pessoa cujos atos pudessem ser considerados prejudiciais à situação da nação, ou um insulto ao partido governante ou a seus líderes, ou qualquer um que participasse de manifestações ou portasse armas, agora poderia ser acusado de ajudar "terroristas" e ser cúmplice deles.

Em resposta à repressão e ao abuso de poder, os protestos incharam. No dia seguinte, no que ficou conhecido como A Grande Sexta-feira, aconteceram manifestações simultaneamente em mais de vinte cidades e vilarejos em todo o país. Mais uma vez, as forças de segurança usaram gás lacrimogêneo e munição real para subjugar os manifestantes.

Nas ruas de Daraa, os embates entre manifestantes e soldados do governo tornavam-se cada vez mais violentos, mas isso não deteve Doaa, que saía mesmo assim. Uma noite, quando um protesto de que participaram Doaa, Nawara, Ayat e Saja perdia intensidade, as forças de segurança de repente apareceram e avançaram de armas erguidas para a multidão. Todo mundo sabia o que iria acontecer — gás lacrimogêneo e espancamentos, talvez até mesmo mortes. As pessoas entraram em pânico, gritaram e correram para todo lado. No tumulto, Doaa perdeu as irmãs de vista. Mas, enquanto as pessoas se espalhavam, Doaa ouviu alguém gritando atrás dela — um dos organizadores.

"Esconda o megafone e a tabla [tambor]!", gritou ele, empurrando-os para ela. "Se nos pegarem com eles, vão nos prender!" Qualquer um apanhado com apetrechos de protesto era associado com a manifestação e poderia ser classificado como cúmplice de terroristas ou ele próprio terrorista.

Sem hesitar, Doaa agarrou o tambor e o megafone e os meteu embaixo de sua *abaya*. Nessa época, Shokri exigia que as meninas, se insistissem em sair às ruas, vestissem uma *abaya*, uma peça de vestuário preta e longa que as cobria da cabeça aos pés. As mulheres que as trajavam chamavam menos atenção e a vestimenta também lhes permitia misturar-se com outras mulheres na rua, proporcionando uma camada de proteção para Doaa e as irmãs. Inicialmente, Doaa resistiu, odiava a roupa quente e amorfa que escondia sua identidade. No entanto, naquela noite ficou agradecida pela proteção. Ocultar o tambor e o megafone sob a *abaya* podia dar-lhe uma chance para chegar a um local seguro. Sua casa ficava apenas a duas ruas de distância, então ela se virou e correu para lá.

COMEÇA A GUERRA

Depois de dar apenas alguns passos, dois carros pararam cantando pneus na frente dela. Um estava cheio de manifestantes, perseguido pelo outro, das forças de segurança. Quando os policiais saltaram do carro para prender os manifestantes, Doaa percebeu que estava em apuros. Se a pegassem com a tabla e o megafone, ela também seria presa, talvez coisa pior. Lutando para conter o pânico, ela olhou em volta freneticamente e viu a obra abandonada de um prédio logo atrás e correu para lá. As forças de segurança, com a intenção de capturar os manifestantes, não deram por sua presença. E assim, com o coração disparado, Doaa correu para um cômodo vazio no segundo andar e se escondeu atrás de uma pilastra. Ali, esperou em silêncio, tentando recuperar o fôlego. Porém, poucos minutos depois, o edifício estava apinhado de policiais à procura de manifestantes. Doaa prendeu a respiração, teve medo de se mexer. Tinha a boca seca, o peito apertado, seus dedos doíam e os braços tremiam de segurar, enfraquecida, o megafone e a tabla. Se caíssem no chão, ela certamente seria apanhada. Doaa começou a rezar em voz baixa para ter forças.

Após minutos de agonia, ela ouviu a polícia sair do prédio, de volta ao que restava da manifestação. Soltando um suspiro de alívio, Doaa baixou o tambor e o megafone para descansar os braços doloridos. De dentro do prédio, viu a polícia dando uma busca em lojas e restaurantes, procurando a quem prender. Por fim, quando não via mais nenhum policial lá fora, ela pegou o tambor e o megafone e correu para a rua, tomando o caminho de casa. No momento em que seus pés tocaram a calçada, percebeu ter cometido um erro. Um dos homens de segurança não havia deixado a área e estava de pé na frente do prédio, a apenas cem metros de onde ela havia se escondido. De imediato ele a viu sair correndo da construção.

— Peguem-na! — gritou ele, apontando para Doaa. — É um dos manifestantes!

Apavorada, Doaa correu o mais rápido que pôde. Não só ainda escondia a tabla e o megafone, como a bandeira da independência também envolvia seus ombros. Não havia como Doaa não ser presa, se fosse capturada. Rapidamente, ela virou uma esquina e por um momento ficou fora de vista da polícia. Bateu na primeira porta que encontrou.

— Deixe-me entrar — ela implorou pela fresta da porta —, por favor, me escondam, ou eles vão me prender!

Quando a porta se abriu, parecia que o próprio Deus ouvira suas súplicas. Uma mulher com a idade de sua mãe a abraçou e rapidamente a puxou para dentro, fechando a porta aos barulhos de tiros. Levou Doaa às pressas para os fundos da casa.

— Troque de roupa agora. Tome, pegue a *abaya* de minha filha e coloque um véu diferente. Se eles vierem, direi que você é minha filha.

Mas Doaa se recusou a aceitar as roupas da mulher. Não pretendia ficar muito tempo e também não queria colocar a mulher num perigo ainda maior. Em vez disso, Doaa ficou encolhida no canto da sala, sozinha e tremendo, até que os tiros esmoreceram. Em curtos espaços de tempo, a mulher vinha ver como Doaa estava.

— Fique aqui até o anoitecer, *binti* [minha filha], depois será seguro ir para casa. Podemos esconder suas coisas e você vem buscar outro dia.

Uma hora depois, quando a noite caiu, Doaa agradeceu à mulher por salvar sua vida. Sabendo que precisava voltar para casa, ela timidamente abriu a porta da frente e saiu. Agentes de segurança ainda percorriam as ruas, mas Doaa, tendo se livrado da bandeira da independência, não parecia suspeita em sua *abaya*. Só o que os policiais viram foi uma menina síria comum, andando recatadamente e cabisbaixa. A casa de Doaa ficava a poucos passos de seu esconderijo e agora, tão perto de segurança, Doaa andou o mais rápido que pôde sem chamar a atenção. Viu sua irmã mais velha, Ayat, do lado de fora.

— Doaa — gritou Ayat —, onde você esteve? Ficamos muito preocupados com você!

Agentes de segurança viraram-se para elas e Doaa viu que era olhada com um interesse repentino. Com medo de que eles a reconhecessem, ela correu para casa. No momento em que alcançou Ayat, Doaa agarrou o braço da irmã.

— Cale a boca, sim? — sibilou e olhou por cima do ombro.
— Você está chamando a atenção deles.

Então, os homens olhavam as meninas e apontavam. Doaa e Ayat continuaram na direção da casa e logo que chegaram à porta Hanaa as puxou para dentro, abraçando Doaa bem junto de si. Ficara morta de preocupação quando as outras meninas voltaram sem Doaa e teve medo de que ela tivesse sido presa.

Com a família reunida a sua volta, Doaa contou o que tinha acontecido. Os irmãos ficaram impressionados com a coragem que ela demonstrou e Hanaa estava muito aliviada para se enfurecer.

— *Habibti* [meu amor] — disse Hanaa, abraçando Doaa e acariciando seu cabelo —, sei que você é corajosa, mas ainda é uma menina e só Deus sabe o que farão com você, se a pegarem. Você precisa ter cuidado.

Doaa virou-se para o pai, esperando que ele a abraçasse, da forma como fizera sua mãe. Em vez disso, ele estava de punhos cerrados e tinha o rosto vermelho de fúria. Doaa deu um passo para ele, depois parou, reconhecendo a raiva em sua linguagem corporal. Shokri não manifestava seu mau gênio muitas vezes, mas, quando o fazia, era terrível. Ela nunca vira tanta raiva em seus olhos. Doaa sabia que desta vez tinha ido longe demais.

— Eu a proíbo para sempre de ir a outra manifestação — trovejou ele.

Saja e Nawara encolheram-se e ficaram longe do pai, enquanto observavam Doaa, apreensivas. Hanaa tentou acalmá-lo e Doaa começou a chorar de frustração. Não suportava a ideia de ficar longe dos protestos. Mas Shokri foi inflexível. Tinha pavor do que poderia ter acontecido se Doaa fosse presa. Havia boatos de meninas violadas nas ruas, na frente dos pais, por saírem da linha e desobedecerem à lei. Outras mulheres foram presas e nunca mais se ouviu falar delas. Shokri decidiu que trancaria Doaa em casa se fosse preciso chegar a esse ponto para mantê-la fora das ruas e impedi-la de se colocar em perigo. Pela primeira vez na vida de Doaa, ele desprezou suas lágrimas.

— Esta é a minha última palavra — afirmou resolutamente.

Apesar de sua teimosia, no fundo Doaa ainda era uma menina síria tradicional e sabia quando devia obedecer ao pai. Sabia que desta vez não havia como escapar, e assim, com relutância, concordou em ficar em casa, mas sua aquiescência não ia durar; o coração continuava com a revolução.

TRÊS

O cerco de Daraa

A segunda-feira, 25 de abril de 2011, havia começado como qualquer outro dia de primavera. Doaa subiu ao terraço para pendurar a roupa lavada da família, uma tarefa doméstica que ela não se importava de fazer, desde que ao mesmo tempo pudesse conversar com a melhor amiga, Amal, cuja sacada dava para o terraço de Doaa. Era também uma oportunidade de ela ver as idas e vindas no bairro de uma perspectiva privilegiada.

Naquela manhã, ela abriu a porta para o terraço com um quadril, equilibrando no outro o cesto plástico cheio de vestidos, cachecóis e camisas. O sol era quente no rosto e uma brisa fresca fez ondular seu véu. Quando trocou o cesto pesado de posição para segurá-lo melhor, ouviu um ruído grave e elevado. Assustada, Doaa largou a carga e correu para espiar pela borda da mureta. De quatro andares acima, tinha uma visão clara das ruas de El-Kashef — a padaria do outro lado da rua, as calçadas onde brincavam as crianças do bairro. Mas agora, em vez da calma familiar, viu gente correndo para todo lado, em pânico e com medo. De longe, distinguia grandes formas negras que avançavam em direção à cidade. Para ter uma visão melhor, ela se curvou mais sobre a mureta do terraço. As formas entraram em foco e ela reconheceu tanques militares que rolavam lentamente pela rua, na direção de sua casa. O peso dos veículos enormes parecia esmagar o calçamento e ela sentiu o terraço estremecer sob seus pés. Juntamente com os tanques, Doaa viu centenas de soldados armados em marcha, enquanto helicópteros militares circulavam no alto, as hélices barulhentas abafando os ruídos habituais da cidade.

Doaa se segurou com força na mureta do terraço, sentindo o concreto áspero ferir as mãos. Um pavor a deixou nauseada enquanto ela se lembrava das histórias que ouvira sobre a cidade de Hama e o que tinha acontecido lá três décadas antes. O presidente Hafez al-Assad esmagara a rebelião e em seguida ordenara que as tropas cercassem a cidade. Estimou-se que de dez a quarenta mil pessoas foram mortas durante a tomada de poder. O massacre de Hama serviu como uma história admonitória na Síria e a lei de emergência voltou a entrar em vigor para reprimir a dissidência.

Observando com temor os tanques entrarem em sua cidade, Doaa não pôde deixar de se perguntar se o presidente Bashar al-Assad seguiria os passos do pai e mataria qualquer um que ousasse desafiar sua autoridade.

Enquanto Doaa ficou espremida na mureta do último andar, observando os tanques roncando pela cidade, o pai estava trabalhando na barbearia e a mãe havia saído para visitar a família. Hamudi e as meninas brincavam na rua, na frente da casa, vigiados pela irmã mais velha de Doaa, Ayat, que estava de visita com os dois filhos. Todos estavam bem no caminho dos tanques e dos homens armados que se aproximavam.

O CERCO DE DARAA

Doaa correu pelo terraço e desceu a escada de dois em dois degraus. Explodiu pela porta de entrada para avisar os irmãos. "Entrem, pelo amor de Deus!", gritou. "Vocês serão todos mortos!" Ela agarrou Hamudi pelo braço e o puxou para dentro de casa e as irmãs a seguiram. Irritada e confusa, Ayat pegou seus dois meninos no colo e os levou para dentro, atrás dos irmãos.

— Você enlouqueceu? — gritou Ayat. — O que deu em você? O que está acontecendo?

Doaa puxou Ayat para a janela da frente, que dava para a rua.

— É isso que está acontecendo! — Doaa apontou. — Eles vão nos matar!

Ao se aproximarem da casa, os tanques pareciam ainda mais ameaçadores. Doaa via as silhuetas de homens vestidos de preto, com os rostos envoltos em balaclavas que escondiam suas identidades, de pé no alto das escotilhas de atiradores. Parecia que apontavam as armas diretamente para a casa e a família de Doaa.

Tomada pelo medo, Doaa correu ao telefone para ligar para a mãe, mas não obteve resposta. Desesperada, apertou o botão de rediscagem repetidas vezes, mas o telefone tocava sem parar. O pai não tinha celular e a barbearia também não tinha telefone. Assim, em vez disso, Doaa tentava continuamente falar com a mãe, de olhos fixos no telefone, como se isso bastasse para fazê-la atender.

Enquanto os soldados marchavam pela cidade, a cabeça de Doaa foi dominada pelo pânico e os filhos de Ayat começaram a chorar. *Onde estão meus pais? Estarão em segurança? E se eles não voltarem para casa?*, perguntava-se Doaa, apavorada. Amontoados na sala dos fundos, a mais distante da rua, Doaa e os irmãos se abraçaram. Doaa odiava se sentir impotente, mas não podia fazer nada para proteger a família contra a ameaça presente na rua.

Depois do que pareceram séculos, a mãe de súbito irrompeu porta adentro. Embora estivesse a apenas alguns minutos de distância, levou mais de uma hora para atravessar os postos de controle em um táxi e voltar para casa. Estava exausta e a preocupação enchia seus olhos, que correram de Ayat e os netos para Hamudi, depois para Doaa, Saja e Nawara, assegurando-se de que todos estavam a salvo. Hamudi correu para a mãe e ela se ajoelhou, abraçando-o a seu peito enquanto as meninas se juntaram em volta deles, jogando os braços em torno da mãe.

— Parece o fim do mundo lá fora. Onde está Shokri? — perguntou Hanaa sem fôlego, percorrendo a sala com os olhos e notando a ausência do marido.

A família temeu pelo pior. E se Shokri foi apanhado no caos que se seguiu na rua e jogado na cadeia? Durante horas, a família esperou, olhando pela janela da frente, tentando ver o máximo da rua que fosse possível. Doaa tentou se convencer de que o pai se atrasou em postos de controle, como aconteceu com a mãe, mas a preocupação a importunava. Por fim, as meninas o vislumbraram pela janela, recurvado e empurrando apressado a bicicleta para a casa. Suas roupas normalmente imaculadas estavam amarrotadas e o cabelo escuro molhado de suor. Hanaa correu para abrir a porta para ele. Depois de entrar, ele olhou a sala, como Hanaa havia feito, contando todos lá dentro, aliviado ao ver toda a família em segurança. A família se reuniu em torno dele, que lhes contou dos soldados que vira pela cidade em posições-chave, preparados para atacar a qualquer momento. Ele olhou para Ayat e seus filhos.

— É muito perigoso irem para casa. Vocês terão de passar a noite aqui.

O CERCO DE DARAA

O céu escurecia e Doaa acendeu uma lâmpada para iluminar o quarto, mas nada aconteceu. Ela experimentou mais duas lâmpadas, até perceber que a eletricidade estava cortada. Hanaa então foi à cozinha fazer um chá, mas escorriam apenas algumas gotas de água da torneira; a água corrente também fora fechada. Confusa, ela voltou para a sala de estar e colocou Hamudi no colo, enquanto Doaa, Saja e Nawara olhavam pelas janelas. Observavam com apreensão que os soldados nas ruas pareciam se acomodar para uma longa estada, recostando-se nos tanques estacionados bem à frente da porta. Aos poucos, a família dava-se conta de que aquela situação talvez fosse mais permanente do que tinham previsto.

Shokri ligou o rádio de pilha e sintonizou no noticiário para ter mais informações.

Daraa está sob cerco, anunciou a emissora. *O exército foi enviado para acabar com os terroristas que tentam destruir o país.*

Uma nuvem caiu sobre a família ao compreender aquela notícia e eles se perguntaram como isso afetaria sua vida rotineira.

Naquela mesma noite, enquanto os familiares iam dormir, Doaa ficou acordada, incapaz de ignorar a sensação de que algo terrível estava prestes a acontecer. Deitou-se na maior imobilidade possível e escutou a respiração profunda de Saja e Nawara a seu lado, assim como o riso e os gritos dos soldados tendo eco nas ruas. Por fim, ela adormeceu, sendo acordada às quatro e meia da manhã pelo despertador ajustado para o horário das orações matinais. Ela estendeu a mão para o relógio e assim que os dedos apertaram o botão para desligar o alarme voltaram a se acender as poucas luzes que foram ligadas quando do corte da energia. A eletricidade deve ter sido religada no momento em que o despertador tocou. Desorientada, Doaa sentou-se na cama por um momento, tentando colocar a cabeça no lugar, e, de repente, ouviu gritos e tiros na rua. Tomando um susto com aquele barulho perturbador, Doaa correu à janela da frente e viu gente em disparada nas ruas e os tanques em movimento. Ayat se juntou a ela na janela e logo toda a família estava reunida ali, assistindo apavorada às forças de segurança invadirem a casa das pessoas. Homens e meninos novos, de apenas 11 anos, eram conduzidos para a rua e forçados a colocar os braços às costas e andar de cabeça baixa. Os soldados os empurraram para dentro dos carros, gritando-lhes que eram terroristas.

Abalada com o que testemunhava, a família de Doaa decidiu procurar conforto no Alcorão. Obrigaram-se a se afastar das janelas e se reuniram na sala de estar, tentando ler suas orações da manhã juntos, enquanto ficava claro para todos que o cerco não terminaria tão cedo.

Naquela manhã, Hanaa passou a planejar como a família se viraria com o que havia na cozinha — alguns pedaços de queijo, iogurte e salada na geladeira, junto com algumas coisas que ela havia guardado no armário: geleia, picles, azeitonas e uns legumes enlatados. Ela encontrou um saco de arroz, mas se lembrou de que não havia água para cozinhar. E ainda por cima Ayat e os filhos não podiam voltar para casa, assim a pouca comida que havia teria de ser esticada para alimentar mais três pessoas. Depois de verificar a despensa, Hanaa rapidamente decidiu que a família teria de se contentar apenas com uma pequena refeição do meio-dia até que conseguissem sair de casa novamente para comprar mais alimentos.

Em cada refeição, Hanaa fazia o máximo para dividir a pouca comida que tinham, enquanto todos bebiam pequenos goles de um copo que partilhavam entre toda a família, retirado do estoque remanescente de água mineral que tinham em casa. Desconectados de seus programas de TV durante os cortes de energia à noite, eles se sentavam juntos à luz de velas, revezando-se na leitura do Alcorão. Costumavam começar pelo versículo Ayat al Kursi, que rogava a Deus para protegê-los durante a noite.

Depois que todas as velas acabavam, eles ficavam sentados no escuro, reunidos, ouvindo em silêncio os tiros, explosões e gritos do lado de fora. Às vezes, até ouviam o ricochete das balas que acertavam as paredes de sua casa. Toda noite iam para a cama com fome, perguntando-se quanto tempo duraria seu confinamento.

Passou-se uma semana e o único contato da família com o mundo acontecia quando homens armados, fardados e com botas enlameadas batiam e chutavam sua porta, exigindo entrada para dar uma busca na casa. Aquele ritual perturbador e invasivo era realizado com uma frequência de até três vezes por dia. Em cada ocasião, Shokri se levantava para recebê-los, cooperava e era obediente para proteger a família. Às vezes, os soldados entravam na casa e apontavam as armas para uma pessoa de cada vez. "Estamos procurando terroristas", declaravam eles. *Quer dizer eu*, pensou Doaa ao perceber que qualquer um que tivesse participado de uma manifestação agora era classificado pelo Estado como terrorista. Doaa tinha certeza de que eles sabiam que ela e as irmãs saíram em manifestações e tentavam arrancar uma confissão delas pelo medo.

Certa vez, um soldado olhou diretamente para Doaa e falou: "Querem a liberdade, seus cães? Nós lhes daremos a liberdade." Em seguida ele e seus homens começaram a derrubar as coisas das prateleiras, virando livros e quebrando vasos e outras bugigangas. Depois entraram na cozinha e derrubaram o último vidro do precioso azeite de oliva, junto com os potes restantes de frutas e legumes em conserva, quebrando tudo no chão.

A família teve de limpar a sujeira e se agastou, sem saber como sobreviveria tendo esgotadas quase todas as suas reservas.

Em outro momento durante uma busca, os soldados em visita pegaram o celular de Doaa e procuraram fotos ou vídeos que pudessem envolvê-la nas manifestações. Ela havia sido avisada de que tirar fotos dos protestos poderia implicá-la, assim, sensatamente, não documentou seu envolvimento.

Um soldado chegou a apontar a arma para Hamudi, que na época tinha apenas 6 anos. Tremendo de medo, ele se agarrou à mãe. Hanaa morreu de medo de que os soldados o prendessem, como fizeram com outros meninos novos. Ela o protegeu nos braços e rezou para que os soldados os deixassem em paz. Quando finalmente eles saíram da casa, Hanna foi tomada de alívio. Mas sempre que a casa da família sofria uma busca, renovava-se o medo de que alguém fosse levado.

Um dia, enquanto Doaa fechava a porta depois da saída de um grupo de soldados que partia após dar uma busca na casa, de súbito outro grupo empurrou a porta, abrindo-a, exigindo entrar. Um dos soldados enfiou o fuzil na barriga de Doaa e a empurrou no chão.

— Por que você está batendo a porta na nossa cara? — berrou ele para Doaa, mantendo a arma pressionada em sua barriga.

Doaa ficou deitada ali, petrificada.

— Seus colegas já estiveram aqui — disse ela, olhando-o de baixo. — Eles acabaram de dar uma busca.

Depois de alguns segundos, ele baixou a arma e voltou sua atenção a Shokri.

— Leve-me ao terraço — exigiu.

Ele insistiu que a família subisse a escada à frente dele, porque, se houvesse rebeldes no alto esperando para pegar os soldados numa emboscada, a família seria baleada primeiro.

Shokri os levou, com o resto da família, espremidos na escada atrás dele. Enquanto olhava a cara do soldado por cima do ombro da mãe, Doaa sentiu a raiva crescer. *Aquele era seu lar, a sua família. Que direito tinha o soldado de lhes dar ordens e ameaçá-los?* Ela menosprezava ver seu pai orgulhoso obrigado a obedecer a esses valentões e mordeu a face interna das bochechas para não gritar insultos a eles. Os soldados descobriram rapidamente que não havia nada no terraço e Doaa soltou um suspiro de alívio enquanto este segundo grupo de militares saía da casa. A família havia sobrevivido a outra batida.

Sempre que davam uma busca, Shokri temia que os soldados raptassem as meninas. Assim, mandou que Doaa e as irmãs dormissem de *abaya* para ficarem plenamente cobertas, caso houvesse uma batida no meio da noite, o que começava a virar rotina. Ele também deu uma faca a cada uma das filhas para que se protegessem.

— Apunhale qualquer homem que chegue perto demais — aconselhou ele, e as instruiu a manter as facas escondidas embaixo da *abaya* durante as buscas.

Na noite seguinte àquela em que o pai lhe dera as facas, Doaa reuniu as irmãs e elas fizeram um pacto:

— Se algum soldado tentar nos estuprar — cochichou ela para que os pais não pudessem ouvir —, devemos estar preparadas para nos matar. Não podemos viver com essa vergonha. Nossa honra é tudo que nos resta. — Saja, de 13 anos, e Nawara, de 10, seguraram suas mãos e concordaram com a cabeça, amedrontadas.

Pouco tempo depois, apareceram soldados na casa para examinar a sala dos fundos onde Doaa e a família estavam sentadas. Um deles estava no início dos 20 anos e tinha cabelo preto, comprido e revolto. Ele olhou Doaa de um jeito que ela achou inadequado. Ela se remexeu, pouco à vontade, com o olhar dele. Embora Shokri tenha instruído a todos que ficassem em silêncio durante as buscas e não antagonizassem com ninguém, daquela vez Doaa não conseguiu se conter. Olhou feio para ele, sem se dar ao trabalho de esconder o ódio e a fúria dos olhos.

— Por que está me olhando desse jeito? — O soldado exigiu saber.

— Sou uma pessoa livre — respondeu ela num tom de desafio, o rosto branco de raiva. — Posso fazer o que eu quiser. — Doaa sabia que a palavra *livre* enfureceria o soldado.

Irritado, ele investiu para ela, exigindo ver sua identidade.

— Não tenho nenhuma — admitiu ela.

— Não tem? E por que não? Quantos anos você tem?

— Quinze.

— E por que ainda não tem identidade?

— Eu tentei tirar. Pedi uma carteira de identidade no registro do governo, mas eles se recusaram a emitir uma para mim.

O soldado riu ao ouvir isto.

— Então, por que você não vai a uma manifestação por causa *disso*?

Doaa viu claramente que sua participação nos protestos não era segredo. Sentiu o coração martelar dentro do peito enquanto a ideia lhe ocorria, mas se recusou a demonstrar medo.

— Sim, talvez eu vá — respondeu ela com petulância.

Os olhos do soldado faiscaram de raiva enquanto ele levantava a arma, em alerta.

— Não seja respondona — ordenou ele.

Toda a família ficou petrificada de medo, esperando que a raiva do soldado explodisse, mas, depois de olhar feio para Doaa por algum tempo, enfim ele baixou a arma, virou-se e foi para a porta, resmungando ao sair:

— É melhor você se cuidar, porque, não se esqueça, estamos de olho em você.

Quando a porta bateu depois de sua saída, Hanaa ficou furiosa:

— Nunca fale com os soldados desse jeito! Você está se colocando em perigo!

— Você está colocando todos nós em perigo! — Shokri ficou furioso enquanto se levantava junto de Doaa. — A partir de agora, você ficará em silêncio sempre que eles entrarem — exigiu.

Doaa estava abalada e com raiva demais para responder. Nem mesmo se deu ao trabalho de assentir. Em vez disso, apenas baixou a cabeça e olhou o chão, sem nada dizer. Bem no fundo, ficou feliz por ter desafiado o soldado, mas também sabia que jamais poderia admitir aquilo a sua família. Ela sentiu orgulho quando naquele mesmo dia as irmãs lhe cochicharam que respeitavam sua coragem e, ao mesmo tempo, expressaram admiração pelo que tinha sido feito da irmã tímida.

Na manhã de 5 de maio, onze dias depois do início do cerco, Hanaa estava parada na frente do armário de mantimentos vazio, agora desesperadamente preocupada, sem saber como alimentaria a família. De súbito, ela ouviu uma voz amplificada berrando do lado de fora da janela. Temerosa demais para abri-la, uma vez que contrariava as regras do cerco, a família se espremeu o mais perto que pôde da janela para distinguir o anúncio da viatura policial que percorria o bairro: "Hoje há toque de recolher. Das sete da manhã à uma da tarde, vocês devem permanecer em casa. De uma às duas da tarde, as mulheres têm permissão para sair de casa e comprar comida. Todas as mulheres que saírem de casa serão revistadas. O toque de recolher voltará a entrar em vigor às duas horas." O cerco tinha sido suspenso, pelo menos por um breve momento.

Hanaa soltou um suspiro de alívio, pensando apenas nos mantimentos que enfim conseguiria trazer para casa e para a família faminta. Porém, Shokri ficou escandalizado com o anúncio. Tocar nas mulheres era considerado inaceitável pelo Islã. Ele sentia que aquela ordem de revistar as mulheres era uma tentativa de provocar os homens de Daraa, no desespero do governo para controlar a população.

— Jamais deixarei que ponham a mão em você enquanto eu viver — disse Shokri, incrédulo, recusando-se a permitir que Hanaa saísse.

Ela, porém, foi inflexível; as crianças emagreciam a cada dia e os filhos novos de Ayat choravam constantemente de fome.

— Precisamos alimentar nossa família. Não sobrou mais nada na casa. — Hanaa suplicou gentilmente, olhando nos olhos do marido. — Se eu tiver de sofrer a indignidade de uma revista, assim será.

Shokri olhou a família fragilizada e concordou com relutância.

Quando, enfim, colocou o pé para fora de casa, Hanaa descobriu que o bairro estava inteiramente ocupado por soldados armados e tanques. Apenas a poucas centenas de metros da casa, ela viu um grupo de mais de cem militares sentados a mesas compridas, tomadas de comida. Percebeu que enquanto a família e outros cidadãos de Daraa passavam fome, os soldados faziam um banquete bem na frente de suas portas.

Hesitante, Hanaa ia atravessar a rua, na direção da padaria. Mas, antes que conseguisse dar mais do que alguns passos, sentiu o peso dos olhos dos soldados que a vigiavam. De súbito, parecia que cada soldado na rua a encarava. Em pânico com a ideia de sofrer uma revista, Hanaa não conseguiu avançar.

Tremendo na rua, rapidamente decidiu voltar à segurança de sua casa e entrar apressadamente.

Instantes depois, houve uma batida na porta. Shokri atendeu, inseguro, abrindo uma fresta.

— Quem é a mulher que saiu há pouco dessa casa? — perguntou uma voz de homem pela abertura —, quero falar com ela.

Shokri chamou Hanaa, que veio à porta e encontrou um general do Exército, alto e de aparência severa, parado ali com a metralhadora pendurada de lado.

— Fui eu, general. Queria comprar pão para minha família.

— E por que deu meia-volta de uma hora para outra?

— Fiquei com muito medo, general. — Hanaa mantinha os olhos baixos em sinal de respeito. — Havia muitos homens na rua.

Enquanto a ouvia, os olhos do general mostraram um brilho de solidariedade e sua voz ficou mais branda:

— Insisto que compre comida para sua família. Mas a senhora precisa ir agora, quando não há nenhum atirador de elite. Eles nunca saem entre o meio-dia e as quatro da tarde.

Hanaa e Shokri ficaram assombrados que aquele homem aparentemente estivesse ajudando.

— Obrigada, general, muito obrigada. *Allah ma'ak* [Deus esteja convosco] — respondeu Hanaa, apanhando a sacola de compras e o acompanhando para a rua. Ele voltou a seu grupo de soldados, mas observou enquanto Hanaa desaparecia dentro da loja e mais tarde saía com suas seis fatias designadas de pão. Quando passou por ele a caminho de casa, ele lhe perguntou gentilmente:

— Alguém a incomodou?

Ela meneou a cabeça em negativa, mantendo-se cabisbaixa.

— Ótimo — disse ele. — Agora deve ir para casa.

Rapidamente, Hanaa voltou para seu lar. Já na cozinha, ela observou, enquanto desembrulhava o pão e a família se reunia para uma refeição simples:

— Ainda resta humanidade nas pessoas.

O cerco continuava e a família de Doaa aos poucos descobria que muitos soldados jovens não estavam ali para machucá-los. Quatro soldados, em especial — o moreno e bonito Ali; Bahaar, de olhos verdes; Nero, baixo e com ar de menino, e o alto Abdul Aziz —, todos estacionados na frente de sua casa, eram sempre gentis com a família. Ali era o mais gentil de todos, com frequência passando furtivamente a Hanaa uma fatia de pão e alguns tomates com um sorriso tímido enquanto estava de serviço. As buscas na casa realizadas por esses jovens eram indiferentes, porque em geral eles percorriam rapidamente os cômodos e deixavam as prateleiras intocadas e as gavetas fechadas. Às vezes, se demoravam dentro da casa, recarregando os celulares, conversando sobre as notícias do dia ou brincando com os filhos pequenos de Ayat. Em duas ocasiões, até deram dinheiro para Shokri comprar comida. Doaa e as irmãs sentiam-se estranhamente protegidas por eles e não seguravam as facas da mesma maneira que faziam quando outros soldados entravam em sua casa. Doaa via claramente que esses soldados jovens e generosos não queriam estar lá mais do que a família os queria ali.

Um dia, alguém socou desesperadamente a porta. Preparados para enfrentar outra batida, Doaa ficou surpresa ao encontrar um jovem no início dos 20 anos, tremendo de medo. Portava uma arma e tinha o rosto coberto por um *kaffiyeh*, um lenço xadrez em preto e branco.

— Socorro! — pediu ele. — Sou do ELS e o regime está atrás de mim. Os soldados vão me matar! — Doaa ouvira falar que muitos homens que participaram das manifestações agora se reuniram e formaram uma oposição armada ao governo e se autodenominavam o Exército Livre da Síria.

— Entre — respondeu prontamente Doaa, olhando os dois lados da rua.

Embora não pudesse deixá-lo ali fora para ser morto, ela também não podia ser apanhada abrigando um soldado do ELS. Assim, rapidamente bolou um plano para escondê-lo. Ela e Saja pegaram quatro caixas de papelão e fizeram o jovem se sentar encostado em um canto de um cômodo que estava apinhado de colchões e mesinhas. Arrumaram as caixas em volta dele e as taparam com um cobertor, criando a impressão de uma cadeira. Era calombenta e meio desajeitada, mas elas acharam que talvez desse certo, se a batida seguinte fosse dada pelos soldados solidários.

Elas esperaram uma hora antes que viesse a batida inevitável. Para alívio delas, Ali estava parado à porta, mas pouco atrás dele elas viram um oficial que não reconheceram, e entraram em pânico.

Os soldados entraram na casa e depois de uma rápida olhada pela sala Ali anunciou:

— Não tem ninguém aqui.

Doaa tinha certeza de que ele notara a nova "cadeira", mas não falou nada a respeito disso. Ela prendeu a respiração, esperando que os soldados fossem embora. Mas então o oficial desconhecido pediu a Ali que o levasse ao terraço. Eles subiram a escada enquanto a família esperava embaixo. Depois de vários minutos, voltaram, satisfeitos com a busca. Enfim, saíram da casa e, quando a porta se fechou, Doaa e Saja puxaram os cobertores e desmontaram a cadeira. O jovem saiu de sua posição agachada. Hanaa lhe trouxe um copo de água e ele a pegou e beijou a mão dela, olhando a família.

— Obrigado. Vocês salvaram minha vida! — Depois de uma despedida apressada, ele subiu a escada ao terraço e escapou pela lateral do prédio.

Ao vê-lo partir, Doaa sentiu o triunfo e a satisfação encherem o peito. Depois de semanas curvando-se para soldados e se sentindo impotente, ela tivera uma pequena vitória contra os homens que ocupavam seu lar. Começou a se perguntar o que mais poderia fazer.

Após onze dias de cerco, a agência de notícias estatal SANA anunciou que o governo havia concluído sua missão de "afugentar elementos de grupos terroristas" e "restaurara a segurança, a paz e a estabilidade" em Daraa. O general Riad Haddad, chefe da divisão política militar, anunciou que o Exército retiraria gradualmente seus 6 mil soldados e que a cidade voltaria à normalidade. Porém, durante aqueles onze dias, enquanto Doaa e sua família permaneceram trancadas em casa, o mundo tomara conhecimento de suas dificuldades e os noticiários começaram a soltar detalhes das mais de duzentas mortes e mil prisões que aconteceram durante o cerco. Segundo a mídia estatal síria, cerca de oitenta soldados também morreram. À medida que as notícias se espalhavam pelo mundo, a secretária de Estado americana Hillary Clinton alertou o governo da Síria de que haveria "consequências para essa repressão brutal" e líderes europeus passaram a debater sanções. Grupos de direitos humanos contaram que pelo menos 600 pessoas morreram em toda a Síria nas sete semanas desde que começou a repressão sobre os manifestantes e 8 mil foram presas ou estavam desaparecidas.

Aliviada, Doaa notou que os tanques na frente de sua casa deixavam suas posições e um número menor de soldados armados patrulhava as ruas. Apesar de tudo isso, ficou evidente que as coisas estavam longe da volta ao normal. Cadáveres em decomposição de manifestantes jaziam pelas ruas, sem serem recolhidos, e o fedor de carne apodrecida enchia o ar. Além das mortes, houve destruição. As meninas não iam à escola desde o início do cerco e estavam ansiosas para voltar, ver as amigas e retomar os estudos. Porém, a escola continuou fechada e a rua que antes elas tomavam para chegar lá agora era ladeada de prédios esburacados, alguns abandonados, as portas abertas revelando os espaços íntimos onde antigamente a vida era vivida.

Apesar disso, Shokri estava ansioso para voltar a trabalhar, porque seu dinheiro havia acabado durante o cerco. Mas todo dia, quando saía para a barbearia, a família se perguntava se ele conseguiria voltar para casa vivo. Ouviam histórias de atiradores cruéis do governo que pareciam brincar de balear as pessoas, independentemente de idade ou sexo. As pessoas que saíam de casa para recolher os corpos deixados nas ruas também eram baleadas. Ninguém podia estar seguro com toda aquela loucura e Hanaa insistia com Shokri para que tivesse cuidado, lembrando-lhe que ela própria testemunhou um homem ser morto a tiros ao sair da mesquita. Eles também viram o vídeo de uma gestante que jazia morta na rua e fora baleada na barriga.

Amedrontado, mas decidido a sustentar a família, dia após dia Shokri passava com sua bicicleta pelos postos de controle e abria a loja. Porém, a maioria dos clientes tinha medo demais para aparecer. Seu salão ficava no coração do bairro al-Saraya, o centro de operações do regime da Cidade Velha, que havia se tornado alvo da oposição, agora bem armada. Sentado na barbearia, ele assistia às batalhas entre as forças do governo e da oposição desenrolando-se em volta do tribunal e de outros prédios governamentais.

"Tem uma guerra acontecendo na cidade e você espera que as pessoas venham cortar o cabelo? Você ficou louco?", os vizinhos perguntavam a ele. Mas Shokri tinha certeza de que alguns clientes apareceriam para o ritual de se barbear e aparar o cabelo e ele precisava desesperadamente da barbearia para alimentar a família. "Minha morte virá quando Deus assim quiser", dizia ele às pessoas.

Numa tarde no final de junho, enquanto cortava o cabelo de um cliente, Shokri ouviu um tiro. Deixou o cliente para espiar pela porta e viu um grupo de homens fugindo das balas.

— Lá vão eles de novo — disse Shokri ao cliente, e voltou a aparar seu cabelo.

Na época, Shokri havia se acostumado com tiroteios e tinha orgulho de continuar seu trabalho, apesar da inquietação a sua volta.

— Outro dia na revolução — respondeu o cliente com um ar cansado. — Mas ainda preciso de um corte de cabelo, já faz meses. Que Deus leve a todos.

De súbito, os dois homens ouviram um estrondo. No reflexo do espelho da barbearia, viram um veículo imenso se aproximar lenta e diretamente. Parecia que estava prestes a atropelar os dois. O cliente deu um salto da cadeira, ofegando de medo, e arrancou a toalha do pescoço, deixando-a cair no chão.

— Não terminei de cortar seu cabelo — pediu Shokri, tentando acalmá-lo.

Mas o cliente desapareceu pela esquina, com o cabelo meio cortado. O tanque então, de súbito, virou e trovejou pelo meio da praça.

Enquanto isso, Doaa aprendia a avaliar o clima na cidade pelo número de cápsulas de projéteis que encontrava na rua diante de sua casa toda manhã. Ansiava por se juntar aos protestos que foram retomados depois do cerco, mas agora eles eram menores e não mais pacíficos. O clima de celebração acabara, substituído pela raiva e pelo desespero. Ela sabia que o pai jamais permitiria que ela voltasse a esses levantes cada vez mais perigosos.

Depois que a maioria dos tanques e dos soldados saiu da cidade, surgiu uma nova ameaça com o início dos bombardeios. Nas tardes de verão, a família ficava sentada na frente da casa em um novo e estranho ritual, vendo outros bairros da cidade apagarem as luzes enquanto os mísseis caíam. Contavam quanto tempo as bombas levavam para atingir o solo e calculavam que destruição tinha ocorrido pelos cogumelos de nuvens que se formavam. O barulho de artilharia pesada e de explosões substituiu o canto dos passarinhos.

"*Alhamdullilah* [graças a Deus], não caiu aqui", diziam eles, sentindo-se culpados pelo fato de a guerra tê-los endurecido. Às vezes, testemunhavam o Exército Livre da Síria derrubar um avião com uma granada lançada por foguete e todos gritavam de alegria.

Naquela época, a única coisa que Doaa e as irmãs tinham permissão de fazer era atravessar a rua para comprar comida no supermercado ou pão na padaria. Mas os preços praticamente dobraram e qualquer alimento de melhor qualidade era ainda mais caro.

Um dia, a família ficou sem pão e assim Doaa, Saja e Nawara saíram para tentar comprar um pouco. Ao caminharem para a padaria, soldados as chamaram:

— Aonde vocês vão? Voltem!

— Só estamos indo comprar pão —, respondeu Doaa.

Mas os soldados insistiam que elas voltassem para casa. As meninas pararam no meio da rua e baixaram a cabeça juntas, cochichando "Devemos dar a volta?". Sentiam tanta fome que a barriga doía. Embora estivessem com medo de desobedecer os soldados, também não suportavam a ideia de passar outro dia sem comida nenhuma. Após uma discussão apressada, elas concordaram em fingir que estavam voltando para casa. Tinham ouvido falar de um acampamento de refugiados palestinos em um bairro a trinta minutos de caminhada dali, que tinha comida. Decidiram ir até lá. Assim, tomaram a rua naquela direção. Estavam a quase 200 metros do acampamento quando os soldados as localizaram de novo. Furiosos porque as meninas os desafiaram, os soldados gritaram:

— Voltem, suas cadelas!

Isto irritou Doaa. Elas não estavam protestando, nem ameaçando os soldados, ela e as irmãs só tentavam evitar que a família morresse de fome, e os soldados estavam atrapalhando e não faziam nada além de atormentar. Sem se virar, ela gritou por cima do ombro:

— Precisamos comer! Vocês estão nos matando de fome!

— Só queremos comprar comida — acrescentou Saja.

Antes que os soldados pudessem responder, as meninas ouviram tiros em sua direção e o barulho de um tanque avançando para elas. Não sabiam se haviam se tornado o alvo de atiradores de elite do Exército por terem desafiado as ordens dos soldados, ou se de repente foram apanhadas num fogo cruzado. De imediato se jogaram no chão, batendo com força no asfalto. Doaa sentiu o ar ser arrancado dos pulmões enquanto apertava a cara no chão e ouvia as balas voando acima delas como abelhas furiosas. Nawara sentiu a ardência de uma bala roçando suas costas. Se fosse oito centímetros mais baixo, o projétil a teria matado.

Assim que o tiroteio cessou, Doaa e Saja ajudaram Nawara a se levantar e correram pelas transversais para o acampamento, escondendo-se em vielas até sentir que era seguro voltar para casa. Desistiram de comprar comida, porque o medo de serem baleadas superou a fome. Ao se aproximarem de casa, as três estavam pálidas e trêmulas, conscientes do quanto chegaram perto de serem mortas. Nawara tinha uma marca de queimadura na blusa, onde a bala havia roçado. Ali estava de patrulha na frente de sua casa e de pronto ele e os companheiros soldados notaram que as meninas estavam perturbadas. Com o rosto lindo e gentil vincado de preocupação, Ali perguntou o que havia acontecido. Enquanto Saja e Nawara corriam para dentro ao abraço de Hanaa, Doaa parou para contar a Ali que elas não conseguiram comprar comida nenhuma para a família porque foram alvo de tiros. Ela voltava para casa sentindo-se um fracasso por chegar sem comida. Uma hora depois, Ali bateu na porta e entregou a Hanaa um pão e um saco plástico cheio de tomates maduros. Agradecida, Hanaa aceitou aquele presente e rapidamente voltou para dentro a fim de preparar uma refeição para a família e reconfortar as filhas abaladas.

Agora que o cerco havia sido suspenso e os protestos continuavam, Doaa começou a passar mais tempo no terraço para ouvir o que estava acontecendo nas ruas. Se não podia comparecer pessoalmente aos protestos, ficar ali serviria.

Doaa e as irmãs se juntavam aos cantos de *"Allahu Akbar"* (Deus é grande), "Como podem matar seus próprios filhos?" e "Liberdade!", gritando junto, do terraço, como forma de participação. Doaa sabia que elas precisavam ter o cuidado de não serem notadas, uma vez que sua presença no terraço fazia delas um alvo a qualquer atirador que observasse as multidões de cima. Sempre que um soldado olhava para o lado dela, seu coração acelerava. Mas, apesar do medo, estar no terraço, onde podia ver e se juntar aos gritos de protesto, fazia com que Doaa se sentisse ligada à oposição.

Certo dia, em sua posição habitual, recostada na beira do terraço e entoando os lemas junto com os manifestantes, um soldado a localizou de um prédio vizinho, onde estava estacionado para observar a multidão, de vez em quando disparando tiros nas ruas.

— Desça, *irhabiya* [terrorista]! — gritou ele para ela.

Como Doaa não se mexeu, ele ameaçou:

— Entre ou vou atirar em você.

Naquele dia Doaa sentiu-se encorajada pelo medo e gritou uma resposta:

— O terrorista é você, é você que está matando gente! Eu vi!

Então, o homem levantou a arma e apontou diretamente para Doaa. Rapidamente ela percebeu, apavorada, que aquele soldado de fato pretendia atirar nela. Assim, correu para a porta e, no caminho, sentiu uma lufada de ar da bala que passava raspando por seu ouvido e batia na porta de ferro diante dela, deixando uma marca antes de ricochetear e cair no chão. Mais uns três centímetros e ela teria sido morta.

Ela abriu a porta e correu para a segurança de sua casa. Recuperando o fôlego, Doaa ficou surpresa ao perceber que apesar de a bala ter passado zumbindo por ela, não sentia medo. Ela se perguntou se estava ficando imune àquele sentimento. Todo dia eles tomavam conhecimento de que mais pessoas que conheciam tinham sido mortas pelas forças do governo, mas, de algum modo, naquele momento, intuitivamente ela sentia que ainda não havia chegado a hora de sua vida terminar. Sentia que Deus tinha o destino dela nas mãos e que a melhor maneira de servir a Ele era fazer o que acreditava ser correto e seguir o rumo que recebia de suas orações. Doaa não queria que o medo a dominasse nem a sua família e estava decidida a continuar a vida assim.

Por todo o outono e longo inverno de violência e escassez de alimentos, eletricidade e água, os Al Zamel, como todas as famílias, fizeram o possível para sobreviver em uma cidade que se transformara em uma zona de guerra. Shokri trazia para casa dinheiro suficiente para comprar comida e familiares e vizinhos faziam o que podiam para ajudarem-se mutuamente.

E então, em certo dia em junho de 2012, quando Shokri chegou a sua barbearia, descobriu que dois mísseis tinham caído no telhado, transformando em escombros os fundos. Por mais de trinta anos o salão Al Fananeen foi sua fonte de renda e parte de sua identidade, e agora, estava em ruínas.

Ele avaliou o estrago, jogando de lado cacos de espelho e retirando os escombros das cadeiras destroçadas. Desencavou suas tesouras e escovas, limpando meticulosamente a poeira, colocando-as de volta à prateleira meio quebrada. Depois empurrou os pedaços de entulho do teto para longe da loja, transferiu a única cadeira incólume para a frente e esperou o dia todo por um cliente. Ninguém apareceu.

Quando voltou para casa naquela noite, Doaa percebeu uma mudança nele. Os ombros do pai estavam arriados e seu rosto era inexpressivo. De algum modo ele parecia menor do que o normal.

— *Baba*, qual é o problema? O que aconteceu?

— A barbearia... — Foi só o que ele conseguiu dizer.

A família tentou reconfortá-lo, garantindo-lhe que estava aliviada por tê-lo em casa todo dia e, assim, não terem de se preocupar com sua segurança o tempo todo, mas ele não encontrou conforto naquelas palavras. A perda da barbearia levou seu espírito. Ele passou o resto do dia sentado no mesmo lugar no canto da casa, fumando como uma chaminé e falando apenas se alguém lhe fazia uma pergunta. Doaa sentiu que perder seu ganha-pão era como perder a masculinidade e queria desesperadamente encontrar um jeito de ajudá-lo, mas só o que ela podia fazer era tentar manter elevado o ânimo dele.

— Vai acabar logo, *Baba*, precisamos ter paciência.

A barbearia de Shokri não foi o único ponto comercial a ser destruído. A popular loja de baklava do marido de Ayat na mesma rua também foi demolida por uma bomba. Naquele dia, ele chegou tarde para trabalhar, minutos depois da queda do míssil. "Deus me salvou", disse ele à família. Dias depois, outra bomba destruiu seu carro. "Era tudo que eu tinha", disse ele a Ayat, depois revelou seu plano de fugir para o Líbano, onde morava o irmão. O irmão o ajudaria a encontrar trabalho e ele mandaria dinheiro para ela e as crianças. O marido de Ayat não estava interessado em participar da luta armada de nenhum dos dois lados. Só queria continuar a ganhar a vida para sua família, e assim se juntou a um grupo crescente de sírios que pagavam suborno nos postos de controle para sair do país, indo para o vizinho Líbano, à espera do fim da guerra. Ayat e os filhos o acompanhariam pouco tempo depois, pagando um contrabandista para passá-los pela fronteira e dizendo aos soldados nos postos de controle pelo caminho que iam visitar parentes.

Um número cada vez maior de pessoas começou a deixar Daraa, embora a ideia de fugir de sua terra jamais tenha entrado na cabeça de Doaa. Ela estava convencida de que o levante logo terminaria e que eles poderiam recomeçar e retomar a vida normal. Sentia que as pessoas que fugiam abandonavam uma causa mais importante do que continuar vivo e não conseguia imaginar, nem mesmo deixar a casa que amava tanto.

Porém, à medida que cada dia em Daraa tornava-se uma loteria de vida ou morte, o estresse da sobrevivência começou a cobrar seu preço a toda a família. As meninas sofriam de insônia e crises de pânico e estavam sempre nervosas e tensas, brigando constantemente por ninharias. Hamudi chorava sempre que ouvia um barulho alto e o som das bombas nas ruas o deixava histérico. Ele se agarrava a Hanaa, seguindo-a pela casa, com medo de perdê-la de vista.

Doaa também sentia os efeitos físicos do estresse. Perdera o apetite e se tornara extremamente magra. Hanaa desconfiava de que Doaa estava anêmica. Ela também começara a ter terçóis constantes e certa manhã acordou e descobriu que toda a pálpebra estava completamente inchada.

— Precisamos ir ao médico agora, *hayati* — disse Hanaa quando a viu. — Seu olho está todo infeccionado.

Contudo, uma ida à clínica era arriscada — elas precisavam atravessar áreas de combates para chegar lá e levariam pelo menos uma hora. Apesar do risco, Hanaa marcou uma hora para aquele dia e encontrou um táxi que as levasse. As forças de segurança estavam em cada esquina e havia apenas alguns civis nas ruas. Hanaa e Doaa correram para dentro ao chegarem à clínica.

O médico, um parente distante, examinou o olho de Doaa e disse que teria de lancetar o terçol imediatamente. Sem dinheiro, Hanaa explicou que elas não podiam pagar as 500 liras pela cirurgia.

— Não se preocupe, minha querida, farei isso gratuitamente. Afinal, somos da família — disse o médico, sorrindo para Doaa — e não quero que você perca este lindo olho.

Doaa estava nervosa demais com o procedimento para retribuir o sorriso e segurou com a força a mão da mãe.

Quando viu a agulha comprida que o médico usaria para injetar anestésico em seu olho e a lâmina que ele usaria no terçol, Doaa teve uma crise de choro. O médico a reconfortou, instruiu que ela fechasse os olhos e fingisse estar dormindo. Doaa obedeceu e ele rapidamente passou a seu trabalho. Injetou o anestésico no terçol e cobriu o olho com uma atadura. Depois, deu-lhe uma receita de antibióticos e mandou Doaa e sua mãe para casa com instruções de voltar uma semana depois.

A cirurgia não levou mais de uma hora, mas, nesse intervalo, irromperam combates nas ruas. Elas não encontraram nenhum táxi que as levasse para casa e Doaa ficara tonta depois da operação. A irmã de Hanaa morava a quinze minutos de caminhada dali e, assim, ela telefonou para informar que estavam a caminho e partiram para a casa dela. Só o que Doaa queria era se sentar na calçada e baixar a cabeça nos braços. Sentia-se fraca e impotente, para andar precisava se apoiar fortemente no ombro da mãe e segurar sua mão. Enquanto as duas caminhavam, um carro cheio de homens que pareciam soldados do governo se aproximou delas e reduziu a marcha.

— Aonde vai, meu amor? — gritaram para Doaa, curvando-se para fora do carro. — O que aconteceu com seu lindo olho?

Hanaa apertou com mais força a mão de Doaa e cochichou:

— Não responda, *habibti*. Continue olhando para baixo.

Doaa, com a boca seca de medo e ainda fraca da cirurgia e do anestésico, obedeceu à mãe.

— Ei, responda quando falarmos com você! — gritou um dos homens. — É grosseria não responder!

Hanaa e Doaa continuaram em silêncio, apavoradas que qualquer reconhecimento simplesmente encorajasse os homens. A casa da tia de Doaa agora estava do outro lado da rua e os homens começaram a perder a paciência com as duas mulheres e ficaram de fato furiosos.

— Ei, piranha! — gritou um deles! — Eu te disse para responder quando eu falar com você!

Então, os outros homens riram, claramente gostando do que para eles se tornara uma brincadeira.

Doaa procurou ajuda em volta, mas não havia mais ninguém na rua. Assim, elas continuaram andando enquanto o carro as seguia lentamente. Estavam a poucos passos da casa da irmã de Hanaa quando ouviram a porta do carro se abrir atrás delas. Os homens saíam do veículo. A brincadeira tinha acabado e eles se aproximavam de Doaa e da mãe.

Hanaa e Doaa perceberam que precisavam correr. Dispararam na direção da casa.

— *Ukhti* [irmã]! — gritou Hanaa enquanto batia na porta — Abra, alguém está tentando raptar Doaa!

Segundos depois, a tia de Doaa, Iman, abriu a porta e puxou as duas para dentro.

— Eu estava rezando a Deus que vocês conseguissem — disse-lhes ela enquanto batia a porta.

Doaa estava pálida de medo e Hanaa receava que ela desmaiasse. Rapidamente, guiou a filha para a cadeira mais próxima enquanto Iman corria à janela para ver se o carro ainda estava ali.

— Você está a salvo, eles estão indo embora — disse-lhes Iman.

— Agora descanse — Hanaa tranquilizou Doaa —, o toque de recolher está quase começando. Estamos em segurança aqui.

— Vocês não sabem a sorte que têm — disse Iman. — Ontem mesmo eu os vi levar umas meninas para aquela praça do outro lado da rua. Estão torturando gente ali! Toda noite ouço gritos vindo daquele lugar.

Ao ouvir isto, a imaginação de Doaa voou longe. Se a tivessem levado, ela teria usado a faca para se matar. Jamais suportaria a indignidade do que aqueles homens planejavam para ela.

Por enquanto Doaa estava a salvo, embora sua provação não tivesse acabado.

Ao cair da noite, Hanaa e Doaa decidiram ir para casa. Era arriscado serem apanhadas depois do toque de recolher e — mais urgentemente — elas precisavam aviar a receita de antibiótico para o olho de Doaa, ou a infecção retornaria. Decidiram correr o risco e ir para casa por ruas secundárias. Iman preparou uma pequena sacola de comida e deu 500 liras para Hanaa e 500 para Doaa. Cautelosamente, Hanaa e Doaa escapuliram para o escuro.

No caminho de volta, elas viram uma pequena farmácia com as luzes ainda acesas. Doaa cambaleou para dentro atrás da mãe, pegando a farmacêutica de surpresa. Ela ficou chocada ao vê-las àquela hora:

— É perigoso ficar nas ruas agora. O que vocês estão fazendo?

— Precisamos de remédio. Minha filha acaba de fazer uma cirurgia — disse-lhe Hanaa.

Ao ver o olho de Doaa, a farmacêutica rapidamente aviou a receita. Doaa ficava mais tonta a cada minuto que passava. Não sabia se conseguiria continuar de pé enquanto continha as lágrimas de raiva e frustração.

A farmacêutica lhes entregou o remédio, falando com urgência:

— Tratem de ir rápido. Acabaram de matar um homem lá fora. Ouvi os tiros, depois ouvi quando jogaram seu corpo na caçamba de lixo.

Apavorada com essa história, Hanaa pegou algum dinheiro para pagar a farmacêutica e se preparava para partir imediatamente, mas a farmacêutica o recusou.

— *Allah ma'aku* [Deus esteja convosco] — disse ela. — Andem de cabeça baixa e não olhem para o lado da caçamba.

Porém, depois de saírem, elas não conseguiram deixar de olhar. O sangue pingava da fresta na base da caçamba para a rua. Doaa sentiu náuseas com a percepção do que acabara de acontecer, mas elas continuaram. Um pouco mais adiante, ouviram o barulho de um carro se aproximando, e assim ela e Hanaa rapidamente se viraram a fim de se esconder nas sombras do prédio mais próximo. Ali, esperaram e observaram enquanto um grupo de homens saía do carro, abria a mala e carregava outro corpo para a caçamba, jogando-o nela. "Dê mais um tiro nele para ter certeza de que está morto", elas entreouviram um deles dizendo, depois soaram tiros pelo ar. Os homens voltaram para o carro e desapareceram pela rua.

Doaa e a mãe saíram das sombras para continuar a jornada para casa.

— *Mama* — exclamou Doaa de súbito, sentindo-se nauseada —, não consigo andar. Vou desmaiar de verdade.

Hanaa abraçou a filha.

— *Hayati*, você precisa andar. Vamos devagar, vou escorar você.

Invocando todas as suas forças, Doaa acompanhou a mãe. Pela hora seguinte, elas andaram junto das paredes, tentando se misturar com os prédios. Quando por fim viu as luzes de sua casa, Doaa achou que desmaiaria de alívio, enquanto Hanaa dizia uma oração de gratidão. Jamais sentiram mais medo do que naquele dia.

À noite, enquanto os filhos dormiam, Hanaa e Shokri decidiram que estava na hora de sair da Síria. Era ingenuidade acreditar que a vida deles voltaria ao normal em breve e eles entenderam que chegaram muito perto de perder Doaa naquele dia. Shokri já havia perdido seu meio de vida e receava que fosse apenas uma questão de tempo até perder as meninas. O bairro se esvaziava a cada dia. Todos os homens em idade para o combate desapareceram, ou unindo-se ao Exército Livre da Síria, ou sendo presos, ou mortos.

Pela manhã, Shokri telefonou para a única pessoa que conhecia com condições financeiras e ligações para ajudá-los — seu cunhado, Islam, em Abu Dhabi. Quando ele atendeu, Shokri lhe falou:

— Nós vamos embora. Ajude-nos a chegar ao Egito.

QUATRO

A vida de refugiada

Doaa estava ajoelhada no banco traseiro do carro. Chorando, ela via pelo vidro traseiro seu país ficar para trás e desaparecer. Saja, Nawara e Hamudi estavam espremidos a seu lado, dificultando que ela respirasse fundo. Os pais dividiam o banco da frente com Khaled, o amigo do pai que os levava de carro para fora do país, olhando fixamente à frente. Pelo vidro, ela ouvia o barulho abafado de tiros esporádicos e seu desespero se aprofundava ao perceber que aquela não seria uma curta viagem de família. Seu choro ficou mais intenso à medida que ela entendia a realidade de uma partida que talvez durasse para sempre.

Ela não queria ir embora. Prometera a si mesma que jamais abandonaria a revolução e pedira ao pai para ficar.

— Sair da Síria seria como arrancar minha alma de mim — disse-lhe ela, com a voz trêmula.

— Eu sou o seu pai e preciso mantê-la viva — respondeu ele.

Na noite da véspera da partida, eles foram avisados com apenas algumas horas de antecedência. Tiveram de se despedir rapidamente dos amigos e houve uma despedida intensa da irmã mais velha de Doaa, Asma, que ia ficar com o marido e os filhos. Também telefonaram para Ayat, que havia partido semanas antes para se juntar ao marido no Líbano. O telefonema de Islam, marido de outra irmã de Doaa, Alaa, chegou às dez da noite. Ele disse que estava transferindo dinheiro para eles comprarem passagens de balsa da Jordânia para o Egito e os aconselhou a ir para a Jordânia imediatamente. Doaa, Saja e Nawara choravam enquanto faziam as malas e abraçaram Asma e os primos sem parar. "Vocês voltarão", garantiu-lhes Asma. *Mas quando?*, perguntou-se Doaa, olhando no rosto da irmã, tentando memorizá-lo.

Às nove horas da manhã seguinte, eles colocaram a bagagem na mala do carro do amigo de Shokri e se amontoaram dentro dele. No último posto de controle a caminho da fronteira, Doaa resmungou em voz alta: "Parece que estão fechando a tampa de meu caixão." Ela olhou pela janela de novo e começou a sussurrar despedidas a tudo que via. "Adeus, ruas. Adeus, árvores. Adeus, Daraa. Adeus, clima. Adeus." Uma lágrima caiu no banco do carro quando ela se curvou pela janela, procurando ar.

Shokri virou-se no banco para Doaa, com os olhos cheios de angústia ao ver a tristeza da filha. Ele sabia o quanto a família estava aflita, mas tomou a difícil decisão de deixar para trás a vida que construíram juntos a fim de protegê-los. Sabia que Doaa e os irmãos talvez não compreendessem isso agora, mas queria que ela visse que ele tentava fazer o que era melhor.

— Acha que eu queria sair de Daraa? — perguntou ele, lutando para manter a voz firme. Ele faria qualquer coisa para poupar a família da dor. — Não tenho alternativa. Não vou me arriscar que vocês, meninas, sejam raptadas.

Neste momento, as três garotas choravam. Khaled intrometeu-se para dar apoio ao amigo:

— Seu pai tem razão em levar vocês para longe dessa loucura. Ele só está pensando em garantir sua segurança.

Doaa confiava em Khaled, alguém que ela conhecia a vida toda, e parte dela sabia que ele tinha razão. Ela ficou agradecida por ele ajudar o pai a cuidar da família e fez o possível para esconder sua decepção. Ninguém no carro podia imaginar naquele momento, porém, meses depois, eles saberiam que Khaled, de volta a Daraa, seria morto na guerra.

Havia sete postos de controle pela estrada de 15 quilômetros até a fronteira. Em um deles, guardas de segurança abriram a mala do carro, depois sua bagagem, e vasculharam pertences da família. Em outro, eles foram interrogados. Os soldados exigiram saber por que eles estavam deixando a Síria.

— Meu marido está doente — Hanaa mentiu. — Precisamos partir para conseguir assistência médica para ele. — Uma pequena parte de Doaa no fundo torcia para que eles voltassem, assim podiam ir para casa de novo, mas, à resposta da mãe, o guarda limitou-se a dar de ombros e gesticulou para que eles prosseguissem. Quando a família chegou à fronteira da Jordânia, Doaa olhou por cima do ombro sua terra natal, apreendendo tudo.

— Invejo as montanhas e as árvores, porque elas conseguirão respirar o ar de Daraa e eu não, e até as pedras — sussurrou ela, lançando um último olhar nostálgico para seu país.

Era novembro de 2012, um ano e oito meses desde o início da violência na Síria. Embora os números variassem muito, dependendo de quem fizesse a contagem, o Observatório para os Direitos Humanos da Síria, que acompanha o número de mortos no conflito, estima que mais de 59 mil pessoas foram mortas naquela época. Era impossível saber quantos desapareceram ou estavam ocultos atrás das grades, em prisões do governo. A guerra só se tornaria mais mortal e, em seu quinto ano, segundo estimativas da ONU, mais de 250 mil pessoas seriam mortas e seriam mais de 1 milhão de feridos. Enquanto isso, 5 milhões de sírios, como a família de Doaa, seriam obrigados a fugir pelas fronteiras, enquanto 6,5 milhões foram desalojados pelo país, em geral, obrigados a se mudar várias vezes para outras partes da nação, aonde encontrassem bolsões de segurança. Em 2016, os sírios tornavam-se a maior população desalojada do mundo.

Enquanto Khaled dirigia seu veículo à travessia de fronteira Nasib, a família viu que devia haver uns duzentos carros em fila para entrar em Irbid, a cidade de fronteira na Jordânia. Eles se aproximavam lentamente, vendo alguns carros à frente cruzarem a fronteira enquanto outros davam meia-volta. À medida que chegavam mais perto da frente da fila, Doaa viu a tensão aumentar nos ombros da mãe e a rigidez no maxilar do pai, que se enrijecia no banco da frente. Doaa estava imóvel no carro há tanto tempo que tinha vontade de gritar. Enfim, quando chegaram ao controle de fronteira, o agente disse a Shokri que a travessia custaria 10 mil liras por pessoa. Shokri tinha apenas 7 mil liras sírias e 300 libras egípcias. Ele tentou negociar com os guardas da fronteira, mas foi em vão. Os policiais simplesmente cruzaram os braços e negaram com a cabeça. Doaa se segurava para não gritar naquelas caras indiferentes. A família recebeu a ordem de dar a volta. Khaled sugeriu que estacionassem o carro no acostamento por um momento para pensar em um novo plano e Shokri e Hanaa concordaram, cansados. Tinham saído de casa às nove da manhã e, com todos os postos de controle e filas de carros tentando ir embora, a essa altura já era quase meia-noite. Eles pararam o carro e saíram, tremendo no ar frio de novembro e tentando formular um novo plano.

Doaa não conseguiu ficar sentada nem mais um minuto, espremida no banco traseiro com as irmãs. Assim que eles estacionaram, de imediato ela saiu do carro e espreguiçou os braços no alto, os músculos das coxas doendo depois da longa viagem. Andando pelo estacionamento, viu uma fila depois de outra de carros empacados e cheios de gente, como o deles. Todos tiveram a entrada na Jordânia recusada, mas ninguém queria dar a partida no motor para voltar. Em meio à multidão, ela ouviu mulheres gritando e crianças chorando. Homens e mulheres vagavam entre os carros estacionados, pedindo ajuda e tentando desesperadamente encontrar um jeito de cruzar a fronteira, enquanto as crianças ficavam sentadas no chão, cansadas demais da longa viagem para brincar. Parecia que metade de Daraa estava presa na fronteira. Doaa examinou a cena, desejando estar em qualquer lugar, menos nesse estacionamento abarrotado e tomado de desespero. Então, de súbito, para seu assombro, ela viu o tio Walid, irmão de Hanaa, sentado a uma mesa, exibindo uma pilha de jornais. Antigamente, ele era enfermeiro, mas perdeu o emprego quando a guerra começou e agora recorria à venda de jornais naquela mesma travessia de fronteira! Por um momento, Doaa ficou apenas olhando, sem acreditar que fosse realmente o tio. Depois, correu. Atento a sua leitura, ele só notou a presença de Doaa quando ela estava bem a sua frente. Walid desviou os olhos dos jornais, assustado, e um sorriso de prazer e reconhecimento chegou devagar a seu rosto ao ver a sobrinha. De imediato, Doaa explicou o que tinha acontecido, falando com a maior rapidez possível e apontando o carro. A cara de Walid ia ficando mais séria enquanto ouvia a história, depois ele segurou as mãos dela e a puxou para perto.

— Volte para o carro e espere — instruiu ele. — Não vá a lugar nenhum.

Doaa correu de volta ao carro e contou aos pais o que tinha havido e eles obedeceram. Uma hora depois, a família Al Zamel estava em uma lista de pessoas com permissão para entrar na Jordânia. Eles imaginaram que Walid pagara um suborno que os colocara a caminho do exílio como refugiados.

Doaa e sua família tiveram sorte. Sabia-se que atravessar a fronteira era perigoso e difícil; exigia subornos e várias tentativas para que se conseguisse. À medida que a guerra grassava, a travessia ficava cada vez mais árdua. O número de refugiados crescia nos países vizinhos da Síria — Jordânia, Líbano e Turquia —, bem como no Egito e no Iraque, e era cada vez mais complicado encontrar refúgio. Os países vizinhos, preocupados com a segurança e com o número de refugiados a seus cuidados, começaram a apertar o controle nas fronteiras, permitindo apenas a travessia dos casos humanitários graves.

Os Al Zamel tiveram realmente sorte ao partir naquela época. Entrando na Jordânia, foram para a cidade fronteiriça de Irbid, onde moravam os irmãos de Shokri. Eles estavam lá para apanhá-los quando chegaram. Saíram do carro de Khaled e se despediram agradecidos, ele tinha de voltar a Daraa. A família passou os três dias que se seguiram em Irbid, esperando pela balsa para o Egito. Shokri era o mais ansioso de todos para partir; depois do período que passou na prisão, estava ansioso para ficar o tempo que fosse na Jordânia.

Ao amanhecer do dia 17 de novembro de 2012, Doaa e sua família embarcaram no ônibus para o litoral. Atravessaram a

A VIDA DE REFUGIADA

Jordânia ao longo da fronteira com Israel, passaram pelo Mar Morto e enfim chegaram à cidade portuária de Aqaba, de onde partiam as balsas para o Egito.

Nervosos, eles esperaram para embarcar. Doaa se remexia de um pé para o outro na fila comprida para passar pela alfândega. Hamudi estava agarrado ao braço da mãe, enquanto Saja e Nawara ficaram sentadas nas malas, levantando-se apenas quando a fila avançava aos poucos. Parecia que cada parte da viagem não passava de uma espera. As autoridades alfandegárias da Jordânia destacam sírios para revistas de segurança e a família de Doaa foi solicitada a avançar com sua bagagem, enquanto um grupo de viajantes egípcios tinha sua passagem permitida. Doaa colocou sua mala na mesa diante das autoridades da alfândega. Quando abriram o zíper, ela olhou o que havia escolhido apressadamente nas últimas horas opressivamente emocionais em casa: dois vestidos, duas calças, dois blazers, algumas blusas, vários véus e uns poucos acessórios. Ela olhou o parco conteúdo de sua mala e pensou nos livros que tinha deixado porque eram pesados demais — um sobre interpretação de sonhos, alguns romances, poesia de Nizar Qabbani e um livro didático de gramática da língua inglesa. Imaginou seu ursinho de pelúcia que se iluminava e soltava um barulho de beijo quando ela o apertava e seus desenhos de roupas que ela sonhava usar em um futuro que não tinha mais.

De súbito, ela desviou os olhos da mala aberta, piscando para conter o choro. Lamentou em silêncio, consigo mesma: *Deixei minha vida na Síria!* Sem querer sobrecarregar ainda mais a família com sua tristeza, ela se lembrou de que seus valorizados pertences agora estavam guardados na casa do avô. Tinha esperanças de que a presença deles pudesse proteger sua cidade natal e a mantivesse em segurança por ela enquanto Doaa estava fora. Se deixasse uma parte de si em Daraa, certamente um dia voltaria, pensou ela, esperançosa.

A balsa partiu com um atraso de quatro horas devido ao mau tempo. Doaa ficou sentada, esperando que o clima mudasse, com medo da próxima parte de cinco horas da viagem, que os levaria através do golfo de Aqaba. Ela jamais superou o medo que tinha da água e nunca esteve em um barco. As ondas eram altas e batiam nas laterais da embarcação, fazendo-a se balançar nas docas. Embora o tamanho da balsa e a aparência estável lhe dessem alguma tranquilidade de que teriam uma viagem segura, ela ainda estava assustada. Sempre que uma onda empurrava a balsa nas docas de madeira, Doaa pulava um pouco com o arrastar severo que fazia. Ela precisou apelar a toda sua obstinação e coragem para se obrigar a subir a bordo quando chegou a hora.

Enquanto a mãe se acomodava com a bagagem no convés inferior com Hamudi, Doaa e as irmãs correram ao convés superior para ver a vista. Mas Saja e Nawara foram para a lateral da embarcação olhar o mar e Doaa ficou o mais distante possível da beira. Na primeira hora de viagem, as irmãs se curvaram animadas pela amurada, vendo a vista, e Doaa ficou imóvel e sentada no meio do convés, agarrada às laterais do banco para ter equilíbrio enquanto a costa da Jordânia sumia de vista. Quando tinha cãibra nos dedos, ela alterava o peso do corpo, mas não se atrevia a soltar.

Saja virou-se para Doaa. Quando viu seu rosto, ficou preocupada.

— Doaa, sua cara está branca feito papel!

— É só porque eu não consigo mais ver a terra — explicou ela, olhando para a costa que não conseguia mais enxergar, tentando ser corajosa.

Embora não soubesse nadar, a visão da terra a acalmava porque ela pensava que podia voltar para a margem de algum modo, se fosse necessário. À medida que se distanciavam no mar, Doaa enfim confessou às irmãs:

— Estou com medo.

Ela lhes pediu ajuda para descer e se juntar à mãe e a Hamudi no convés inferior. Saja e Nawara aquiesceram e a família se reuniu embaixo, dividindo um pequeno piquenique.

Por fim, eles chegaram ao porto de Nuweiba, na península do Sinai. Quando os Al Zamel saíram da balsa no Egito, Doaa estava tão exausta que achava que podia dormir por uma semana. Policiais sorridentes os receberam enquanto verificavam os passaportes sem muita atenção, carimbavam os documentos e explicavam que eles tinham um visto de residência automático de seis meses, que podia ser renovado. Na época, Mohamed Morsi era presidente e seu governo tinha uma política de portas abertas para todos os refugiados que chegassem da Síria.

A família esperou na fila da imigração, observando, enquanto outros passageiros tinham a bagagem pesada, que muitos eram cobrados por excesso de bagagem. Shokri olhou inquieto para a bagagem da própria família, com medo de terem de pagar uma taxa também, considerando tudo que levavam. Doaa notou a preocupação no rosto dele e pensou que poderia reconfortá-lo de algum jeito. Ela sabia que eles não tinham dinheiro suficiente para pagar taxa nenhuma. Hesitante, a família se aproximou dos agentes da alfândega.

— Somos sírios procurando segurança no Egito — disse-lhes Shokri. — E isso é tudo que nos resta.

Hanaa se colocou ao lado dele enquanto Doaa e os irmãos observavam de trás a reação dos agentes alfandegários. Doaa prendeu a respiração, esperando outro insulto de um policial apático.

Para sua surpresa, o policial que manejava a balança da alfândega sorriu e lhes disse que não teriam de pagar nada, embora suas malas excedessem o peso permitido.

— Vocês estão vindo da guerra e do sofrimento — disse-lhes ele. — Síria e Egito são ligados como uma família.

Outro agente alfandegário veio ajudá-los a carregar a bagagem até o ônibus para o Cairo e lhes desejou sorte, enquanto uma família que estava de pé à margem, observando as pessoas em fila para entrar no ônibus, gritou para eles: "Bem-vinda, gente bonita da Síria!"

Saja cochichou que se sentia uma rainha. Pela primeira vez em meses, Doaa sentia-se segura e acolhida. Tinham ouvido falar que o Egito os aceitaria alegremente como refugiados e ali, enfim, estava a prova. Entretanto, apesar das saudações calorosas, Doaa ainda estava ansiosa com o recomeço, daquela vez em um país novo e desconhecido. Seus instintos lhe diziam que viriam tempos difíceis pela frente. Ela olhou o ônibus, apreendendo seu novo ambiente, e parou quando notou a expressão de seu irmão. Pela primeira vez em muito tempo, o pequeno Hamudi sorria.

Foram dez horas de ônibus em uma estrada esburacada pelo deserto para chegar ao Cairo. A partir dali, eles tiveram de viajar mais cinco horas até a cidade nortista de Damietta, no litoral mediterrâneo, onde o cunhado de Doaa, Islam, encontrara uma casa para eles no distrito de Gamasa. Abou Amad, amigo de Islam, havia chegado como refugiado um ano antes e a família pegou um táxi do Cairo até a casa dele. Depois de lhes oferecer uma refeição simples, Abou os levou a um apartamento próximo que ele havia arrumado para sua estada. O apartamento, no térreo de um edifício de vários andares, tinha dois quartos e uma sala de estar com móveis desgastados, cozinha e um banheiro. Islam pagou para eles um mês de aluguel adiantado. Restando no bolso apenas 300 libras egípcias, o equivalente a 40 dólares, depois de pagar pelas passagens da família até o Cairo, Shokri já estava preocupado, sem saber como pagariam o aluguel do mês seguinte.

O apartamento estava sujo, mas Doaa e sua família dormiram naquela noite sem se incomodar em limpar ou desfazer as malas, tão exaustos estavam da viagem e, ainda, despreparados para enfrentar o novo ambiente.

Doaa se revirou na cama naquela primeira noite. Ela era meticulosa com limpeza e ficava imaginando a poeira do chão rolando para ela enquanto dormisse. Na manhã seguinte, a família saiu para fazer compras em um mercado local, procurando o café da manhã e alguns produtos de limpeza. Quando voltaram para casa, todos ajudaram a varrer e limpar o apartamento. Era bom ficar ocupado e ter algo que desviasse a inquietação mental num novo ambiente. Doaa se lançou à limpeza, fazendo o possível para ter controle de sua nova situação.

Na parte da tarde, vizinhos começaram a passar no apartamento com os braços cheios de mantimentos e alimentos caseiros: queijo picante Domiati, frango frito, arroz cozido no vapor, bandejas de baklava e cestos cheios de frutas frescas. Eram refugiados também, de Damasco, de Homs, alguns até de Daraa. Os Al Zamel rapidamente fizeram amizade com os vizinhos, trocando histórias das emoções da revolução e o terror da guerra que os impelira a deixar o país e ir para o Egito. A atmosfera que essas pessoas levaram à sala de estar era festiva e acolhedora. Doaa viu-se rindo e sorrindo com os novos vizinhos, aliviada por estar em meio a seu próprio povo.

A família de Doaa fazia parte da primeira onda de sírios a fugir para o Egito deste o início do conflito em 2011, cuja maioria viria a se juntar a amigos e familiares sírios que trabalhavam ali. Outros tinham ligações comerciais ou outras redes pessoais que podiam lhes oferecer abrigo. Para sobreviver, a maioria dos refugiados dependia de economias pessoais, encontrar um ou outro trabalho ou abrir negócios, e muitos conseguiram se sustentar. Havia esperanças para os pais de Doaa também, mas, logo depois de sua chegada, um influxo maior de refugiados trouxe mais concorrência pelo trabalho e dificultou a obtenção do sustento. Na primeira metade de 2013, o número de refugiados sírios aumentou drasticamente. Um ano depois da chegada dos Al Zamel ao Egito, o Alto Comissariado das Nações Unidas para Refugiados (ACNUR) registrou 125.499 refugiados sírios no país e, segundo o governo egípcio, o número na realidade estava mais perto de 300 mil, se levassem em conta todos os sírios sem registro.

As comunidades de apoio que se formavam entre os refugiados os ajudavam a passar pela transição e atenuavam a solidão de Doaa, embora ela sentisse uma saudade desesperada de seu país. E se a mudança não for temporária?, preocupava-se ela com frequência. E se ela tivesse de ficar para sempre naquele lugar estranho? Como conseguiria se adaptar? Doaa detestava mudanças.

As ruas de seu novo bairro eram sujas e tinham cheiro de lixo em decomposição. Cães e gatos vira-latas comiam os restos empilhados nas ruas e as moscas zumbiam em volta do lixo que parecia estar em toda parte. Onde estavam os postes de rua e as lixeiras?, Doaa se perguntava ao andar pela cidade. O povo de Daraa tinha orgulho da limpeza de sua cidade e Doaa ficou chocada com o desleixo em seu novo bairro. Gamasa, porém, tinha um lindo litoral e uma praia, e ela soube que no verão a cidade era transformada em um resort para a classe trabalhadora. Olhando as ruas tomadas de lixo, Doaa teve dificuldades para acreditar nisso.

Sentindo-se desconectada e nostálgica, Doaa passava muito tempo preocupada com o futuro da família. Sabia que o pai ficava sem dinheiro rapidamente. Com suas três irmãs mais velhas, Alaa, Ayat e Asma, agora casadas e em Abu Dhabi, no Líbano e na Síria, Doaa era a filha mais velha na família. Este papel trazia responsabilidades que ela não sabia como cumprir enquanto se sentia muito impotente.

Doaa sabia que ela e a família agora estavam a salvo no Egito e tentava se convencer de que eles estavam melhor ali. Ela tentou se concentrar na nova sensação de segurança e normalidade e deleitava-se ao ouvir os sons cotidianos das ruas da cidade, em vez de tiros e bombas. Apesar de tudo isso, Doaa tinha dificuldades para ignorar o torpor que a dominava. Pelo menos em Daraa, havia um propósito para ela. Ela era membro reconhecido de uma comunidade de apoio que defendia valores que estavam sob ataque. Ali, sentia-se uma hóspede tolerada, vivendo de solidariedade: uma refugiada, parte de um grupo crescente de pessoas indefesas. Pior ainda, às vezes ela sentia ter abandonado seu país, embora soubesse que a permanência na Síria poderia tê-la matado. Mas quem era ela sem sua comunidade? Que contribuição significativa poderia fazer no Egito, enquanto seu país se destruía? Doaa tentava não revelar sua melancolia à família. Costumava lembrar a si mesma: *Seja paciente, é um novo desafio. Sua família precisa que você seja forte para ela. Nada é mais importante para você do que o bem-estar deles.*

Um mês depois da chegada, os fundos da família se esgotaram e se agravou a depressão que havia dominado Shokri depois da destruição da barbearia. Seu colesterol e a pressão sanguínea aumentaram e ele passava horas sentado em uma almofada na sala de estar, fumando ou bebendo chá com açúcar, sem se mexer, nem falar. Doaa sentia que o pai escapulia dela. Sabia que ele pensava ter fracassado com a família e ele era orgulhoso demais para falar nisso. Os pais dela jamais se queixavam nem brigavam na frente dos filhos, mas Doaa via com clareza o quanto a pressão da nova vida os afetava, em particular quando ficava evidente que talvez eles tivessem de ficar no Egito por um tempo ainda maior do que previram. Enquanto assistiam ao noticiário mostrando mais conflitos e bombardeios em seu país natal, Hanaa dizia "Graças a Deus nós partimos". Shokri, porém, insistia que não demoraria muito e eles poderiam voltar, lembrando-lhes do período de transição que ocorreu na Tunísia depois do levante, e no Egito após a tomada de poder pela Irmandade Muçulmana. Por mais que quisesse acreditar no pai, Doaa sabia que quem falava era seu desespero; tudo que ela via nos noticiários deixava claro que eles não conseguiriam voltar para a Síria tão cedo.

Em fevereiro de 2011, aconteceu um protesto popular no Egito que depôs seu presidente autocrata Hosni Mubarak. Com o tempo, a Irmandade Muçulmana conquistara popularidade no país e ascendera ao poder. As populações seculares e não muçulmanas do Egito ficaram profundamente desconfortáveis com essa evolução e, em junho de 2012, alguns meses antes da chegada de Doaa e sua família em Damietta, o presidente da Irmandade Muçulmana, Mohamed Morsi, conquistou a Presidência com 51% dos votos na primeira eleição democrática do Egito. Morsi prometeu liderar um governo que seria "para todos os egípcios", mas seus críticos logo o acusaram de entregar cargos importantes do governo a islâmicos e o criticavam por não introduzir as reformas econômicas e sociais que ele havia prometido durante a campanha.

Quando chegou ao Egito, a família de Doaa não tinha muita consciência da oposição pública que começara a se formar contra a Irmandade e o presidente Morsi, meses depois de chegarem ao poder. A família estava mais preocupada com as notícias de seu país natal. Para os Al Zamel, foi o governo da Irmandade Muçulmana que lhes dera refúgio e lhes oferecera a ajuda muito necessária numa época de crise. Eles também sabiam que Morsi verbalizava seu apoio à oposição síria em sua rebelião contra o presidente Assad. Até então, os Al Zamel tiveram principalmente interações positivas com o governo egípcio.

Agentes da seção local do governo da Irmandade Muçulmana faziam rondas de verificação constantes pelos prédios que abrigavam refugiados sírios. Depois de suportar as batidas que geravam ansiedade na Síria, a família de Doaa, ao ouvir pela primeira vez baterem em sua porta, ficou paralisada de medo, desconfiada de qualquer visitante inesperado. Doaa se colocou ao lado do pai, pronta para lhe dar apoio, enquanto ele abria a porta. Em vez de soldados agressivos com armas, encontraram dois homens sorridentes parados na soleira, um segurando uma sacola plástica, o outro com uma braçada de cobertores quentes.

— Vocês são bem-vindos. São nossos irmãos — disseram eles, estendendo os produtos a Shokri. Doaa olhou por cima do ombro do pai e descobriu que a sacola que ele seguravam estava cheia de macarrão, açúcar, arroz e outros mantimentos. O homem da sacola plástica a entregou a Shokri, enquanto aquele dos cobertores abaixou-se para colocá-los no chão, junto da porta. Chocado, Shokri gaguejou seus agradecimentos.

Embora doações como aquelas fossem úteis, a família ainda não tinha dinheiro para o aluguel. Depois de duas semanas, Shokri começou a perguntar pelo bairro, procurando um lugar mais barato para morar. Para seu espanto, soube de um dono egípcio de hotel que queria ajudar refugiados sírios, oferecendo acomodações gratuitas para o inverno, período em que seu hotel ficava vazio. De maio a outubro, o bairro de Damietta, em Gamasa, enchia-se de egípcios da classe trabalhadora que iam aos bandos às praias e hotéis baratos pela costa mediterrânea para passar as férias de verão, mas, durante o inverno, a região ficava deserta.

Doaa e sua família não acreditaram que alguém estivesse oferecendo um lugar gratuito para morar, e assim Shokri foi verificar o hotel. Quando voltou, estava otimista. E assim os Al Zamel mais uma vez guardaram seus pertences e pegaram um triciclo tuk tuk barato para o Hotel Amira. Ficava numa rua de terra, com vista para uma das maiores mesquitas de Gamasa. A tinta azul e branca estava lascada na cerca de madeira, que havia desabado em certos pontos, como se um carro a tivesse atropelado. Khalid, o gerente do hotel, junto com sua mulher e os filhos, saíram apressados para recebê-los, convidando-os a explorar as instalações e escolher uma suíte para a família. Eles eram os primeiros hóspedes refugiados sírios no hotel, e assim puderam escolher os quartos.

Dentro do hotel havia mais tinta lascada e as camas de solteiro rangiam do uso e da idade. Enquanto isso, os eletrodomésticos na cozinha pequena e no banheiro estavam rachados e enferrujados, mas os quartos tinham uma varanda larga que dava para o jardim do hotel, onde eles podiam ver a grama verde, uma imensa palmeira, arbustos com topiaria e bancos acolhedores. O hotel era um porto de humanidade para eles e a família ficou profundamente agradecida. Eles escolheram uma suíte com dois quartos adjacentes e Khalid lhes entregou as chaves.

O proprietário do hotel, Fadlon, passava de vez em quando, oferecendo à família sua solidariedade e seu respeito. Sempre que os Al Zamel expressavam gratidão pela generosidade, ele alegava que ficava feliz em ajudá-los e toda vez que via Hamudi, de 9 anos, sozinho, colocava furtivamente algumas cédulas em sua mão, sabendo que Shokri e Hanaa eram orgulhosos demais para aceitar seu dinheiro. A notícia da generosidade de Fadlon se espalhou pela cidade e logo o hotel rapidamente se encheu de famílias de refugiados sírios. À tarde, os hóspedes refugiados se reuniam em volta de uma mesa de piquenique comprida e de madeira no jardim, compartilhando histórias da vida antes da guerra e a dor e o sofrimento que se seguiram. Moradores do bairro e grupos religiosos que se solidarizavam com os sírios deixavam roupas e cobertores no hotel. Repetidamente, o povo do Egito os fazia se sentir bem-vindos.

Certa noite, quando os Al Zamel já moravam ali havia um mês, Khalid os convidou para comer em sua casa. Ele, a mulher e os quatro filhos moravam a uma hora de carro, em um pequeno subúrbio chamado Kfar AlGhab. A mulher de Khalid preparou-lhes um jantar de sopa, salada e pato com arroz. Depois da refeição, Khalid os levou a um passeio pelo bairro e os apresentou aos vizinhos como seus amigos sírios. Khalid tornou-se o primeiro amigo egípcio dos Al Zamel e Doaa, pela primeira vez desde que partiram da Síria, teve uma sensação reconfortante de lar.

O inverno chegava ao fim e o hotel começava a se encher de hóspedes, Doaa e sua família tinham de sair daquele porto seguro. Procuraram novas acomodações, mas daquela vez não encontraram nenhum proprietário de prédio solidário que os ajudasse. Os senhorios costumavam aumentar o preço dos aluguéis para inquilinos sírios, tirando proveito de seu desespero.

Shokri ganhava algum dinheiro fazendo bico, mas não muito. Logo a família se mudou para um apartamento pequeno em um bairro barulhento de Gamasa que era tomado de lixo e tinha terra amontoada na rua sem pavimentação. Doaa se deprimiu na primeira vez que o viu. O barulho assaltava a família dia e noite, de egípcios de férias acordados até tarde, tocando música e falando alto nas ruas. Em geral, Doaa ficava acordada na cama, incapaz de dormir e ansiando pelas noites tranquilas de Daraa antes da guerra.

Enquanto as irmãs faziam amizade com as meninas do bairro, Doaa se afundava na depressão, incapaz de comer e passando dias inteiros no apartamento lúgubre, assistindo aos noticiários da Al Jazeera, da Orient News TV e do canal do Exército Livre da Síria, louca para ir a seu país e participar da revolução. Ela tentou desesperadamente fazer contato com as amigas na Síria, mas a maioria das linhas telefônicas ou tinha sido cortada, ou estava com defeito e ela raras vezes conseguia. De vez em quando, conseguia falar com a irmã Asma pelo Skype por alguns minutos.

Certo dia, Doaa recebeu da irmã uma mensagem que a encheu de preocupação. Asma leu para ela: "Sinto sua falta. O bairro sente sua falta. É difícil viver aqui sem você. Todo o bairro está chorando. Você é a luz do bairro e ele ficou escuro sem você." Na Síria, um número maior de pessoas morria a cada dia, os supermercados quase não tinham nada para vender e toda semana mais prédios eram bombardeados até suas fundações. Doaa implorou ao pai que os levasse de volta à Síria, onde eles podiam fazer uma diferença, em vez de se sentirem inúteis no Egito. Shokri olhou a filha, sem acreditar. "Não vou levar você de volta para morrer lá", disse ele, rejeitando seus apelos. Doaa argumentou e implorou, mas Shokri continuou firme.

Quando Shokri ficou doente demais para trabalhar, ela e Saja concluíram que cabia às duas sustentar a família. Só poderiam começar na escola no ano seguinte, e, assim, deduziram que podiam usar o tempo livre para ajudar o pai, embora tivessem apenas 17 e 15 anos de idade.

Elas encontraram trabalho em uma fábrica que produzia sacos de aniagem. O proprietário lhes disse que na realidade não faltavam trabalhadores — cerca de cem homens e algumas mulheres já estavam ali —, mas ele queria fazer sua parte para ajudar os sírios. Toda manhã, as meninas pegavam o ônibus das sete horas para a fábrica e passavam o dia costurando sacos, contando-os e carregando nas costas para uma balança, onde eram pesados e depois colocados em uma pilha. Doaa, com apenas 44 quilos, lutava sob a carga pesada. A jornada de trabalho era longa e árdua. As duas tinham apenas um intervalo para as orações ao meio-dia, depois trabalhavam até o fim da tarde. Não tinham nada para comer durante o dia; só serviam copos de chá em seu local de trabalho. Doaa e Saja eram duas entre poucas jovens mulheres que trabalhavam na fábrica, mas eram tratadas com respeito e gentileza pelos colegas.

O melhor do emprego foram as amizades que fizeram ali. Doaa e Saja trocavam cochichos e brincadeiras com algumas colegas egípcias. Certa vez uma delas deu o braço a Doaa e disse: "Adoro Basha al-Assad porque ele nos deu a chance de conhecer você." Doaa sentia falta de suas amigas da escola em Daraa e saboreava qualquer oportunidade de ter meninas de sua idade com quem conversar. Isto a ajudava a imaginar uma época em que ela talvez se sentisse mais à vontade no Egito.

À medida que se ambientava no emprego, Doaa começou a se sentir cada vez menos impotente e espoliada. Agora levava dinheiro para sua família e conquistava o respeito das pessoas para quem trabalhava. Não se sentia mais alguém que tinha fugido da luta por seu país, mas uma jovem que cuidava da família e a sustentava. Sempre que entregava dinheiro aos pais, ela sentia o orgulho inchar o peito. A mãe notou a diferença na atitude da filha e teve uma satisfação muda ao observar que ela se transformava em uma jovem capaz.

Doaa também chamava atenção dos jovens a sua volta. Durante os meses em que ela trabalhou na fábrica, dois egípcios lhe fizeram propostas de casamento, mas ela rejeitou os dois, apesar de estar numa idade em que as meninas costumavam se casar. A última coisa que passava pela cabeça de Doaa era o casamento. Quando se casasse, ela sabia que seria com um sírio, quando voltasse a seu país natal.

Em certa ocasião, Doaa tirou um dia de folga para cuidar da mãe, que estava doente. Preparando chá para a mãe e cuidando de Hamudi, ela teve medo de perder o emprego ou que o proprietário descontasse de seu pagamento, e assim, quando voltou para trabalhar no dia seguinte, foi diretamente ao gerente do turno e propôs compensar o tempo.

Ela entrou no escritório dele de olhos baixos e pediu desculpas por faltar ao trabalho. Porém, em vez de repreendê-la, como Doaa esperava, ele sorriu com gentileza e pediu o endereço de sua casa. Na noite seguinte, a campainha tocou e o gerente do turno e seu assistente estavam ali carregando um cesto cheio de frutas e doces e perguntando por Hanaa. Quando se sentaram com a família, disseram que tinham aparecido para lhe desejar uma rápida recuperação.

— Nós amamos os sírios. Vocês são bem-vindos em nosso país e nós apoiamos vocês — disse o gerente de turno, curvando-se por cima do chá, a Hanna e Shokri. — E não se preocupem com suas meninas na fábrica. Estou cuidando delas.

Doaa ficou comovida.

À noite, enquanto Doaa relaxava de um dia de trabalho difícil, seus pensamentos voltavam à Síria. Ela passava as noites zapeando pelos canais de notícias, esperando pelos segmentos sobre a guerra. Trocava mensagens de texto com sua amiga mais íntima, Amal, que ainda estava em Daraa, e lhe pedia alguma notícia. Doaa contou a Amal o quanto queria, acima de tudo, voltar para casa. Porém, Amal a alertou: "É melhor que você não volte, Doaa, a situação está piorando. É perigoso para todo mundo. Eu nem mesmo vou mais a protestos, agora que você não está aqui". As conversas por mensagens de texto de Doaa com Amal sempre deixavam Doaa conflituada. O perigo de voltar à Síria não a assustava, mas deixar a família sem seu apoio, sim. Ela não podia abandoná-los. Doaa percebeu que era mais necessária no Egito do que em seu país natal.

Enquanto isso, Hanaa sabia que Doaa ansiava pela Síria, e assim escondeu o passaporte de Doaa e ficou atenta à filha teimosa. Hanaa viu mensagens de texto no telefone de Doaa, das amigas na Síria, que insistiam que ela voltasse e se reunisse à luta. Quando Hanaa a confrontou a respeito das mensagens, Doaa lhe garantiu que não abandonaria a família. Hanaa então percebeu que nos meses desde que deixou a Síria Doaa havia amadurecido. Ela assumira a responsabilidade por sua família e fazia sua parte por eles para sobreviverem nesta vida de exílio; agora, era só isso que importava.

Porém, o trabalho na fábrica cobrava seu preço sobre a saúde de Doaa e ela ficava mais frágil a cada dia que passava.

Quando estava ansiosa e cansada, não conseguia comer e sua anemia voltou. Shokri soube de um empresário sírio, Mohamed Abu Bashir, que disse que podia dar trabalho de costureira a três filhas de Shokri por um pagamento maior, de 500 libras egípcias (50 dólares) por mês a cada uma, e não fariam sacos de aniagem. Todas rapidamente aceitaram os novos empregos.

Mohamed havia convertido um pequeno apartamento de andar térreo em espaços de trabalho para seus dez empregados, instalando grandes máquinas de costura industriais e tábuas de passar nos cômodos. Saja e Nawara trabalharam nas máquinas de costura para fazer saias e pijamas, enquanto Doaa se encarregava do ferro de passar.

As meninas trabalhavam sozinhas em uma sala e conversavam e brincavam juntas durante o trabalho. O chefe fazia sua ronda várias vezes por dia e em geral elogiava Doaa. Isto a fez se sentir útil e apreciada no trabalho, apesar de os cheques de pagamento das meninas jamais alcançarem as 500 LE depois de o proprietário fazer algumas deduções misteriosas.

Embora ainda ansiasse pela Síria, depois de seis meses Doaa, aos poucos, começou a encontrar seu lugar no Egito e estava aceitando o destino de sua família. Eles tinham renda suficiente para cobrir o aluguel e com os bônus de alimentos da ACNUR conseguiam comprar ingredientes para as refeições preparadas por Hanaa. Também pagavam lentamente as dívidas que tinham com aqueles da comunidade síria que os ajudaram quando eles chegaram ao Egito.

Doaa percebeu que, quanto mais tempo ficava no Egito, mais sentia seus antigos sonhos lhe escaparem. Na Síria, antes da guerra, ela estava em vias de ir para a universidade. Ainda tinha de cumprir mais um ano de ensino médio, mas agora não havia um jeito expressivo de dar prosseguimento a seus estudos no Egito. O melhor que podia fazer era comparecer a algumas aulas em uma escola administrada por professores sírios durante o horário letivo da tarde, para estudantes refugiados.

Doaa procurava se reconfortar pensando no progresso que ela e sua família faziam no Egito. Embora não tivessem muito, sua situação havia melhorado e a tensão constante que eles sentiam na Síria começava a ser aliviada. O pequeno Hamudi, que jamais deixava o lado de Hanaa quando eles chegaram a Gamasa, agora fazia amigos e dormia tranquilamente a noite toda, os pesadelos e a ansiedade enfim diminuíam, e Doaa disse a si mesma que por enquanto só o que ela queria era paz, felicidade e comida na mesa para sua família.

CINCO

O amor no exílio

Depois de seis meses como refugiados, a família Al Zamel acostumava-se com a vida no Egito. A irmã de Doaa, Asma, e suas duas filhas novas agora estavam ali com eles. Asma havia partido de Daraa para se juntar à família quando se intensificaram os bombardeios, que transformaram seu bairro em uma zona de morte. Porém, apesar dos apelos que ela fez para que o marido partisse com a família, ele ficou para lutar pelo Exército Livre da Síria.

Um número crescente de sírios fugia do país para continuar vivo e também encontrar refúgio no Egito, inclusive em Damietta. Nos fins de semana, quando os Al Zamel passeavam pela calçada da praia, também conhecida como a Corniche, como faziam as famílias egípcias, quem passava claramente via que eles eram estrangeiros, mas entendia que a guerra os levara para lá e eles eram aceitos. Nessas caminhadas, os olhos dos Al Zamel de vez em quando encontravam os dos outros e eles assentiam em reconhecimento, como se dissessem à família "nós sentimos por vocês". As mulheres sírias eram facilmente reconhecíveis pelo modo como usavam o véu, de forma diferente das egípcias. E assim os homens costumavam lhes dizer: "Vocês são bem-vindas aqui!" E às vezes eles gritavam, de brincadeira: "Quer se casar comigo?"

À medida que recebiam aos poucos as notícias de seu país natal, os Al Zamel aceitaram que ficariam no Egito por muito mais tempo do que pensavam originalmente. Amigos de Daraa lhes contaram que alguns vizinhos foram mortos nos conflitos e que o bairro deles, antes movimentado, agora era deserto. Pouco depois de Asma fugir da Síria, sua casa foi atingida por um míssil e a casa do outro lado da rua foi reduzida a escombros. A família de Doaa teve medo pelos amigos que ficaram e lhes mandavam mensagens de texto diariamente para saber se ainda estavam vivos. Doaa procurava nos noticiários, em vão, por sinais de uma trégua na violência e uma volta à paz, para que ela pudesse ir para casa.

No início de maio, seis meses depois de sua chegada ao Egito, o primo de 24 anos de Doaa, Maisam, deu notícias. Maisam e sua mulher, que haviam chegado ao Egito dois meses depois dos Al Zamel, moravam em um apartamento num andar superior do mesmo prédio. Um dia ele se sentou ao lado de Hanaa, bebendo chá, e anunciou, animado:

— Meu melhor amigo, Bassem, virá morar conosco, a senhora vai adorá-lo, tia Hanaa! Todos que o conheceram em Daraa o amavam.

Bassem tinha 28 anos e, até a guerra, era dono de um próspero salão de cabeleireiro no centro, que ele havia comprado com suas economias. Quando a guerra começou em Daraa e seu negócio foi fechado, ele se juntou à oposição e foi combater com o ELS. Por fim, foi apanhado. Nos dois meses que passou preso, ele foi torturado, amarrado pelas mãos, obrigado a dormir sentado e privado de água. Maisam desconfiava de que Bassem havia suportado coisa ainda pior, mas se recusava a falar no assunto. Quando finalmente foi libertado, ele soube que o irmão, também combatente do ELS, fora morto com o documento de identidade de Bassem na carteira. Graças a isso, Bassem não era mais apenas um homem fichado, mas alguém que o governo provavelmente havia registrado como inimigo morto em combate. Sem um documento de identidade válido, era impossível passar pelos postos de controle do Exército que pontilhavam toda a cidade. Bassem já era vigiado depois da prisão, mas agora sua vida corria um perigo ainda maior sempre que ele saía de casa.

Maisam convencera o amigo a sair da Síria antes que ele sofresse o mesmo destino do irmão. Maisam disse a Hanaa que Bassem devia chegar dali a alguns dias.

Várias noites depois, Maisam telefonou para Hanaa e pediu que preparasse uma refeição.

— Hoje é dia de festa — proclamou ele. — Meu amigo Bassem está aqui!

Hanaa instruiu Doaa a esquentar o que restara da comida e levar para cima porque a mulher de Maisam, Shifaa, estava grávida de gêmeos e precisava da ajuda.

Doaa obedeceu e, cuidadosamente, carregou alguns pratos de comida quente por um lance de escadas até o apartamento de Maisam e Shifaa. Shifaa abriu a porta e sorriu com gratidão para Doaa quando viu os pratos.

— Obrigada! — disse ela efusivamente, dando um abraço rápido em Doaa. — E diga a sua mãe que nós agradecemos. Mal consigo me mexer, que dirá cozinhar!

Doaa deu um beijo no rosto de Shifaa, sorriu para sua barriga imensa, depois cumprimentou com a cabeça o primo Maisam, tendo um vislumbre de sua nova visita.

Na primeira vez que viu Bassem, Doaa não ficou muito impressionada. O recato e os costumes a impediram de olhar diretamente o estranho. Assim, enquanto ela entrava na sala, manteve os olhos baixos e foi rapidamente colocar os pratos de comida em uma toalha no meio do chão. Doaa conseguiu roubar um olhar rápido ao perfil do jovem e não viu nada de extraordinário nele.

Depois de alguns minutos, ela pediu licença, dizendo a Maisam e Shifaa que precisava ajudar Asma e as filhas a fazer as malas, porque elas se mudariam para a Jordânia no dia seguinte. Como o marido de Asma ainda estava na Síria, elas decidiram voltar para Irbid a fim de ficar mais perto dele. Doaa deu um abraço em Shifaa, saiu do apartamento e prontamente se esqueceu do amigo refugiado e jovem de Maisam.

Na manhã seguinte, Shokri, Doaa e as irmãs ajudaram Asma a carregar as malas pesadas pelos cinco lances de escadas e colocá-las num táxi para a viagem de quatro horas até o aeroporto de Alexandria.

No balcão de check-in, funcionários examinaram a passagem de Asma e notaram que era apenas de ida, mas que ela não possuía visto. Disseram-lhe que o único jeito de ela sair seria comprar uma passagem de volta por um adicional de 500 dólares. Asma caiu em prantos quando ouviu essa notícia. Não tinha tanto dinheiro. Shokri explicou ao funcionário da companhia aérea que eles eram refugiados pobres e que a filha precisava reencontrar o marido.

— Deixe que ela vá e pagaremos depois, por favor — pediu ele.

O funcionário da companhia aérea alisou a barba ao ouvir o pedido.

— Vocês têm dois dias para conseguir o dinheiro — disse ele. — Vou alterar sua passagem, apenas tragam o dinheiro.

Asma mandou uma mensagem de texto ao marido na Síria, avisando o que acontecera e pedindo-lhe que enviasse dinheiro, e a família fez a longa jornada de volta para casa.

No edifício, Doaa e cada uma das irmãs pegaram uma mala e lutaram para levá-las pelos longos lances de escadas. Bassem entrou na escada enquanto Doaa, a última do grupo, levantava e deixava cair uma mala um degrau de cada vez. Ela estava com um véu vermelho, um de seus preferidos, e um vestido comprido floral. Seu rosto estava vermelho por culpa do esforço.

— Posso ajudá-la? — perguntou Bassem, estendendo a mão para pegar a mala. Ao ver o gesto dele, Doaa segurou com mais firmeza a alça e recusou educadamente. Bassem, impressionado com a visão daquela mulher magra carregando decidida uma mala pesada escada acima, insistiu, mas o gesto só deixou Doaa mais inflexível, alegando que ela mesma dava conta.

— Posso fazer isso sozinha — disse ela rispidamente.

Ela não estava acostumada a falar com homens que não conhecia, mas também tinha orgulho de sua capacidade de cuidar de seus problemas e detestava a ideia de alguém tendo pena dela, em particular porque ela era mulher. Ela não permitiria que um homem que mal conhecia a julgasse fraca. Continuou teimosamente a arrastar a mala, degrau por degrau, até o apartamento.

Doaa não deu muita importância ao episódio, mas Bassem ficou encantado. Correu ao apartamento de Maisam, ofegante da subida, mas também da empolgação, e perguntou:

— Qual é o nome de sua linda prima com o véu vermelho?

— É Doaa! — respondeu Maisam. — Eu lhe disse isso na noite em que você chegou, quando ela trouxe nossa comida. Ou quem sabe foi Saja? Esqueci.

— Ela é comprometida?

Maisam sorriu.

— Não.

Depois, pensando melhor, respondeu:

— Nenhuma delas é.

— Ótimo. Quero que ela seja minha. — Bassem sorriu. — Tem alguma coisa nela. Ela me cativou completamente.

Maisam deu de ombros, pensando que o amigo tinha se transformado em um romântico incorrigível, mas feliz por vê-lo animado com alguma coisa. Procurar Doaa seria uma boa diversão para ele, pensou Maisam, vendo Bassem andar pelo apartamento com um novo ímpeto nos pés.

Ele foi solene e reticente desde a chegada ao Egito. Não falava do que havia acontecido na prisão, nem da morte do irmão. Parecia querer manter a experiência reclusa e tocar a vida. Se cortejar Doaa o ajudasse a seguir em frente, Maisam ajudaria do jeito que pudesse.

Alguns dias depois, Bassem e Maisam guardavam os poucos pertences em seu apartamento para a mudança. Maisam e Shifaa encontraram um prédio diferente que tinha um apartamento igualmente acessível para alugar em uma andar mais baixo, assim Shifaa teria mais tranquilidade para circular depois do nascimento dos gêmeos. O casal convidou Bassem para morar com eles.

Depois que todos se acomodaram na casa nova, convidaram a família Al Zamel para almoçar. Quando Bassem atendeu à porta, Doaa notou que estava vestido para a ocasião, com uma camisa bem passada a ferro e calça social. O cabelo preto estava penteado para trás com gel e um cavanhaque pronunciado ressaltava-se de sua barba bem aparada — um visual moderno. Ele fixou os olhos escuros e amendoados nos de Doaa no momento em que ela entrou na sala e durante toda a refeição manteve a conversa animada, fazendo os convidados rirem. Doaa sentia constantemente o olhar dele voltar-se para ela, como se procurasse seu reconhecimento e aprovação.

Na volta para casa, Doaa se virou para as irmãs.

— Por que ele estava nos olhando daquele jeito?

— Acho que ele gosta de você! — disse Saja, sorrindo.

Pensando que a irmã mais nova tinha uma imaginação fértil, Doaa fez uma careta para ela.

No dia seguinte, Maisam foi ao apartamento dos Al Zamel para sua visita regular da tarde. Enquanto Doaa preparava o chá na cozinha, Maisam entrou. Recostando-se na bancada, pegou um biscoito num prato e falou:

— Oi, Sapo — usando o apelido que dera a ela —, o que você acha de Bassem?

Doaa o olhou inexpressivamente. Não havia pensado muito nele.

Em vista do silêncio de Doaa, Maisam exclamou:

— Doaa! Bassem está seriamente interessado em você. Ele quer lhe propor casamento!

Ao ouvir isso, Doaa baixou a chaleira que estava enchendo e olhou chocada para o primo.

— O quê? Assim, tão rápido? Ele só me viu duas vezes.

Na cultura árabe tradicional, quando um casal noiva, entra em um acordo formal que permite namorar abertamente e depois decidir se queriam de fato se casar. Mas Doaa não estava interessada em nada disso.

— Duas vezes foi suficiente para convencê-lo dos sentimentos dele por você. — Maisam fazia a defesa do amigo. — Escute, Doaa, Bassem é um trabalhador dedicado. Ele teve sucesso na Síria. Tem economias e aqui certamente conseguirá um bom emprego.

Doaa meneou a cabeça em negativa.

— Bassem não sabe nada a meu respeito e, de qualquer modo, não estou interessada. Por favor, diga isso a ele educadamente — disse ela, pensando que seria o fim da história.

Porém, no fundo, Doaa ficou irritada com Maisam, achando que era ele que estava encorajando Bassem a fazer uma proposta com tal rapidez. Ela se sentiu excluída do que lhe parecia um esquema que o primo havia preparado. Ficou sem falar com Maisam por uma semana depois dessa conversa.

Maisam foi para casa e contou ao amigo o que havia acontecido, sugerindo delicadamente que talvez ele devesse procurar outra pessoa. Doaa vivia segundo suas próprias regras e deixou claro que não estava interessada. Bassem recebeu muito mal a rejeição. Segundo todos que o conheciam, seus atos vinham diretamente do coração. Ele era profundamente passional, fosse lutando por seu país ou se apaixonando, mas também era intensamente protetor das pessoas de quem gostava e, desde o momento em que viu Doaa, quis cuidar dela. Tinha chegado ao Egito sozinho e pesaroso e Doaa foi a primeira centelha de luz na escuridão de sua vida de refugiado. Nela, ele viu uma esperança para o futuro. De imediato se convenceu de que ela era a única pessoa que podia fazê-lo feliz. Ele nunca sentiu isso por uma garota. Também ficou confuso com a rejeição dela. Doaa também era a primeira mulher a lhe dar as costas. No passado, as garotas sempre o abordavam. Naquele dia, ele saiu do apartamento de Maisam aborrecido.

Nos dias que se seguiram, Bassem nada fez além de ficar sentado pelo apartamento, deprimido. Maisam e Shifaa fizeram o máximo para lhe dar consolo, insistindo em que ele tivesse paciência. Não podia esperar que uma garota que acabara de conhecer o aceitasse tão prontamente. Entretanto, Maisam genuinamente acreditava que Doaa e Bassem formavam um ótimo casal, e, assim, se ofereceu para conversar com Hanaa em nome de Bassem. Certamente ela poderia colocar algum juízo na cabeça da filha.

No início, Hanaa se espantou com a notícia, mas depois confirmou para Maisam que a filha não queria ficar noiva de ninguém. Porém, Hanaa prometeu conversar com Doaa sobre Bassem. Mas, quando levantou o assunto, Doaa ficou irritada:

— Eu já disse a Maisam que não estou interessada no amigo dele, *Mama*, e sobretudo não tenho interesse em casamento também!

Doaa tinha outras coisas em mente. Trabalhava por longas horas para sustentar a família e o resto do tempo era ocupado com os contatos que fazia com as amigas na Síria para se atualizar sobre a situação no país. E tinha seus próprios sonhos para o futuro que esperava recolocar nos trilhos.

— Como posso ficar noiva dele, *Mama*? Não saí de nosso país só para me casar, sem concluir meus estudos.

— É claro, querida. — Hanaa deu um abraço em Doaa. — Eu compreendo e apoio você.

Aliviada por ter a mãe a seu lado, Doaa considerou a questão mais atentamente. Bassem não era o primeiro homem a lhe propor casamento e, além disso, ela não acreditava que ele tivesse falado sério. Os outros homens que fizeram propostas também não foram sérios; todos tinham desistido logo depois de ela ter dito não, e ela voltara diretamente a seu trabalho na fábrica.

Bassem, porém, não desistiu; em vez disso, começou a formular um plano. Convenceu Maisam a lhe dar o número do telefone de Hanaa para poder falar diretamente com ela. Na primeira vez que telefonou, explicou a Hanaa que só queria que ela tivesse o número dele, para o caso de um dia precisar de alguma coisa. Mas, então, passou a telefonar diariamente, às vezes fazendo perguntas sobre Doaa, em outras apenas indagando a respeito da família. Hanaa gostou de Bassem e quanto mais o conhecia, mais aumentava sua simpatia por ele. Ele era inteligente, forte, dedicado e tinha bom coração — exatamente como Doaa. Hanaa começou a pensar que ele era o par perfeito para a filha cabeça-dura. Ela sabia que Doaa era teimosa e que tinha dificuldade de confiar nas pessoas. Quando Doaa era mais nova, a teimosia e o medo contumazes a impediram de fazer novos amigos e, agora, Hanaa temia que a impedisse de se abrir para a possibilidade de amar.

Três meses depois de Bassem e Doaa se conhecerem, ele abordou Hanaa.

— Vi Doaa chegando do trabalho e ela parecia muito cansada. Por favor, consiga que ela pare de trabalhar — pediu ele. — Eu darei o que ela estiver ganhando, para compensar.

Hanaa tinha ouvido falar o quanto Bassem foi generoso com outros sírios, pagando despesas e comprando-lhes coisas de que eles precisavam. Na comunidade de refugiados, as pessoas cuidavam-se mutuamente e Hanna ficou comovida com a oferta de Bassem de ajudar a família e Doaa, mas ela, quando descobriu, ficou furiosa. Detestava que alguém a julgasse fraca; era fundamental para ela que as pessoas soubessem que ela podia cuidar de si mesma e de sua família e que não precisava da ajuda de ninguém para isso. Quando Hanaa lhe falou da oferta de Bassem, Doaa ficou zangada, embora soubesse que estava mais do que exausta. Tinha crises de vertigem quase todo dia e desmaiava constantemente. Costumava ter dificuldades para comer depois de um longo dia de trabalho, mas, apesar de tudo isso, não tinha a intenção de aceitar esmola. A oferta de Bassem a deixou ainda mais determinada a continuar no emprego.

— Eu me sinto bem — insistiu ela, tentando ignorar os episódios de desmaio, a vertigem constante e a depressão que começava a penetrar em seu ser.

Parecia que todos em Gamasa sabiam que Bassem estava apaixonado por Doaa e que ela havia rejeitado a proposta dele. Ele logo ficou conhecido pela cidade como Romeu Bassem. As irmãs de Doaa gostavam de Bassem e se bandearam para o lado dele. Tentaram convencer Doaa a mudar de ideia e aceitar a proposta. Até o proprietário da fábrica onde Doaa trabalhava a interrompeu certa vez e perguntou: "Por que você não quer se casar com Bassem?" Tudo isso só deixava Doaa mais decidida na recusa a ele. Ela detestava que lhe dissessem o que fazer.

— Não posso amá-lo — disse ela à família. — De qualquer modo, não quero me casar fora da Síria.

A rejeição clara de Doaa a Bassem preocupou Hanaa. Ela temia que o cansaço e a depressão de Doaa a estivessem obrigando a excluir qualquer possibilidade de amor ou felicidade. A filha antes entusiasmada de Hanna agora estava sempre melancólica e séria. Hanaa sabia que jamais poderia obrigar Doaa a fazer nada, mas sentia uma responsabilidade, como mãe, de tentar vencer as barreiras da teimosia da filha naquela questão. Hanaa passou a conhecer muito bem Bassem por todos os seus telefonemas e caminhadas pelo bairro e confiava na sinceridade dele. Ela começou a se irritar com a obstinação de Doaa.

— Ele é sírio! — argumentou Hanaa. — E é uma pessoa gentil que quer ajudar você, Doaa. Por favor, abra seu coração a ele.

O AMOR NO EXÍLIO

Doaa sentia que todos tinham se unido contra ela. Não conseguia ver motivos para aceitar a proposta de Bassem só porque as pessoas achavam que deveria. Quando descobriu que ele havia encontrado um bom apartamento térreo em seu prédio para a família dela pensar numa mudança, sentiu que aquilo tudo fazia parte de alguma grande trama para obrigá-la a aceitar sua proposta. Ela insistiu na recusa e a ter a melhor vida que pudesse no Egito sozinha. Mas a vida, naquele momento, estava prestes a ficar muito mais difícil.

Doaa e a família não prestavam muita atenção aos noticiários egípcios, porque ficaram ocupados demais vendo o espetáculo de horror diário que era a destruição de seu próprio país. Porém, em 30 de junho de 2013, primeiro aniversário da posse do presidente Morsi, os protestos em massa no Cairo e em Alexandria contra seu governo tinham chegado a um nível que eles não podiam ignorar. A crescente frustração e o desencanto com o governo levaram milhões de pessoas para as ruas, queixando-se de que a revolução que havia derrubado o presidente Mubarak dois anos antes agora fora sequestrada. O padrão de vida estava em deterioração, políticos seculares eram alijados de seu próprio governo e a Constituição delineada por Morsi tinha um viés islamista que perturbava grande parte da população. Os egípcios começaram a temer que seu país se desfizesse violentamente da mesma forma que a Síria. Os protestos no Egito continuaram por quatro dias. Em seguida, em 3 de julho de 2013, oito meses depois de a família Al Zamel chegar a Damietta, Mohamed Morsi foi derrubado pelo Exército. O general Abdel Fattah el-Sisi orquestrou o golpe que retirou Morsi do poder e, da noite para o dia, a postura para com refugiados sírios no país mudou, varrida na mesma onda que derrubou Morsi e a Irmandade Muçulmana. Como Morsi havia recebido bem os refugiados sírios, as pessoas acreditavam que eles fizeram parte de seu movimento e lhe deram apoio.

A família de Doaa nada podia fazer além de assistir aos âncoras de noticiários egípcios rotularem os sírios como possíveis terroristas aliados dos extremistas que surgiam na Síria. E se eles não eram terroristas, eram considerados partidários de Morsi. Surgiram alegações de que a Irmandade Muçulmana pagara a refugiados sírios para se juntar a manifestações em apoio a Morsi. Youssef el-Husseini, famoso apresentador de programa de entrevistas na TV, deu um recado ameaçador aos sírios: "Se você é homem, deve voltar a seu país e resolver seus problemas lá. Se interferir no Egito, será espancado por trinta sapatos." Na cultura do Oriente Médio, bater em alguém com um sapato é considerado desdém e, para os sírios, aquela ameaça era ao mesmo tempo assustadora e ofensiva. A política de portas abertas do Egito chegou ao fim com o anúncio de que seria exigido visto de qualquer sírio para entrar no país e quaisquer sírios que já estivessem no país e não tivessem documentação de residência seriam presos e possivelmente deportados.

O clima no Egito para os sírios mudou drasticamente naquela época. Eles não recebiam mais saudações amistosas nas ruas, eram apenas encarados. A ajuda que costumavam receber da comunidade local da Irmandade Muçulmana secou e, em vez disso, os moradores da rua lhes diziam que eles estavam estragando o país.

As meninas começaram a ser assediadas sempre que saíam de casa. Certo dia, Doaa ia ao supermercado com a mãe quando um homem de moto reduziu a velocidade e se aproximou delas. Ele se curvou, quase tocando em Doaa, e a provocou: "Oi, menina, quer se casar comigo?" E então, para Hanaa, ele gritou: "Você me deixaria casar com ela? Ela é muito bonita."! Ele olhou enviesado para Doaa, percorrendo seu corpo de cima a baixo e fazendo barulho de beijos. Doaa sentiu seu hálito azedo e se retraiu dele, enojada e temerosa. O homem as circulou duas vezes de moto, depois partiu, rindo do medo delas. Doaa e a família tinham consciência de que o assédio sexual era difundido no Egito, mas jamais o tinham vivido elas mesmas e, então, parecia que era predominantemente dirigido às mulheres sírias. Doaa e as irmãs não se sentiam mais seguras em seu bairro. O que antes foi um país de refúgio, agora era apenas mais um lugar de ameaça para Doaa e sua família.

Enquanto isso, Bassem ficava desesperado em seu amor por Doaa. Certo dia, um de seus colegas de apartamento foi à casa dos Al Zamel para dizer a Hanaa que ele pensava que Bassem iria se matar se não pudesse se casar com Doaa e que ele vira um frasco de veneno no quarto de Bassem. Hanaa foi falar com Bassem e, à porta, ele não a olhou nos olhos. Bassem estava pálido e magro e Hanaa abriu caminho, empurrando-o, entrou em seu quarto e encontrou um vidro de veneno para rato.

Furiosa, ela o censurou:

— Não pode fazer isso consigo mesmo. — Ela sacudiu o vidro na cara dele. — Os homens não podem ser assim.

Ele baixou os olhos para o chão, envergonhado. Disse-lhe que não queria viver se não podia ser com Doaa.

— Voltarei para a Síria para lutar se ela não aceitar minha proposta. Não há mais nada para mim aqui.

Pela certeza tranquila que havia nele quando lhe disse aquelas palavras, Hanaa acreditou que ele realmente assim o faria. Bassem já parecia um filho para ela e Hanaa não suportava a ideia de vê-lo morrer na guerra. Ela tentou encorajá-lo a ter fé:

— Seja paciente! Talvez ela mude de ideia, mas, nesse meio-tempo, você deve ser forte.

Hanaa levou o vidro de veneno de rato quando saiu, prometendo que viria ver como ele estava, depois imediatamente jogou o vidro no lixo.

Quando voltou para casa naquele fim de tarde, Hanaa sentou-se com Doaa na sala de estar e descreveu a ela até que ponto Bassem estava disposto a ir para convencê-la de seu amor, inclusive tirando a própria vida. Ela segurou as mãos frias de Doaa. As mãos de Doaa sempre ficavam geladas quando ela estava exausta ou tinha trabalhado demais.

— Quando um homem se humilha por uma mulher, significa que verdadeiramente a ama — disse Hanaa. — Você pelo menos pensará em aceitar este noivado?

Saber do desespero de Bassem fez com que Doaa se sentisse culpada. Ela não queria que ele ficasse infeliz, mas também não gostava da pressão que os atos dele impunham a ela.

— Eu não mereço isso — disse ela à mãe —, e não quero o amor dele.

Saja, entreouvindo a conversa, interferiu:

— Eu queria que alguém fizesse isso por mim. Ele deve amar você de verdade. — Mas Doaa ignorou a irmã. Recusava-se a ser pressionada ou induzida a aceitar qualquer homem.

No dia seguinte, quando saiu de casa, Doaa ficou surpresa ao ver Bassem vestindo um terno novo e com o cabelo recém-penteado, cheirando a loção pós-barba.

— Doaa — disse ele —, sei que o que fiz foi errado. Você não merece uma pressão dessas. Por favor, perdoe-me.

Naquele momento, enfim, Doaa começou a amolecer com Bassem, perguntando-se se não seria apenas sua teimosia que a impedia de gostar dele. Enquanto aceitava o pedido de desculpas, ela se viu de língua travada e tímida, como tinha sido quando pequena. Só o que conseguiu se forçar a dizer foi: "Obrigada por vir."

Alguns dias depois, em um fim de tarde escaldante de julho, Doaa de súbito sentiu-se desfalecer. Só percebera que seus pés tinham deixado o solo e a cabeça batido no chão. No início, não soube que quando Hanaa a encontrou inconsciente e sozinha em casa, a primeira pessoa para quem pensou em telefonar foi Bassem. Ele a instruiu a procurar um hospital particular. "Evite a todo custo um hospital público", alertou ele. "Vou cobrir todas as despesas." Os hospitais públicos eram famosos por prestar uma péssima assistência e, às vezes, assistência nenhuma; os pacientes podiam esperar durante horas sem ser atendidos. Assim, Hanaa e sua irmã, Feryal, que na época estava de visita, cuidadosamente levaram uma Doaa semiconsciente para um táxi e deram o endereço de um hospital particular. Bassem chegou logo depois. Blefou para poder entrar, dizendo aos funcionários do hospital que era da família, e encontrou o quarto dela. De imediato, assumiu o controle. Encontrou uma farmácia e comprou os remédios necessários para Doaa. O médico disse à família que a saúde de Doaa era precária. Ela estava magra e frágil demais e, naquela fraqueza, era vulnerável a várias doenças perigosas. Quando ele disse à família que ela precisava descansar e também de cuidados, e que sua saúde exigiria ser monitorada atentamente, Bassem insistiu que faria o que fosse necessário para cuidar de Doaa.

— Vou pagar para que Doaa consulte os melhores médicos em Alexandria, ou até no Cairo. Usarei todas as minhas economias para me certificar de que ela fique bem — disse ele à mãe dela.

Algo dentro de Doaa mudou quando ela despertou e soube pela mãe o que Bassem fizera por ela. Ouviu das irmãs que ele ficou andando pela sala de espera, nervoso, fazendo várias perguntas preocupadas enquanto esperavam por seu diagnóstico.

Doaa ficou deitada em seu leito hospitalar pensando no jovem que estava disposto a fazer tanto por ela. A dedicação dele convenceu Doaa de que seu afeto era verdadeiro. Ela estava acostumada a ser aquela que cuidava das pessoas, e não quem recebia cuidados. Um novo sentimento começou a se agitar dentro dela, algo que nunca havia sentido. Pela primeira vez desde que foi obrigada a fugir de sua terra natal, ela sentiu o coração se abrir. O que ela sentia, porém, era mais do que compaixão. Ternura, talvez? Gratidão? Não podia ser amor. Ela estava certa disto.

No dia em que Doaa recebeu alta do hospital, cerca de uma hora depois de ter chegado em casa, o telefone de Hanaa tocou. Era Bassem. Ele pediu para falar com Doaa. Ela se surpreendeu com a ansiedade com que pegou o telefone da mão de sua mãe para colocar no próprio ouvido.

— Eu só queria agradecer a você — disse ela timidamente, depois devolveu o aparelho à mãe.

Pouco tempo depois disso, Doaa voltou a trabalhar, apesar dos alertas do médico. Ainda se sentia responsável por cuidar de sua família e queria contribuir. Embora se sentisse segura com seu empregador sírio, a nova postura anti-Síria no Egito a afetava profundamente. O pai perdia clientes na barbearia em que começara a trabalhar e com o estresse a mais ela começava a se sentir letárgica, muito sonolenta e, quando acordada, olhava fixamente o vazio, pensando que o sofrimento deles tinha duplicado: eles suportaram a guerra na Síria e agora o povo do Egito os rejeitava. Certa noite, quando não conseguia dormir, ela olhou a família adormecida, o tempo todo se sentindo esmagada pela ansiedade e o desespero. *Não há futuro para nós*, pensou. Por mais que ela trabalhasse, não conseguia dar um futuro à família. Ela sentiu o peso do mundo nos ombros magros e isto a deixou acordada a noite toda.

Um dia, ela desmaiou no trabalho e, quando despertou no hospital público, o médico informou-lhe que tinha anemia grave e disse que ela precisava ficar em casa por pelo menos um mês, alimentar-se bem e relaxar.

Relutante, Doaa tirou licença do trabalho para obedecer às ordens médicas, mas não teve apetite durante esse período. Não se importava mais em ficar saudável. De sua varanda, podia ver Bassem sair para trabalhar em seu salão de beleza pela manhã e voltar no fim da tarde. As irmãs lhe contavam histórias, dizendo que quando o encontravam na rua ele comprava pequenos presentes e sempre perguntava por Doaa. Agora parecia que toda a família estava tomando partido de Bassem.

Enquanto todas as mulheres da casa e muitos vizinhos sabiam a respeito dos sentimentos de Bassem por Doaa, de algum modo Shokri continuou desligado. Hanaa e as meninas escondiam dele o drama — mas Shokri conhecia Bassem e costumava falar do quanto gostava dele. Hanaa ficava cada vez mais impaciente com Doaa — e preocupada. Não contou à filha sobre o plano de Bassem de voltar para lutar na Síria, mas ela se enervava e aumentou a pressão para que Doaa o aceitasse. Disse a Doaa que sua saúde fraca provavelmente era causada pela teimosia e que Bassem podia lhe trazer felicidade e cuidar dela. Hanaa implorou que ela pensasse no noivado novamente, que abrisse o coração e rezasse, se isso ajudasse, depois tomasse uma decisão de uma vez por todas.

Doaa rezou, pedindo ajuda. Sabia que a mãe só queria o melhor para ela e não entendia muito bem por que a ideia de aceitar Bassem a perturbava tanto. Ela perguntou a Alá que rumo deveria tomar. Noite após noite, ela rezou, mas não veio nenhuma resposta.

Certa noite, Hanaa chamou Doaa para se sentar ao lado dela. Parecendo anormalmente instável e cansada, Hanaa perguntou à queima-roupa:

— Por que você não gosta de Bassem? Ele é um ótimo sujeito e nos dá apoio. — Doaa sabia que a mãe tinha razão e não pôde lhe dar nenhuma resposta boa; em vez disso, virou a cara, constrangida. Hanaa segurou o queixo de Doaa e a obrigou a olhar em seus olhos. — Já basta — declarou ela com urgência. Doaa não entendia bem o que, mas sabia que algo deixava a mãe nervosa.

Algumas horas depois, quando se preparava para dormir, Doaa se ajoelhou para suas orações, depois chamou a mãe no quarto vizinho para dar o boa noite habitual. Recebida pelo silêncio, ela chamou mais uma vez. A mãe sempre respondia, mas não nesta ocasião. O pânico e um pavor dominaram Doaa enquanto rapidamente se colocava de pé e corria ao quarto dos pais, batendo os pés descalços no piso duro. Encontrou a mãe sentada, como num transe, com a mão cobrindo os olhos, tremendo descontroladamente e com a respiração superficial. Doaa acordou o pai e, juntos, eles levaram Hanaa pela porta do apartamento e para a rua, a fim de chamar um táxi, enquanto ela gemia baixinho e mal conseguia ficar de pé.

Naquele momento, Bassem estava sentado em sua varanda, desfrutando de um cigarro. Quando notou a família, ele lhes gritou, perguntando qual era o problema.

Doaa, chorando de medo pela mãe, respondeu a ele:

— Ela não está nada bem, mal está consciente! Estamos indo ao hospital! — A preocupação nos olhos de Bassem aqueceu Doaa por um breve momento enquanto eles entravam no táxi e aceleravam dali.

O médico examinou Hanaa e disse à família que ela estava psicológica e fisicamente exaurida. Precisava descansar e a família tinha de cuidar dela. Tal estado não era incomum em pacientes refugiados, disse ele, depois do que haviam passado na Síria e agora no Egito.

— Ela não deve receber nenhuma notícia ruim — avisou ele. — Talvez não consiga suportar.

Doaa sentiu que o médico a olhava diretamente ao dizer isto e que a doença da mãe de algum modo estava relacionada com sua rejeição a Bassem e a preocupação da mãe por ela.

Amanhecia quando eles voltaram para casa. O telefone de Hanaa tocou quase imediatamente depois de sua chegada e Doaa viu o nome de Bassem no identificador de chamadas. Ela atendeu.

— Eu sinto muito — disse ele —, mas acho que sei por que sua mãe está doente! É por nossa causa.

Doaa ficou surpresa que ele tenha chegado à mesma conclusão.

— Sim — respondeu Doaa, com a voz falhando. Não suportava ser o motivo da doença da mãe. — A culpa é nossa.

Antes que ela conseguisse dizer mais alguma coisa, ele desabafou:

— Doaa, quero lhe dizer uma coisa que eu só disse a sua mãe. Decidi voltar para a Síria e lutar com a oposição. Se eu morrer, pelo menos sei que terei você no paraíso, já que não posso ter nesta vida. Ainda não vou embora. Esperarei que sua mãe melhore para poder me despedir, mas partirei daqui a alguns dias.

Doaa ficou estarrecida com essa notícia. Agora ela entendia por que a mãe ficou tão perturbada. Hanaa passara a gostar profundamente de Bassem, até a amá-lo como a um filho.

— Agora eu tenho certeza de que somos o motivo para ela adoecer! — disse ela a Bassem, de repente sentindo que se confidenciava com um amigo íntimo. — Foi porque ela ficou perturbada demais sabendo que você voltaria para a Síria. Por isso ela estava tão irritada comigo ultimamente.

Doaa estava de pé à porta do quarto da mãe, vendo o peito de Hanaa subir e descer enquanto ela dormia. Ela se recostou na parede na frente do quarto dos pais e pressionou bem o telefone na orelha. Percebeu que não queria que Bassem desligasse e que detestava a ideia de não poder falar com ele, se ele saísse do Egito.

A voz de Bassem ficou mais branda:

— Doaa, acha que pode mudar de ideia? — perguntou ele, esperançoso. — Procure pensar nisso um pouco mais, mas seja rápida. Partirei em alguns dias. No máximo na quinta-feira. Não suporto ficar aqui mais tempo do que isso.

A quinta-feira seria só dali a três dias. Doaa pensou no quanto ele se importava com ela e com sua família. Morriam combatentes do ELS todo dia e ele, se partisse, poderia morrer também.

— Me dê algum tempo e ligarei para você — prometeu Doaa enquanto as lágrimas rolavam por seu rosto. Quando eles desligaram, Doaa não sabia se tinha ouvido Bassem chorar.

A decisão foi uma agonia para Doaa. Será que Bassem realmente voltaria? Ele morreria por causa dela? Parte dela o admirava por ter a coragem de voltar à Síria e se reintegrar à luta. Ela própria não havia fantasiado em fazer a mesma coisa?

A notícia da partida iminente de Bassem se espalhou rapidamente e as pessoas trocavam cochichos, dizendo que ele estava indo embora porque não suportava a dor de seu coração partido.

Nos dias que se seguiram, Doaa não conseguia parar de pensar nele. Não queria que ele morresse por causa dela. Dois dias depois do telefonema, Doaa andava, nervosa, pelo apartamento. Ela pensou nos olhos castanhos e gentis de Bassem e no quanto ele gostava dela e de sua família. De súbito, percebeu que talvez não precisasse fazer tudo sozinha. A mãe e o pai apoiavam um ao outro e eram mais fortes graças a isso. Ela admitiu a si mesma que não suportaria a ideia de não ter Bassem por perto. Seu bairro em Gamasa voltaria a ficar opaco e descolorido sem ele.

Doaa pegou o celular e ligou para Bassem.

— Que bom ouvir sua voz, Doaa. — Ele a cumprimentou, antes de perguntar, ansioso: — Você pensou um pouco melhor?

Espontaneamente, as palavras foram despejadas da boca de Doaa:

— Como pode dizer que me ama e ainda assim querer me abandonar e ir para a Síria? — Ela o desafiou.

Bassem respondeu com igual rapidez:

— Porque estou ardendo de amor por você e não suporto te ver e não ter você na minha vida. Prefiro ser um mártir na Síria. A dor de não ter você é demasiada, não posso suportar.

Como se a própria voz pertencesse a outra pessoa, ela se ouviu dizer:

— Bom, eu pensei muito nisso e se você ainda estiver interessado, pode vir pedir minha mão a meu pai.

Assim que pronunciou essas palavras, ela entendeu que falava de coração. Seu medo de confiar em alguém não era nada se comparado com o medo de perder o homem que talvez fosse o amor de sua vida.

Bassem ficou espantado com a resposta de Doaa:

— Tem certeza de que é o que realmente quer?

— Tenho certeza.
— Muito bem. Desligue o telefone! — gritou ele, em júbilo.
— Irei ao salão de seu pai agora mesmo para pedir a sua mão! Depois, vou até aí!
— Não, seu bobo. — Doaa riu. — Não pode ir agora. É muito tarde. Vá amanhã!

Muito tempo depois de desligar, ela ainda segurava o telefone, pensando na possibilidade da nova vida que teria pela frente.

SEIS

O noivado

No dia seguinte, Shokri estava varrendo o chão depois de um cliente e viu Bassem entrar na barbearia seguido por um grupo de amigos. Bassem vestia um bom terno recém-passado, o cabelo estava cuidadosamente penteado e a barba bem aparada.

Shokri abriu um sorriso de boas-vindas e ofereceu algumas cadeiras aos jovens, mas todos ficaram de pé enquanto Bassem se remexia, nervoso, alterando o peso do corpo de um pé para outro.

— Vim aqui informar que tenho uma proposta de casamento para Doaa — disse ele por fim. — Eu vim pedir seu apoio.

Shokri ficou incrédulo.

— Bassem, gosto muito de você. Mas Doaa não quer se casar. — Meneando a cabeça, Shokri voltou a varrer.

Bassem ficou aturdido e não soube responder à recusa de Shokri. Depois de alguns minutos canhestros, um dos amigos falou por ele:

— Bassem fala sério, senhor! Ele já está apaixonado por Doaa há três meses!

Shokri pensava conhecer a filha o suficiente para saber qual seria sua resposta. Desviou os olhos do trabalho e respondeu com convicção:

— Veja bem, não é nada pessoal, mas tenho certeza absoluta de que Doaa não está interessada em ficar noiva.

— M-m-mas — gaguejou Bassem —, ela concordou! É verdade que por algum tempo ela não quis, mas agora ela mudou de ideia.

Ouvindo isso, Shokri se iluminou. Não conseguia acreditar, nem imaginar um par melhor para Doaa do que aquele jovem trabalhador e carinhoso. Sentindo-se subitamente otimista e ansiando por ter algo a comemorar, ele sorriu para Bassem.

— Ora, se Doaa quer, é claro que eu concordarei.

Emocionado, de imediato Bassem telefonou para Doaa, a fim de dar a notícia. Eles marcaram a data da cerimônia de noivado para alguns dias depois, 28 de agosto de 2013, e planejavam dar uma festa de comemoração em 1º de setembro.

Bassem visitava a família todo dia depois do trabalho, levando pequenos presentes e se demorando depois do jantar para se sentar ao lado de Doaa e cochichar com ela. Durante as folgas do trabalho, ele telefonava para Doaa e mandava mensagens de texto com emojis de coração e poemas de seus poetas sírios preferidos.

O noivado de Doaa e Bassem levantou uma nuvem que cobria o lar dos Al Zamel. A saúde de Hanaa melhorou e o novo casal virou o assunto de conversas do bairro. Todo mundo sabia que o Romeu Bassem enfim tinha conquistado sua Julieta. O noivado era um ponto luminoso no meio das lutas cotidianas da vida de refugiados.

O primeiro passo no noivado era a cerimônia de assinatura, um evento formal testemunhado por um pequeno grupo de familiares e amigos na casa dos Al Zamel. Doaa, trajando um vestido preto com um véu preto e vermelho, ficou com as mulheres de um lado da janela, enquanto Bassem e os homens se colocavam do outro lado, numa varanda. Um xeique, líder religioso local, expôs o contrato — chamado *Katb el-Kitab* —, um acordo pré-nupcial islâmico que sanciona a relação dos dois, e perguntou três vezes a Doaa, pela janela, se ela aceitava Bassem como seu noivo. A cada vez, ela respondia, resoluta: "Aceito." Aquelas respostas os tornavam marido e mulher aos olhos de Deus, depois eles assinaram o *Katb el-Kitab*. Então, Doaa se juntou a Bassem na varanda, enquanto a família os aplaudia e Hanaa e as meninas serviram chá e bolo a todos os convidados. Mais tarde, eles precisariam ir ao tribunal para oficializar o noivado. Por ora, porém, foram abençoados como casal com a intenção de se casar, o que lhes dava a liberdade de andar em público de mãos dadas.

Dois dias depois, Bassem buscou Doaa, as irmãs e Hanaa para comprar algumas joias como preparativo para a festa de comemoração do noivado. Por tradição, o homem compra um anel, pulseiras, brincos, um relógio e um colar para sua noiva. Mas Doaa e Hanaa tentaram convencer Bassem de que bastava apenas uma peça. Elas sabiam que as economias dele estavam acabando e seus ganhos eram pequenos. Mas ele insistiu em cada uma delas, pedindo pelo ouro mais caro. Doaa escolheu um colar, brincos e dois anéis, dispensando o relógio. A etiqueta no anel era *Tag Elmalika*, ou "a coroa de uma rainha".

— É assim que você a trata — disse Hanaa a Bassem —, como sua rainha.

Para a festa de noivado, Doaa comprou um vestido de tecido brilhante azul-celeste com um corpete apertado e saia longa. Levou dias para encontrá-lo, indo de uma loja à outra com a mãe.

Agora que tinham feito os votos, Bassem e Doaa tinham permissão para sair sozinhos de mãos dadas. Ele a levou a cafeterias e para fazer compras, a fim de mimá-la. Depois de viver com muita simplicidade por tanto tempo, Doaa gostou dos mimos.

— Adoro como você se veste — dizia-lhe Bassem, brincando que todos os homens tinham inveja dele por ter uma futura esposa tão elegante. Ele também sabia que Doaa gostava de comer batatas fritas e doces, e assim lhe comprava saquinhos nos quiosques para fazer pequenos piqueniques na praça do bairro. Ele costumava convidar Hanaa para sair com eles no passeio, depois eles iam para o balanço, como adolescentes, rindo e trocando cochichos.

— Você foi a melhor coisa que já aconteceu na minha vida, Dodo — disse ele, usando o apelido novo que deu a ela. — Não sabe o quanto você me fez sofrer.

Na manhã da festa, Hanaa acompanhou Doaa a um salão. O cabelo comprido de Doaa caía até a cintura e a cabeleireira passou bem mais de uma hora criando um penteado complexo que se enrolava na cabeça, enquanto um maquiador transformava seu rosto. Finalmente maquiada e penteada, Doaa não parecia mais uma refugiada ou empregada de fábrica. Parecia uma mulher apaixonada que agora podia olhar um futuro que talvez não fosse tão melancólico.

Doaa ficou feliz por ela e Bassem enfim terem sancionado sua relação e agora fossem marido e mulher aos olhos de sua religião, mas, no táxi para casa, não conseguiu conter a tristeza ao pensar que suas irmãs mais velhas não poderiam estar com ela em seu dia especial. Alaa, Ayat e Asma estavam espalhadas pela região: Alaa em Abu Dhabi, Ayat no Líbano e Asma na Jordânia. Como refugiadas, seus passaportes sírios eram inúteis sem um visto. Assim, elas estavam presas nos países para onde fugiram e não poderiam vir comemorar o noivado de Doaa. Doaa chorou com aquela injustiça, estragando a maquiagem.

Quando ela saiu do táxi, às quatro horas da tarde, depois de se refrescar em casa e corrigir a maquiagem, mais de cem convidados, tanto sírios como egípcios, estavam reunidos para saudá-la. Os amigos de Bassem acenderam fogos de artifício e os convidados entraram no apartamento da tia de Doaa, onde um leque de pratos preparados em casa, doces e jarras de suco de fruta cobria as mesas. Doaa havia encarregado Saja de decorar o lugar e ela, Nawara e as tias de Doaa montaram uma pequena plataforma para a cerimônia e compraram fitas, balões e toalhas de papel para a mesa. Havia flores para todo lado, nas mesas, na plataforma, até nas cortinas, e cada centímetro da sala de estar era decorado com cores comemorativas. As meninas tinham recortado as iniciais D e B e colaram na parede para que os convidados vissem quando entrassem.

Doaa foi varrida para dentro com a multidão e levada ao quarto da tia, aonde as mulheres tinham se retirado. Tocava música pop árabe de caixas de som que eles alugaram de um hotel local e todas as pessoas falavam ao mesmo tempo enquanto Doaa era colocada no meio do quarto para uma dança tradicional.

Logo, anunciaram que Bassem estava prestes a entrar. Segundo os costumes, todas as mulheres, exceto Doaa, cobriam a cabeça. Bassem, recém-barbeado e vestindo um terno escuro elegante, andou na direção dela. Era a primeira vez que ele a via sem o véu.

— Esta é a mesma Doaa? — Ele sorriu, radiante. — Você está maravilhosa, mas acho que fica ainda mais bonita sem maquiagem! — Ele pegou uma caixinha no bolso e retirou os brincos de ouro que tinha comprado para ela, fechando-os em suas orelhas. As mulheres se juntaram aos homens na sala de estar, junto do bufê, e a festa começou. Depois de comer, os convidados dançaram pela noite um mix de música pop árabe. Era uma rara ocasião de alegria a ser lembrada por todos os presentes.

Uma semana depois das comemorações, enquanto ia dormir, Doaa procurou a aliança de noivado embaixo do travesseiro. Guardava ali por segurança e só usava quando saía. Para seu pavor, não sentiu nada. Passou as mãos freneticamente pelos lençóis e levantou o travesseiro. A aliança de noivado tinha desaparecido! *Eu não tenho sorte nenhuma na vida!*, pensou ela enquanto chamava as irmãs para ajudarem a procurá-la. A família tivera hóspedes naquela noite, amigas das meninas. Ela não pôde deixar de se perguntar se uma delas a havia roubado. Doaa telefonou aos prantos para Bassem, com medo de que ele a julgasse descuidada.

— Não se preocupe — ele a consolou. — Não é importante. Comprarei uma nova para você.

Uma ideia sombria faiscou pela mente de Doaa enquanto ele falava: *E se aquilo significasse que jamais teríamos um casamento de verdade?* Ela tentou tirar essa ideia da cabeça.

Agora Bassem tinha um convite permanente para a casa dos Al Zamel. As irmãs de Doaa o adoravam e, para Shokri, ele era como um filho que ajudava a família e amava sua filha.

Ele sempre ficava do lado de Bassem quando ele e Doaa se desentendiam, repreendendo Doaa: "Você deve tratar bem seu futuro marido!" Enquanto isso, Doaa era presa de emoções que jamais havia experimentado. Horas antes de Bassem chegar para uma visita, ela ficava agoniada quanto ao que vestir e sentia o coração palpitar quando as mensagens de texto dele tocavam em seu telefone. Começou a ter visões dele encontrando outras mulheres e descobriu o sentimento irracional do ciúme. "Não seja boba, Dodo, você é a única mulher que já amei e que amarei na vida", garantiu-lhe ele.

O peso da responsabilidade que ela antes sentia de sustentar a família agora era compartilhado com Bassem. Ela percebeu que ser apoiada e protegida era uma sensação boa.

Para ganhar mais dinheiro, Bassem começou a trabalhar numa fábrica de carvão. Trabalhava longos turnos que começavam às sete da manhã e terminavam às oito ou nove da noite. O pagamento era de 500 a 600 LE por mês, um pouco mais do que o salário de Doaa costurando e passando a ferro, o que ela ainda fazia ocasionalmente. Depois de trabalhar até tarde, ele chegava à casa de Doaa exausto. Tinha emagrecido e tossia de toda a poeira. Doaa preparava um prato para Bassem e, depois de ele ter comido, eles iam para a varanda fumar um cachimbo *shisha* juntos até bem depois da meia-noite. Tarde da noite, a conversa dos dois por fim se voltava para seu futuro. Eles concordaram em adiar os filhos até conseguirem concluir seus estudos e encontrar bons empregos.

Às vezes, Bassem dizia a Doaa que não conseguia divisar um futuro para eles no Egito. Certa noite, tomando chá, ele lhe disse que era frequentemente incomodado por outros egípcios desde o golpe militar no Egito. "O que você está fazendo aqui?", perguntavam a ele. "Por que não vai lutar na Síria?" Em geral, ele não dizia nada quando ouvia coisas assim, mas começava a pensar que eles tinham razão. Doaa lembrava a Bassem que ele foi para o Egito porque tinha sido preso na Síria:

— Você me disse que foi torturado naquela prisão e passou dias sem comida nem água.

Sempre que ele recebia notícias da Síria, parecia que se tratava da morte de outro de seus amigos. Às vezes, Doaa estava com ele quando chegava a notícia pelo telefone. Quando acontecia, Doaa apertava a mão dele e encostava a cabeça na cavidade de seu pescoço enquanto ele chorava.

Para animá-lo, eles ouviam suas músicas preferidas da Síria. Colocando um fone de ouvido na orelha dele e outro na dela, Doaa encostava a cabeça na dele e eles escutavam juntos. Ambos adoravam uma música da pop star libanesa Carole Samaha intitulada "Wahshani Baladi", ou "Tenho saudade de meu país". Quando vinha o refrão, eles cantavam juntos e alto:

> Ah, Deus, ah, meu querido país, que saudade de meu país...
> Não consigo encontrar nada que substitua o que perdi, exceto um instante nos braços do amado...
> Amanhã voltarei e estaremos ambos de novo naquele lugar... E os dias serão doces.

Num fim de semana, quando Bassem levou Doaa para um passeio na praia, ela se ajoelhou na areia e com os dedos escreveu Bassem, ao que ele acrescentou + Doaa, depois Doaa escreveu Síria em grandes caracteres embaixo.

Olhando a obra dos dois, Bassem falou de repente:

— Vamos voltar para a Síria. Sinto falta de minha família. Nosso lugar é lá.

— Não há como eu voltar — respondeu Doaa, embora meses antes ela tenha desejado fazer exatamente isso. — Sou responsável por minha família e não posso simplesmente abandoná-los. — Ela pensou no retorno de Bassem à Síria, sendo morto na guerra, jamais o vendo novamente. — Se você for, será o fim de nossa relação — disse ela, disfarçando com a raiva o medo que sentia por ele. — Pode pegar de volta tudo que comprou para mim e vá sozinho — concluiu ela em desafio.

— Mas não temos futuro aqui — insistiu Bassem, arrastando a ponta do pé na areia, sobre os nomes dos dois.

— Eu posso ser atacada aqui e estuprada na sua frente e você ficaria impotente e incapaz de me defender! — gritou ela. — Além disso — ela abrandou a voz —, não há trabalho para você na Síria.

Bassem ficou em silêncio por um momento, pensando no que Doaa havia dito.

— Você tem razão — admitiu ele por fim.

Doaa segurou sua mão.

— Seja paciente, amor. Se continuar procurando, vai encontrar trabalho melhor no Egito — disse ela, tentando fazer com que a voz passasse a impressão de que ela própria acreditava.

Porém, o novo ambiente no Egito não facilitava as coisas para eles. Certo dia, enquanto Doaa e Bassem saíam para uma caminhada, separaram-se brevemente enquanto andavam pela rua. Uma moto se aproximou e reduziu a velocidade a fim de parar ao lado dela. O piloto, um garoto de 19 anos que ela reconheceu do bairro, de repente segurou seu braço e a puxou na direção dele. Por instinto, Doaa lhe deu uma cotovelada, soltando seu braço, mas, quando o garoto a agarrou novamente, ela percebeu que ele pretendia forçá-la a subir na moto.

Doaa se afastou dele e correu para Bassem, gritando:

— Bassem, rápido! Precisamos ir para casa agora!

De algum modo, Bassem havia perdido todo o episódio, mas, sentindo o medo de Doaa, perguntou:

— Ele fez alguma coisa com você?

Doaa, vendo a cara de Bassem se avermelhar de raiva, decidiu que seria melhor se eles partissem antes que o problema piorasse.

— Não. — Ela mentiu. — Não aconteceu nada.

— Não é verdade, ele fez alguma coisa, não fez?

Antes que ela pudesse responder, Bassem foi até o jovem motoqueiro egípcio e lhe deu um soco na cara. A moto caiu no chão e o homem pulou para Bassem. Os dois começaram a lutar, trocando murros e brigando no chão.

— Bassem, pare, por favor, pelo amor de Deus, pare! — gritou Doaa, com medo de que Bassem se machucasse e que a briga só chamasse atenção e os metesse em problemas.

— Vá para casa, Doaa, encontrarei você lá! — gritou ele ao se voltar para ela.

O motoqueiro, vendo que Bassem estava distraído, voltou para sua moto e arrancou acelerado dali.

Doaa e Bassem se recompuseram e foram para casa, mas no caminho viram a moto voltando. Dessa vez, o motoqueiro tinha um amigo na garupa e outros dois homens seguiam em uma segunda moto. Portavam bastões de madeira e os brandiam de forma ameaçadora. Um homem sacou uma faca do bolso enquanto eles se aproximavam de Bassem e Doaa. Bassem empurrou Doaa para trás dele e gritou que eles a deixassem em paz.

— Vocês chegaram para acabar conosco! Estão tirando a nossa comida! — gritou o homem da faca para eles.

Doaa pediu socorro aos gritos e começou a chorar. Telefonou para a mãe, pedindo ajuda. A família tinha voltado ao hotel que lhes dera refúgio quando eles chegaram ao Egito. Mais uma vez, estavam ali gratuitamente, porque a temperatura caíra e os veranistas começavam a partir da região, e o hotel ficava apenas a uma quadra de onde Bassem e Doaa agora eram cercados enquanto os homens desciam das motos e se aproximavam deles. Hanaa atendeu ao telefone e, assim que compreendeu o que estava acontecendo, alertou o gerente do hotel, Khalid, que era tão gentil com a família. Khalid correu para a rua e se colocou entre Doaa e Bassem e os homens, dizendo-lhes que fossem embora. Khalid era muito respeitado na comunidade e os homens enfim giraram nos calcanhares, subiram nas motos e partiram.

Khalid, Bassem e Doaa voltaram ao hotel e Khalid insistiu que eles fossem diretamente à delegacia de polícia para dar parte do incidente.

— Se vocês não disserem nada, eles podem voltar e fazer coisa pior — alertou ele.

Enquanto Khalid tentava convencê-los a apresentar uma queixa, o jovem que tinha agarrado Doaa apareceu no hotel, acompanhado do pai. O pai pediu desculpas profusas. Admitiu que o filho estava profundamente perturbado e lhes falou: "Se ele fizer isso novamente, você tem todo o direito de dar queixa dele." Depois se virou com raiva para o filho e ordenou: "Abaixe-se e beije os pés de Doaa e Bassem." Mas o filho se recusou e começou a chorar. Doaa e Bassem ficaram com pena do garoto choroso e perturbado e decidiram não dar queixa do incidente. Só queriam tocar a vida e ficar longe do radar das autoridades.

Ao se deitar naquela noite, ainda acordada, Doaa repassou mentalmente a cena e percebeu o quanto mais uma vez esteve perto de ser raptada. Estava agradecida a Bassem e Khalid por afugentarem os homens, mas não se sentia mais segura no

Egito, mesmo com Bassem a seu lado. O estresse do encontro desagradável também abalou sua relação com Bassem.

Um dia, depois de uma briga particularmente amarga com ele, Doaa anunciou que queria terminar, deixando-o em choque. No dia seguinte, Bassem apareceu na casa com um ar adoentado. Num tom sério, disse a ela:

— Doaa, precisamos conversar. Decidi voltar para a Síria. Fiquei aqui por você e aceitei muita humilhação e dificuldades no Egito por causa de você. E se você não quiser ir comigo, então não há motivos para que eu fique aqui. Decidi que se você não quiser ir comigo, então você está livre. Pode terminar nosso noivado.

Ao ouvir isso, Doaa exclamou:
— Não pode ir! Você será morto!

Bassem, porém, continuou firme. Perturbada, Doaa saiu às pressas do apartamento, percebendo o erro que cometera terminando com ele. Ela seria cúmplice de sua morte se ele voltasse para a Síria. Doaa sabia que Bassem lutava com a tristeza da perda recente do irmão, que morrera combatendo pelo ELS, e que Bassem estava atormentado de culpa por não ter estado ao lado dele. Doaa sinceramente não queria que Bassem a abandonasse ou terminasse o noivado. Ela só estava esgotada do estresse e das dificuldades de sua vida no Egito e tinha estourado durante uma briga dos dois. Bassem foi atrás dela na rua e a encontrou chorando. Ela pediu que ele mudasse de ideia. Ele examinou seu rosto e balançou a cabeça, pegando um lenço para enxugar gentilmente suas lágrimas. "Eu não falei sério!", ela soluçava. "Não quero terminar." Vendo a aflição de Doaa e percebendo que ela era sincera no que dizia, Bassem a tomou nos braços e prometeu que nunca a abandonaria. Jurou que eles só voltariam para a Síria juntos, quando a guerra terminasse. Dali em diante, Doaa rezava toda noite para que eles sempre estivessem juntos.

Naquele outono, Saja, Nawara e Hamudi começaram a frequentar a escola e Doaa voltou a trabalhar. A escola secundária de Saja ficava em outra parte da cidade e ela precisava caminhar uma boa distância sozinha para chegar lá. Quase todo dia, jovens que ficavam na frente dos portões da escola a provocavam com insultos enquanto ela entrava.

Um dia, voltando a pé da escola para casa, Saja notou que era seguida por um tuk tuk. Dois homens de aparência rude, com tatuagens cobrindo os braços, estavam ali dentro.

— Pare, menina síria! — gritaram para ela. — Gostamos das sírias e queremos ver se vocês gostam de nós também.

Saja manteve a cabeça baixa e continuou andando até os portões da escola primária onde Nawara e Hamudi estariam esperando. Depois de chegar, de imediato levou os irmãos para a sala da direção, a fim de telefonar aos pais, pedindo que viessem buscá-los. Hanaa estava aos prantos quando chegou com dois vizinhos sírios, para protegê-las. Mais tarde, quando soube do encontro, Shokri não conseguiu acreditar que isto pudesse acontecer tão logo depois de Doaa quase ser raptada. Ficou frenético ao pensar que suas meninas agora corriam perigo no Egito.

Hamudi também passava por uma época difícil. Embora adorasse estudar e fosse um bom aluno, depois que o governo de Morsi foi derrubado e o clima mudou, as crianças egípcias que antes eram amigas começaram a atormentá-lo.

E então, um dia, a escola de Hamudi anunciou que não admitiria mais crianças sírias. Os pais protestaram, lembrando à direção da escola que a guerra na Síria os havia levado para lá e que eles só queriam que os filhos recebessem educação. Eles também argumentaram que contrariava a política do Estado negar instrução a crianças refugiadas e que os professores não tinham o direito de decidir sobre aquela política. Chegaram a um meio-termo e a escola permitiu que alunos sírios continuassem a comparecer, porém eles não tinham mais permissão de se sentar em carteiras e precisavam se sentar no chão.

Mais ou menos na mesma época, um homem de moto e aparência ameaçadora parou na praça de frente para o hotel onde morava a família de Doaa e começou a gritar. Doaa e sua família correram à varanda para saber que gritaria era aquela. A plenos pulmões, ele berrava: "Se qualquer um de vocês, pais, mandarem seus filhos a nossas escolas, eles serão devolvidos a vocês retalhados." Ele gritou esta ameaça repetidas vezes para que todos ouvissem. Os homens sírios do bairro que testemunharam a cena tentaram enxotá-lo, mas ele acelerou antes que conseguissem pegar o número da placa para dar queixa. A sensação de medo que a família de Doaa pensava ter deixado na Síria agora voltava. Muitos vizinhos decidiram manter as crianças em casa dali em diante e Shokri e Hanna também tiraram os filhos da escola. Hamudi ficou arrasado e passava os dias amuado em casa.

Enquanto isso, Shokri lutava para pagar as contas com apenas alguns clientes fiéis e Bassem via o quanto ele estava se saindo mal. Bassem ofereceu-se para ser sócio dele no salão e Shokri aceitou, agradecido. Na época, Bassem tinha um bom número de clientes jovens e isso ajudou a ressuscitar os negócios de Shokri. Embora isso ajudasse um pouco a família, Bassem sabia que queria mais para si e sua futura esposa. Mesmo com os dois trabalhando por longas horas, eles não tinham esperança de nenhuma vida além da pobreza opressiva. Não podiam começar uma família nessas condições e a cada dia Bassem perdia mais a esperança de que um dia voltariam para a Síria.

Parecia que estavam desperdiçando a vida no Egito em meio a uma população que aparentemente não os queria ali. Ele não podia estar com Doaa o tempo todo, porque trabalhava demais, e tinha medo de que um dia não estivesse presente para protegê-la quando ela precisasse. Bassem sabia que alguma coisa precisava mudar.

SETE

Pacto com o diabo

Em uma tarde amena de junho de 2014, nove meses depois do noivado de Doaa e Bassem, a família Al Zamel terminava de almoçar. Doaa ainda morava na casa da família, uma vez que ela e Bassem só poderiam morar juntos depois que se casassem formalmente.

Após ajudar a lavar os pratos, Bassem sugeriu que todos saíssem para uma caminhada antes que ele e Shokri voltassem ao trabalho na barbearia. O jovem casal andava à frente do resto da família, de mãos dadas, conversando. Quando chegaram à Corniche, Bassem virou-se para Doaa, com a voz mais baixa do que o habitual. Falava decidido, como se tivesse ensaiado o que ia dizer:

— Tenho uma coisa importante para conversar com você. Quero que a gente vá para a Europa. Não temos futuro aqui. Estamos empacados e não podemos voltar para a Síria. — Ele olhou no rosto assombrado dela e passou a falar mais rapidamente: — Todo mundo está indo. Um amigo meu foi para a

Alemanha e fez uma solicitação para levar a família para lá. É muito melhor lá, Doaa. Você pode ir para a escola e eu posso abrir uma barbearia. Podemos ter uma casa juntos e começar uma família. — Ele olhou o rosto dela, esperançoso, procurando algum sinal de aquiescência. — O que você acha? Só precisamos arrumar o dinheiro para a viagem.

Doaa só conseguia pensar no vasto mar que separava o Egito da Europa e na água se fechando sobre sua cabeça e enchendo os pulmões. Ela ainda não aprendera a nadar e só a ideia de atravessar tal trecho de água a deixava em pânico. Sabia que os refugiados não tinham um meio legalizado de chegar à Europa. Eles não conseguiriam os documentos de que precisavam para viajar em outra balsa grande, como aquela que tomaram para o Egito. Se pedissem visto, seriam rejeitados, e para pedir asilo na Europa era necessário estar lá fisicamente e Doaa sabia que o único jeito de chegar era considerado ilegal pelas autoridades egípcias e inseguro por todos.

— Quer dizer por um barco de contrabandista? — perguntou ela. — Nem mesmo pense nisso. Eu não vou.

Ela sabia que aqueles barcos eram pequenos, decrépitos e superlotados e ouvira histórias de embarcações afundando e do afogamento de refugiados. Nem acreditava que Bassem quisesse se arriscar àquilo. Como poderia ela atravessar o mar em um desses barcos quando nem mesmo conseguia colocar o pé na água?

— Mas — gaguejou Bassem — você só ficará na água até os joelhos, depois estará em segurança no barco. Seremos resgatados quando nos aproximarmos da Itália, depois podemos ir para a Suécia!

Bassem explicou que sinais de socorro são enviados assim que os barcos com refugiados chegam a águas italianas e que a guarda costeira italiana envia embarcações para levar todos a salvo para a costa.

— De jeito nenhum. — Doaa estremeceu. — Minha resposta é não, Bassem.

Mas ele ainda levantava o assunto em cada oportunidade que tinha, tentando encontrar um jeito de convencê-la. Doaa não entendia por que ele insistia tanto quando sabia do medo que a noiva tinha da água. Sempre que iam à praia com a família, ele a via ficar bem longe do mar, olhando todos os outros espadanando nas ondas. Bassem era um bom nadador e por um bom motivo. Havia contado a Doaa que em Daraa, quando ele tinha 13 anos, foi a um lago com dois amigos. Nenhum deles sabia nadar, mas entraram mesmo assim, espirrando água um num outro, de brincadeira. Então um dos amigos foi para a parte mais funda e começou a arquejar, debatendo os braços. Bassem e o outro amigo pensaram que ele estivesse brincando, mas, quando finalmente o alcançaram, seu rosto estava submerso e o corpo, imóvel. Ele havia se afogado. Depois desse dia, Bassem jurou que aprenderia a nadar sozinho. "Prometi a mim mesmo que nunca mais ficaria parado e impotente enquanto alguém de quem eu gostasse estivesse se afogando", ele dissera a Doaa.

Bassem também lhe contou outra história. Alguns anos depois, ele estava em um lago com amigos, sentado na margem rochosa. Na época, ele era um nadador confiante. De longe, testemunhou um barco a remo virar e uma adolescente cair na água, evidentemente correndo perigo. Ele disparou para o barco e pulou na água. Quando alcançou a menina, passou os braços por ela e a puxou para a margem, possivelmente salvando sua vida.

Entretanto, essas histórias não tranquilizavam Doaa. Sempre que imaginava estar submersa sem nenhuma margem à vista, pensava que ia adoecer.

— Bassem, não quero ouro, nem mobília cara, nem uma vida na Europa — disse ela, certa noite, quando ele tentava, mais uma vez, convencê-la.

Eles estavam sozinhos na varanda do apartamento de Doaa, vendo o céu escurecer enquanto o resto da família ouvia rádio dentro de casa. Ela não conseguia imaginar uma vida sem eles por perto.

— Quero ficar com nossa família. E se, em vez disso, fôssemos para a Arábia Saudita? Você já trabalhou lá.

Na Arábia Saudita, eles podiam ter um recomeço e ainda ficar perto o bastante da família e ela não teria de entrar num barco para chegar lá.

— Você não ia gostar — argumentou ele. — É conservador demais. Você teria de usar uma burca. Ficaria coberta de preto da cabeça aos pés, com apenas uma fresta de malha por onde olhar. Você nem mesmo conseguiria sair se não fosse comigo. — Exasperado, ele disse: — Metade de meus amigos foi para a Europa! Recebo mensagens deles no Facebook, da Suécia e da Alemanha, o tempo todo. Eles têm bons empregos e estão estudando. Dizem que foram bem recebidos lá... não é como aqui. — Bassem esperou que Doaa refletisse sobre esta informação e acrescentou: — As outras mensagens que recebo o tempo todo são de amigos na Síria contando-me quem morreu. Você esqueceu como é ver gente morrer todo dia?

— Você esqueceu todas as histórias de terror sobre esses barcos? — rebateu Doaa. — E as histórias sobre refugiados como nós se afogando?

Com raiva, ela se levantou rapidamente e entrou para ficar com a família, deixando Bassem sozinho na varanda. Deu as costas a ele, para que o noivo não visse as lágrimas de tristeza e frustração que escorriam por seu rosto.

Aquilo continuou por dois meses. Bassem levantava o assunto em cada oportunidade que tinha, tentando meios diferentes de convencê-la.

"Doaa, você parece cansada! Não está prosperando aqui! Na Europa, sua saúde vai melhorar." Na realidade, a saúde de Doaa piorava a cada semana. Sempre que Bassem a via oscilar, lembrava a ela da Europa. "Na Europa, você pode estudar. Podemos abrir um salão juntos, você ganhará dinheiro e enfim poderá comprar roupas novas. Você poderá até ter uma casa bonita lá. Seremos respeitados, e não desprezados, e nossos filhos terão uma boa vida." Ele lhe mostrou fotos que havia recebido dos amigos sorrindo na frente de monumentos históricos e parques floridos. Um amigo foi retratado em Amsterdã, numa ponte sobre um canal com a linda paisagem urbana ao fundo. Vendo essas fotos, Doaa não pôde deixar de escutar e sonhar. A Europa parecia um lugar de ordem e esperança, uma terra da fantasia cheia de possibilidades.

A vida retratada nas fotos era muito diferente da pobreza, da luta e do perigo que ela passara a aceitar como normal. No Egito, não havia nada para ela e sua família além de hostilidade e trabalho torturante a baixos salários que nunca cobriam as necessidades da família. Eles mal tinham o suficiente para a comida e o aluguel, e sempre que precisavam de algo extra, como remédios ou um par de sapatos para Hamudi quando os dele já não cabiam mais, tinham de pedir emprestado um dinheiro que não podiam pagar, ou vender um de seus poucos tesouros restantes. Não havia como Doaa terminar o ensino médio no Egito e ela praticamente desistira do sonho de fazer uma universidade. Como milhares de outros refugiados sírios, ela se sentia presa a uma vida no limbo em um país onde os próprios cidadãos enfrentavam uma economia em queda, inflação alta e elevação nos preços dos alimentos. No Egito, os refugiados sírios eram tolerados, mas com poucas possibilidades de encontrar um verdadeiro emprego e se integrar plenamente na sociedade.

Doaa começou a se perguntar como seria sair pela porta sem o medo de ser raptada e as irmãs irem à escola sem medo de assédio, espancamento ou coisa pior. Ela se lembrou de como era quando a mãe nem sempre estava doente e o pai nem sempre estava exausto, e quando Hamudi era um garotinho alegre, com a perspectiva de ter uma infância normal. Nada disso era possível naquele momento no Egito.

Contudo, na Síria, as coisas só pioravam. Centenas de pessoas morriam nos ataques com armas químicas em Damasco, de que a comunidade internacional acusava o governo Assad. Jihadistas extremistas agora estavam sob a proteção de grupos rebeldes e começavam a lutar entre si, enfraquecendo a oposição moderada do ELS. Em particular, uma organização crescente e violenta chamada Estado Islâmico conquistava território e impunha sua doutrina fundamentalista e a interpretação severa da *sharia*, a lei islâmica, na Síria. Pelo menos um terço da população agora estava desarraigada, com 3 milhões de pessoas lutando como refugiados em países vizinhos, como o Líbano, a Jordânia, a Turquia e o Egito.

Aos poucos, Doaa começou a pensar na possibilidade de partir. Porém, Bassem vacilava em sua decisão de se mudar. Amava demais Doaa para obrigá-la a fazer algo que a apavorava e começava a pensar melhor. Ele decidiu que devia ir à

Europa sozinho e, depois, quando estivesse acomodado, mandar buscar Doaa e sua família. Ouvira falar de programas na Europa que promoviam o reencontro de refugiados com familiares que ficaram para trás. Segundo os amigos lhe disseram, só era preciso chegar lá e pedir asilo, depois se candidatar para trazer a família ao país também. Eles depois receberiam vistos e passagens de avião.

— Você pode se juntar a mim em breve — disse ele a Doaa quando lhe expôs seu plano revisado. Eles estavam sentados lado a lado a uma mesa pequena em sua cafeteria preferida, bebendo chá e fumando um cachimbo *shisha* enquanto Bassem tinha uma pausa no trabalho.

Espantada, Doaa baixou a xícara.

— Eu não deixaria que você fosse sozinho — disse ela sem hesitar. — Não posso ficar separada de você!

— Você só está com ciúme — Bassem implicou com ela. — Acha que se eu for para a Europa antes de você vou encontrar uma europeia bonita para colocar no seu lugar.

Doaa lhe deu um soco no ombro.

— Ótimo — rebateu —, você encontra uma, e eu vou achar um marido egípcio.

Embora brincassem com isso, no fundo Doaa estava magoada por Bassem pensar em ir para a Europa sem ela e talvez estivesse um pouco temerosa de que ele realmente encontrasse uma mulher glamourosa na Europa que agradasse mais a ele.

— Só estou brincando, Dodo. Eu nunca olharia para mais ninguém. Você é a única para mim. Encontrar outra seria tentar substituir a lua pelas estrelas.

Ainda desassossegada, Doaa colocou a cabeça no ombro dele.

— Você não pode nunca ir a lugar nenhum sem mim.

Ela sentiu a cabeça se elevar e descer com a respiração dele. Mas sabia que Bassem estava decidido a partir, com ou sem ela. Estava cansada de vê-lo lutar no Egito e sabia que não tinha um bom argumento para convencê-lo a ficar. Sentia que se ela se recusasse a deixá-lo ir estaria atrapalhando o futuro dele, no entanto não suportava a ideia de ficar, se ele fosse embora. Sua vida era com ele, de um jeito ou de outro, e nenhum dos dois tinha uma vida no Egito. Doaa começou a pensar que talvez pudesse enfrentar a água, se isto significasse ter uma oportunidade de vida decente com o homem que amava. Disse a si mesma que também estaria ajudando a família — mandando dinheiro a eles e um dia levando-os para um lugar melhor.

O que ela não sabia era que Bassem já começara a discutir sua ideia com a mãe dela.

— A decisão é sua — disse Hanaa ao jovem a quem amava como um filho —, mas acho que você deve terminar com Doaa antes de partir.

— Nunca! — exclamou ele, magoado só com a ideia. — Irei porque quero dar a Doaa tudo que ela quer.

Ele insistiu na defesa de seu argumento e Hanaa por fim desistiu e lhe disse que, se ele estava decidido a partir, por ela estava tudo bem, mas ela sentia que ele devia viajar na frente, encontrar um lugar para a família, depois entrar com a requisição para que Doaa se juntasse a ele como sua esposa.

— Não quero que ela viaje com aqueles contrabandistas — disse Hanaa. — De qualquer modo, de jeito nenhum ela vai colocar o pé na água.

Alguns dias depois, Doaa disse à mãe que decidira ir para a Europa com Bassem. Hanna ficou arrasada com a ideia de Doaa fazer a viagem difícil e perigosa, mas entendeu que eles achavam que aquela era sua única possibilidade de ter uma vida melhor. Porém, bastava pensar em Doaa sendo espremida em um barco com milhares de outros refugiados para Hanaa ficar apavorada. Porém, ela sabia que Doaa, uma vez tendo tomado sua decisão, seria inflexível quanto a sua consecução.

— Ou você me deixa ir para a Europa, ou pode me mandar de volta à Síria — disse Doaa à mãe na primeira vez que Hanaa protestou.

Ela olhou a filha determinada, agora com 19 anos e uma mulher comprometida, e entendeu que não poderia impedi-la. Em vez disso, fez tudo que pôde para que a viagem fosse o mais segura possível.

Já naquele ano, outros 2 mil refugiados e migrantes perderam a vida tentando navegar para a Europa e era só o início de agosto. O final do verão e início do outono, quando os mares estavam relativamente calmos e o clima quente, era o auge da temporada para os refugiados fazerem a travessia do Mediterrâneo. Mais vidas inevitavelmente se perderiam no mar. Guerras, conflitos e perseguição por todo o mundo obrigavam as pessoas a fugirem de seus países natais e procurar refúgio e segurança em outros lugares em maior número do que em qualquer outra época desde que começaram a registrar o número de desalojados. No final de 2014, a ACNUR registraria perto de 60 milhões de pessoas obrigadas a se deslocar, 8 milhões a mais do que no ano anterior. Metade era de crianças. Diariamente, naquele ano, uma média de 42.500 pessoas tornavam-se refugiadas, procuravam asilo ou eram desalojadas internamente, um aumento de quatro vezes em apenas quatro anos.

O principal motivo para o aumento maciço no número de refugiados era a guerra na Síria. Com populações de refugiados inchando aos milhões nos países vizinhos e com poucas oportunidades de trabalhar e de obter instrução formal para seus filhos, um número cada vez maior de pessoas arriscava a vida em viagens perigosas para alcançar uma vida melhor na Europa. Quem fugia diretamente da violência incansável na Síria encontrava agentes criminosos em suas cidades natais que não só se propunham contrabandeá-las pela fronteira, mas, também, pelo preço certo, atravessar o mar para a terra prometida que eles supostamente encontrariam na Europa.

O lucrativo negócio de contrabandear pessoas para longe das guerras e da pobreza da África rapidamente se expandiu da Líbia, encontrando uma demanda crescente de sírios e palestinos por uma rota marítima a partir do Egito.

Os contrabandistas podiam ser encontrados facilmente por boca a boca nos bairros de refugiados ou no Facebook, onde anunciavam o que pareciam pacotes de férias em iates de luxo. Duas passagens para a Europa custariam a Bassem e Doaa 5 mil dólares, com 2.500 pagos adiantadamente, e o restante sendo pago se eles chegassem em segurança à Itália. O contrabandista encontrado por Bassem era um intermediário sírio que usava um nome falso e era conhecido na comunidade como o representante da linha de frente. Ele disse a Bassem que podia lhe vender passagens em um transatlântico seguro e que a viagem não levaria mais do que alguns dias.

O dia da partida se aproximava e Doaa tinha maus pressentimentos sobre a viagem. Um dia, enquanto ela e Bassem estavam em sua cafeteria preferida, conversando sobre as promessas de uma travessia segura do contrabandista, ela lhe falou de seus temores. Disse-lhe que teve uma premonição de que o barco ia afundar.

— Você se preocupa demais, Dodo — Bassem a repreendeu. — Eu tenho uma sensação igualmente forte de que tudo ficará bem.

Mas ele não falaria a ela de seus próprios temores sombrios. Bassem sempre quis ser forte para Doaa, o que significava guardar para si as preocupações que tinha.

As economias de Bassem não eram suficientes para pagar pela viagem e a família Al Zamel não tinha nenhum dinheiro extra. Para colaborar, Doaa vendeu as pulseiras e o colar de ouro que Bassem lhe comprara de noivado e o laptop que ele lhe dera de presente. Hanaa também vendeu parte de suas joias para colaborar, relutando em ver as peças irem embora, mas querendo investir no futuro da filha e disposta a pagar a mais por uma embarcação segura. A família de Bassem na Síria também enviou eletronicamente 200 dólares para ajudar e tudo isso somou 2.500 dólares, o bastante para a entrada, mais 500 euros para começar a vida na Europa. Eles não sabiam como conseguiriam o resto, mas imaginavam que depois que lá chegassem poderiam pedir emprestado e trabalhar para pagar sua dívida. Bassem pagou ao contrabandista e ouviu dele que esperasse por um telefonema.

Em 15 de agosto de 2014, veio o telefonema. Doaa preparou uma pequena bolsa de viagem preta com seus pertences mais preciosos — o Alcorão, uma camiseta e calças novas e douradas que Bassem havia comprado para ela; as joias restantes; um conjunto de prata com uma pulseira, colar e um anel com diamantes falsos; e uma caixa de joias sírias de metal, decorada com corações. Despediu-se chorosa do pai, que teve de ficar para trabalhar, abraçando-o com força e sentindo seu cheiro familiar de creme pós-barba e os cachimbos *shisha* que ele adorava. Depois entrou em um táxi com Bassem, a mãe e os irmãos. Hanaa insistiu que ela e os filhos acompanhassem Doaa e Bassem para ver a partida. Bassem deu ao motorista o endereço que o contrabandista havia lhe mandado por mensagem de texto, de um apartamento na cidade litorânea de veraneio de Al Agami, cerca de 20 quilômetros a oeste de Alexandria.

Doaa e Bassem, ao entrarem no apartamento de dois quartos em um dos edifícios na praia de El Nakhil, acharam-no sujo e quente. Moscas disparavam de um canto a outro acima de alguns móveis, que estavam cobertos de poeira, e havia eletrodomésticos tomados de uma ferrugem pesada. Outras duas famílias sírias tinham chegado antes deles, sentadas na sala deprimente, no sofá ou no chão, com suas crianças inquietas. Incluindo Bassem e Doaa, havia 13 pessoas no total. Enquanto isso, Hanaa e os filhos se acomodaram perto dali, em outro apartamento dilapidado dos contrabandistas, enquanto esperavam pela partida de Bassem e Doaa. Bassem telefonou ao contrabandista perguntando quando eles iriam. O homem o instruiu a ser paciente e ficar atento, a questão podia levar algum tempo, dependendo das condições climáticas e da facilidade com que eles conseguissem contornar a polícia. Depois de várias horas de espera, Bassem telefonou novamente ao contrabandista. Não contou a Doaa muita coisa do que foi dito durante esses diálogos, mas transmitiu que eles logo estariam de partida.

Eles saíram do apartamento por um breve período para tomar ar fresco e comprar sanduíches de falafel em uma barraca na praia. Doaa ficou constrangida com os olhares lançados pelos moradores. Ela, Bassem e sua família evidentemente não estavam ali de férias e todos sabiam que os sírios na região tentavam deixar o país. Eles não receberam nenhum telefonema do contrabandista naquele dia, nem no seguinte, e logo os dias e noites começaram a se confundir para Doaa. Todos estavam nervosos e ansiosos.

Enfim o telefone de Bassem tocou no apartamento. "Preparem-se", disse bruscamente a voz do outro lado da linha.

"Saiam do apartamento daqui a meia hora, às nove. Desçam e não chamem atenção para vocês. O ônibus estará esperando na rua atrás do prédio." O contrabandista avisou a Bassem para levar pouca bagagem, porque não haveria espaço para muita coisa. Doaa acrescentou um saco de tâmaras e duas garrafas de água a sua bolsa de viagem, depois embrulhou cuidadosamente os passaportes em plástico, que ela colocou em um saco de sanduíche, e fechou tudo com zíper em um bolso lateral da bolsa de viagem, junto com sua carteira recheada com 500 euros e 200 libras egípcias. Em volta dela, os outros refugiados pegavam seus pertences.

Saíram todos do apartamento com sua bagagem e Doaa e Bassem encontraram a família de Doaa para as despedidas. Eles abraçaram Hanaa, Saja, Nawara e Hamudi enquanto os olhos de Doaa transbordavam de lágrimas. Ela mal conseguia falar com os soluços. Tinha medo de que aquela fosse a última vez que os veria.

— Por favor, cuidem-se bem. Telefonem quando chegarem. Ficaremos preocupados com vocês a cada minuto — disse-lhes Hanaa quando a situação subitamente tornou-se mais real para ela. — Têm certeza de que não querem mudar de ideia? Bassem, você pode vir morar conosco. Por favor, não vão! — Hanaa tentara ser corajosa por Doaa, mas agora estava tomada de medo pela filha e pelo futuro genro.

Doaa tentou dissuadi-la.

— Mãe, nada mudará aqui. — Doaa esforçou-se para controlar as lágrimas e firmar a voz com determinação: — Nunca ficará melhor. Nós já nos decidimos — disse ela, resoluta.

Em seguida, Hamudi, de 9 anos, virou-se para Bassem e exigiu, com as mãos nos quadris:

— Por que você não vai sozinho e deixa Doaa aqui? Vou ficar com saudade dela.

Doaa sorriu e abraçou Hamudi novamente.

— Não se preocupe, depois que eu chegar lá, vou levar você também, todos ficaremos juntos e as coisas serão muito melhores.

Por fim, no escuro, Doaa e Bassem viraram a esquina e se afastaram da família de Doaa na direção de um canto escuro onde aguardavam outras duas famílias sírias. Depois de algum tempo, um ônibus pequeno e branco parou e um homem grandalhão de aparência bárbara, que não fizera a barba e se vestia todo de preto, saiu e ordenou que eles embarcassem, juntando-se a outras trinta pessoas que já estavam no ônibus, sentadas em outros passageiros, para caber. Não havia nenhuma gentileza nem acolhida em sua voz. Doaa sentou-se no colo de Bassem e apoiou os braços na bolsa de viagem. Ninguém no ônibus falou, mas assentiu em solidariedade aos recém-chegados.

Enquanto o ônibus arrancava, Doaa cochichou para Bassem:

— Esses contrabandistas são bandidos, Bassem. Não confio neles e eles me assustam. — Bassem tentou tranquilizá-la de que ficaria tudo bem, embora isto não fosse o que prometera o contrabandista que lhes vendeu a viagem.

Um dos contrabandistas andou pelo corredor. Era mais baixo do que o homem que lhes disse para entrar, mas também se vestia de preto da cabeça aos pés e falava com igual aspereza. Notando Doaa, gritou para ela:

— O que você tem na bolsa?

— Só algumas roupas, tâmaras e água, como nos disseram — respondeu Doaa timidamente.

Ele fez que sim com a cabeça.

— Mantenha seu passaporte com você o tempo todo e esconda-o em suas roupas. — Depois ele continuou pelo corredor, repetindo a pergunta e as ordens à fila seguinte.

Depois do que pareceu cerca de uma hora, o micro-ônibus fez uma parada e eles ouviram a ordem de sair. O grupo foi imediatamente conduzido para a traseira de um grande caminhão de transporte de areia. Estava escuro do lado de fora e preto como breu na caçamba depois que os contrabandistas fecharam a porta traseira, trancando-os ali. Todos ficaram espremidos, sem espaço para se mexer, sem janela nenhuma, nem circulação de ar. As crianças ficaram estranhamente caladas e Doaa notou que uma mulher estava visivelmente grávida.

— Esses bandidos são desumanos — cochichou Doaa. — Não estou com um bom pressentimento com relação a isso.

Doaa e Bassem sabiam, pelas buzinas, música e vozes, que o caminhão atravessava áreas povoadas, mas depois de algum tempo o único som era das rodas batendo em buracos e pedras. Doaa segurou a mão de Bassem enquanto espiava no escuro seus companheiros refugiados, perguntando-se que circunstâncias teriam levado cada um deles a embarcar naquela viagem perigosa. Depois de uma hora, o caminhão parou abruptamente e a porta traseira foi aberta. Doaa tomou, agradecida, uma golfada de ar fresco. Estava rígida de ficar sentada e espremida entre os outros e suas pernas tremeram quando ela saltou do caminhão e descobriu que eles tinham chegado a uma praia árida. Outros refugiados haviam chegado antes deles, reunidos em grupos de familiares ou amigos, sentados na areia e esperando em silêncio no escuro.

Somando com os outros quarenta passageiros do caminhão de Doaa e Bassem, eles calculavam que cerca de duzentas pessoas estavam reunidas na praia, agora à mercê de seus dez agentes de viagens criminosos. Todos os contrabandistas estavam descalços e vestidos de preto, com as pernas das calças enroladas até os joelhos. Disseram aos refugiados que ficassem em completo silêncio e explicaram que estavam fazendo todo o possível para escapar da polícia e da guarda costeira, mas, segundo muitos, eles também pagavam a autoridades para fazer vista grossa para o contrabando. Doaa olhou o relógio. Eram 11 da noite.

A espera em silêncio foi torturante. Fazia frio e ela desejava ter vestido um suéter por baixo do casaco fino.

Depois de mais duas horas aguardando, os contrabandistas dividiram os refugiados na praia em três grupos menores, sem dar explicações. Cem pessoas compuseram o primeiro grupo, com o segundo e o terceiro tendo cinquenta cada um. Doaa e Bassem estavam no primeiro grupo. Assim que ele foi formado, eles ouviram um contrabandista gritar "Corram!", Bassem pegou sua bolsa e juntos eles partiram na noite escura para o som das ondas que se quebravam. Estava nublado e, portanto, escuro, era difícil enxergar. Doaa nem mesmo conseguia ver suas mãos que se balançavam a sua frente enquanto ela corria. Depois de alguns minutos, uma voz ordenou que eles parassem, ficassem em silêncio, para depois recomeçar. Eles ouviam o barulho das ondas se quebrando e a respiração dificultosa dos companheiros viajantes, mas não tinham nenhum senso de orientação, apenas a condução dos contrabandistas. Seus olhos tinham se adaptado ao escuro, mas não havia barco à vista.

Em vez disso, enquanto eles partiam para a água, deram com um grupo da guarda costeira, uniformizado, dormindo na areia. Ao vê-los, todo o grupo girou nos calcanhares e correu na direção contrária. Doaa e Bassem corriam à frente da multidão quando ouviram tiros e gritos de "Seus *kilaab* [cães]! Parem!".

Correndo ainda mais, eles gritaram aos outros refugiados, avisando: "É uma armadilha! Fujam!"

Bassem segurou a mão de Doaa enquanto eles seguiam em disparada. A bolsa preta estava amarrada às costas de Bassem, vergando seu corpo para baixo. Doaa tentou fazer com que ele a abandonasse, dizendo que nada nela valia levar um tiro. "Não", insistiu ele, "todas as nossas lembranças estão aqui dentro". Depois, de súbito, ele tropeçou e caiu. A guarda costeira ganhava terreno atrás deles. Doaa o puxou para cima e eles continuaram a correr. O grupo que corria com eles ficava menor. As famílias com crianças e idosos tinham se rendido, incapazes de ganhar uma dianteira dos guardas. Uma menina da idade de Doaa corria ao lado dela e de Bassem. Havia perdido de vista a família e queria parar, mas Doaa segurou sua mão, dizendo-lhe: "Fique conosco. Vamos ajudar você."

Quando finalmente chegaram à rua principal, Doaa olhou mais uma vez o relógio. Eram três da manhã — eles estavam correndo há quase duas horas. Não havia nenhuma casa naquele trecho de estrada, apenas o deserto, e logo outros sírios do grupo que tinham escapado se juntaram a eles. Um falava alto ao telefone com um dos contrabandistas, exigindo que viessem buscá-los. Encerrado o telefonema, seguiu-se se uma saraivada de perguntas. Onde eles estavam? Será que os contrabandistas armaram a cilada de propósito, sabendo que a guarda costeira estaria ali? "Sempre fazem prisões", disse um homem que parecia saber do que falava. "Isso permite que a guarda costeira mostre serviço. Eles pegam sua parte com os contrabandistas para deixar que uma parcela do grupo consiga chegar ao barco."

Então foi por isso que eles nos dividiram em grupos, pensou Doaa, com raiva.

Bassem, Doaa e a garota que eles ajudaram andaram para a estrada próxima. Doaa viu um grupo de fazendas à frente. Enquanto ela e Bassem iam para as fazendas, Doaa olhou para trás e viu que a garota havia ficado com outro grupo de sírios.

À medida que avançavam, Doaa viu um grupo de mais de vinte jovens de aparência ameaçadora portando bastões e facas e andando na direção de seu grupo.

— Eu estava em contato com seus organizadores — disse um deles ao se aproximar, tentando parecer amistoso. — Me disseram para ajudar vocês. Vamos levá-los de volta ao barco.

Doaa e Bassem tiveram uma sensação ruim com esses homens, mas não sabiam mais o que fazer. Sem uma alternativa, eles seguiram o homem por uma rua secundária.

No início, outro grupo de refugiados os acompanhava, mas logo eles olharam para trás e viram que estavam sozinhos.

— Onde está o resto do grupo? — perguntou Bassem.

Um dos homens olhou para ele e falou com aspereza:

— Não se preocupe com eles!

— Eles vão nos alcançar. Continuem andando, ou a polícia vai descobrir e prender vocês — disse outro.

— Fique perto de mim — disse Bassem a Doaa. Ela era a única mulher no grupo e ele teve medo de que os homens a raptassem ou estuprassem, e que ele não conseguisse impedi-los. Doaa chegou mais perto de Bassem, sentindo que eles cometeram um erro terrível quando seguiram esses homens. Deixando-se ficar para trás, Doaa e Bassem trocavam cochichos, bolando um plano. Pararam de andar e Bassem anunciou:

— Queremos esperar pelos outros.

Os bandidos então os cercaram, confirmando os temores de Doaa e Bassem. Exigiram que os dois entregassem seu dinheiro e os casacos.

— Não temos nada, demos tudo aos contrabandistas para a viagem — respondeu Bassem. Ele agarrou a mão de Doaa e os dois voltaram para a estrada principal, enquanto os bandidos os perseguiam e gritavam insultos para eles. Doaa e Bassem chegaram à estrada, ofegantes, na esperança de que os bandidos não tentassem nada na frente de todos os carros que agora passavam roncando. Doaa chorava de cansaço e medo, e Bassem tentava parar algum carro e reconfortá-la ao mesmo tempo. Doaa ficou junto dele, torcendo para que um motorista fosse mais solidário com um casal do que com um homem sozinho. Sua boca estava seca e ela sentia que podia desmaiar de uma combinação de sede, medo e desespero.

— Doaa, cuidado! — de repente ela ouviu o grito de Bassem. Quando caiu em si, ele a havia jogado de lado e empurrado para baixo. Doaa olhou do chão e viu um caminhão que tinha dado uma guinada para ela e a teria atropelado se Bassem não a puxasse do caminho.

Vários carros passaram zunindo, mas ninguém parou para ajudar. Doaa e Bassem tinham medo de que a gangue estivesse observando e esperando que eles voltassem. Por fim, Doaa viu uma viatura policial se aproximando e ficou estranhamente aliviada.

— Vamos desistir, Bassem — disse ela. — É melhor do que sermos atacados por esses bandidos. — Bassem concordou e, juntos, eles correram para a rua. A viatura cantou pneus e parou ao lado deles. Os policiais saíram, sacando as armas. Primeiro jogaram Bassem no carro para revistá-lo enquanto Doaa recomeçava a chorar. Depois a polícia perguntou pelos outros refugiados.

— Não sabemos onde eles estão. Decidimos nos entregar — Doaa mentiu. Eles pediram água quando entraram no banco traseiro da viatura e os policiais lhe passaram uma garrafa para que dividissem.

A polícia rodou pela área até o amanhecer, procurando por outros do grupo que estivessem tentando sair do país ilegalmente. Lá pelas seis horas da manhã, a polícia parou no local na praia onde os homens adormecidos da guarda costeira originalmente haviam localizado os refugiados. À luz do amanhecer, Doaa notou um pequeno posto militar que estava escondido no escuro e reconheceu muitos companheiros viajantes, inclusive cerca de quarenta mulheres e várias crianças, sentadas no chão, na frente do posto. Os homens tinham as mãos amarradas às costas. Doaa e Bassem foram levados ao grupo. Sentaram-se na areia com a bolsa entre eles. Doaa sentia náuseas e vertigem. Tinha corrido por horas sem comida, água ou descanso. Reconheceu a gestante do caminhão quando ela falou: "Você parece tão doente, querida." Ela passou a Doaa uma caixinha de suco de laranja com um canudo. Doaa bebeu o líquido doce e morno e de imediato se sentiu melhor.

Logo, sem nenhuma explicação, a polícia pegou a bagagem de todos. Doaa não confiou no policial quando ele disse que tudo seria devolvido e sentiu como se um pedaço de sua identidade fosse tirado dela. Pelo meio da manhã, quando o sol ficava mais quente, a impaciência de Doaa aumentava e ela foi procurar pela bolsa de viagem. Um policial a instruiu a voltar aonde estivera sentada e disse que procuraria a bolsa para ela. Alguns minutos depois ele voltou, alegando que não conseguiu encontrá-la.

Doaa não acreditou nele.

— Por favor, para mim é importante ter minhas coisas. Não me importo de procurar eu mesma — disse ela, levantando-se para confrontá-lo. Ela era mínima em comparação com o homem de ombros largos. O policial abrandou e mandou três de seus homens com Doaa para procurar pela bolsa. Ela os levou ao lugar onde havia visto a bagagem retirada e viu apenas peças de roupa espalhadas no chão. Quando localizou sua calça cargo amarrotada e pisoteada, Doaa voltou ao policial e se colocou diante dele.

— Vocês pegaram minha bagagem!

Olhando de cima, ele falou:

— Como se atreve a nos acusar de roubo?

Mas Doaa não recuou. A bolsa continha tudo que ela possuía.

— Foi roubada. As coisas nela são importantes para mim. — Mas foi em vão. A bagagem de todos havia sumido. Ela pensou em sua valorizada caixinha de joias da Síria e seu Alcorão. Que valor essas coisas tinham para esses policiais? Doaa ficou grata por ela e Bassem terem pelo menos os passaportes e o dinheiro escondidos embaixo das roupas, mas alguns refugiados, que colocaram os passaportes e o dinheiro na bagagem, tinham perdido tudo.

Depois de uma espera torturante sob o sol do deserto, o grupo foi solicitado a se reunir para uma fotografia. Em seguida, as mulheres e crianças foram orientadas a subir na traseira de um caminhão do Exército de caçamba aberta, que os levou para a estrada principal. Doaa ficou sentada no fundo, ao lado de uma mulher que disse se chamar Hoda e estava grávida de quatro meses. Doaa não conseguia imaginar fazer a viagem difícil nessas condições e disse isso a Hoda.

— Não temos futuro — disse Hoda, pousando a mão na barriga. — Estou partindo pelo futuro da criança.

Embora houvesse espaço na traseira do caminhão, os homens, cerca de cinquenta, incluindo Bassem, foram obrigados, como punição, a andar algemados no calor do meio-dia por quilômetros até a estrada principal. Quando enfim tiveram permissão de subir no caminhão, Bassem foi se sentar ao lado de Doaa. "Você está bem?", perguntou ele, segurando sua mão. Os lábios dele estavam secos e rachados. "Não percebi que seria assim tão difícil."

O caminhão deu a partida novamente e os guardas os levaram para o centro de detenção Birimbal, na cidade rural e pantanosa de Matubus, nos arredores de Alexandria. Doaa e Bassem foram separados ali e ela teve de esperar em uma fila com as outras mulheres para tirarem sua foto de fichamento e assinar um documento confessando que ela tentou sair ilegalmente do Egito. Um agente do Departamento de Segurança Nacional lhe fez perguntas sobre os contrabandistas. Quais eram os nomes deles? Como eram? Quanto vocês pagaram? De onde vocês partiram? Ela respondeu o melhor que pôde, dizendo que um deles se chamava Abu Mohammed.

— Parece-me que todos eles se chamam Abu Mohammed — brincou o agente.

Outro olhou para ela preocupado e disse com gentileza: "Não vá com esses contrabandistas. Eles não são bons". Ela soube que ela e Bassem foram sentenciados a dez dias de prisão por tentarem sair ilegalmente do país e foi levada a uma sala que já estava lotada de mulheres e crianças. Os homens foram mantidos separadamente, em outro local. Não havia água corrente e a privada não tinha descarga. O fedor e as moscas deixaram Doaa nauseada e ela não conseguiu comer. Cada prisioneira recebeu um pequeno tapete para dormir, mas nenhum cobertor, e não havia onde tomar um banho. Doaa não tinha como trocar de roupa e nenhum meio de se manter limpa, o que aumentou sua infelicidade.

À medida que os dias passavam, as crianças desenvolveram sarna e as mães tinham dificuldade para impedir que chorassem. Agentes mulheres da ACNUR visitaram para fazer entrevistas e ver como estavam as prisioneiras, assumindo sua defesa e entregando comida, produtos de toalete, cobertores e suprimentos médicos. Doaa teve permissão para dar um telefonema à família e conseguiu falar com a mãe por tempo suficiente para acalmar os temores dos pais e lhes dizer que seria libertada em alguns dias.

Um médico solidário dos Médicos sem Fronteiras visitou e examinou Doaa, insistindo que ela comesse e avisando-a para cuidar da saúde. Durante suas rondas na seção masculina, ele também examinou Bassem. Avisou a Bassem que ele também estava em má saúde, apontando as maçãs do rosto pronunciadas como um sinal de que sua nutrição e a ingestão de alimentos eram baixas. Mas o médico também percebeu que o estado de espírito de Bassem era elevado e lhe perguntou sobre sua situação. Bassem contou ao médico que estava indo para a Europa para começar uma nova vida com sua noiva, Doaa, que estava na seção feminina da prisão. Descreveu seus planos de ir com ela para a Suécia, abrir sua barbearia e se casar. Quando descobriu que o médico havia examinado Doaa, perguntou-lhe sobre as condições dela. Assim que o exame terminou, Bassem levantou-se e se aproximou de um dos guardas, pedindo para fazer uma visita à noiva. O policial corpulento se recusou, mas Bassem foi insistente: "Só por alguns minutos, por favor!", suplicou ele. Logo os outros homens intrometeram-se em seu apoio: "Não vê que ele está apaixonado?" O guarda capitulou e deixou que Bassem visitasse Doaa por alguns minutos. Ritual que se repetiu todo dia, até a libertação dos dois, um dia antes dos dez dias da sentença. O jovem casal tornou-se o favorito dos guardas e dos outros prisioneiros.

Quando sua sentença foi cumprida, Bassem, Doaa e outros oito sírios foram levados a Alexandria, onde preencheram formulários para renovar a permissão de residência e pagar uma multa. No ônibus a caminho de Gamasa, Bassem telefonou para um dos contrabandistas. "Por que você nos entregou?", ele exigiu saber. O homem negou qualquer envolvimento e perguntou se eles queriam tentar chegar à Europa novamente. Ainda tinha o dinheiro deles, ele lhes lembrou. Bassem disse que telefonaria outra vez e desligou.

A família de Doaa esperava por ela e Bassem quando eles chegaram ao prédio. Pela primeira vez em dez dias, Doaa e Bassem tomaram um banho de chuveiro. Hanaa preparou o prato preferido de Doaa, folhas de *molokhia* cozidas com sementes de coentro, alho e cebola servidas com arroz no vapor. Vizinhos apareceram para saber de sua provação e avisar que eles não deveriam tentar partir novamente. As autoridades estavam reprimindo, disseram eles, e os dois talvez não escapassem tão facilmente uma segunda vez.

Mas, em agosto de 2014, a população de refugiados sírios no Egito ficava indócil. A guerra se espalhara para os cantos mais distantes de seu país e suas esperanças de voltar à Síria ficavam turvas. Grupos extremistas ligados à al-Qaeda e novas organizações terroristas, como a Frente al-Nusra e o Estado Islâmico, tinham preenchido os hiatos onde a oposição moderada, que agora era superada em armas, fracassara na tomada do controle. Não havia mais dois lados na batalha pela Síria, mas um leque de participantes disputando território e poder. A maioria dos que se levantaram em protesto em março de 2011 tinha perdido a vida ou fugiu do país. No quarto ano da guerra, poucos daqueles que combatiam o regime representavam os valores do movimento de resistência original. Cada vez mais, grupos de oposição lutavam entre si. As milícias mais moderadas, como o Exército Livre da Síria, combatiam não só o governo, mas também extremistas radicais do ISIS. E, do lado do governo, combatentes estrangeiros do Irã e do Hezbollah, o grupo militante islâmico xiita e partido político com sede no Líbano, aumentaram sua capacidade enquanto começava uma guerra internacional por tabela que colocaria a Rússia do lado do governo, e Arábia Saudita, Catar e Turquia do outro. Por fim os Estados Unidos, a França e o Reino Unido se juntaram aos combates contra Assad e o ISIS. Tentativas bem-intencionadas mediadas pela ONU para que houvesse conversações de paz entraram em colapso e eram feitos pedidos de cessar-fogo continuamente.

Cidades como Daraa perderam seus moradores originais, que deixaram os lares destruídos para procurar a relativa segurança em outras partes do país, atravessando fronteiras ou, cada vez mais, o Mar Mediterrâneo. Muitos amigos de Bassem que foram para a Europa ainda o encorajavam a fazer o mesmo. A viagem seria difícil por alguns dias no mar, porém depois disso as coisas ficariam bem, eles lhe garantiam. Seus amigos tinham atravessado o Mediterrâneo e foram para a Alemanha, a Suécia e a Holanda, e agora estavam estudando ou trabalhando lá. Disseram a ele numa conversa pelo Facebook que conseguiram aprender a língua em seis meses e depois disso encontraram trabalho facilmente.

A essa altura, a Europa tinha solidariedade para com refugiados sírios. O número de sírios que chegava à Europa aumentava, mas ainda era relativamente pequeno — menos de

80 mil chegaram em 2014 — e os governos reconheciam que eles fugiam da guerra, e assim rapidamente os conduziam pelo processo de asilo.

Os governos europeus sempre acharam politicamente mais conveniente conter populações de refugiados perto dos países de onde fugiam, inclusive os 3 milhões de refugiados da Síria em seus países vizinhos. Cresceu o financiamento para permitir que o ACNUR e seus parceiros providenciassem abrigo, alimentação, educação, assistência médica e outros serviços para tantos refugiados desesperados em países como o Egito. Mas os milhões de euros que vinham dos governos globais não atendiam às crescentes necessidades de um grupo de pessoas que inchava e era cada vez mais carente. Sírios antes de classe média e profissionais liberais agora viviam de esmolas e lutavam para pagar o aluguel de habitações abaixo do padrão, aceitando trabalho de empregadores que os exploravam. Desesperados por uma renda, muitos recorriam a enviar os próprios filhos para o trabalho em vez da escola, colhendo legumes por muito pouco, como 4 dólares por dia, ou vendendo flores nas ruas da cidade. Enquanto isso, os refugiados ficavam inquietos e ansiosos para se mudar para países onde pudessem, legalmente, trabalhar e mandar os filhos para a escola.

Quando os sírios começaram a aportar na costa da Itália num número perceptível, políticos europeus procuraram a cooperação de países de origem, como o Egito, para ajudar a impedir as embarcações. Incentivos financeiros foram oferecidos para reprimir contrabandistas e a prisão e multas para refugiados que tentassem sair ilegalmente desses países. A mensagem era clara: fiquem em sua própria região. Mas, para sírios como Doaa e Bassem, o Egito sufocava seus sonhos.

Depois que Bassem e Doaa terminaram a refeição de boas-vindas, Hanaa lhes pediu que não partissem novamente, porém, mais tarde, quando conversavam sobre o que deveriam fazer, Doaa disse a Bassem: "É melhor ter uma morte rápida no mar do que uma morte lenta no Egito." Ao ouvir isto, Bassem pegou o telefone e voltou a ligar para o contrabandista.

Alguns dias depois, eles receberam o telefonema para partirem de novo no dia seguinte. Desta vez, receberam o endereço de um apartamento pequeno em Alexandria onde quatro famílias, que haviam chegado antes deles, estavam reunidas, esperando o sinal de partida. Desta feita, eles embarcaram em um ônibus na mesma noite. Mais uma vez, o ônibus estava lotado de famílias, junto com dois contrabandistas que recebiam telefonemas a cada poucos minutos e berravam ordens ao motorista, que então dava uma guinada para outra direção. "Eles não sabem o que estão fazendo", cochichou Doaa a Bassem, caindo encostada nele. O ônibus acelerou e um dos contrabandistas anunciou que uma viatura policial estava atrás deles. O motorista dirigiu o ônibus para fora da estrada pavimentada, pegando a estrada de terra de uma grande fazenda, acelerando. Mulheres gritaram e crianças choraram enquanto as rodas batiam em buracos e erravam palmeiras por pouco. Os policiais dispararam, atingindo a traseira e as laterais do ônibus. Quando se deram conta, Doaa e Bassem sentiram o impacto do ônibus num muro, que o fez parar abruptamente. A polícia cercou o ônibus, ordenando que os contrabandistas saíssem primeiro. Puseram sacos plásticos na cabeça deles e amarraram no pescoço, depois os obrigaram a tirar a roupa, com exceção das de baixo. A polícia amarrou os contrabandistas nos tornozelos, chutou e os espancou, criando um espetáculo de humilhação para o espantado grupo de refugiados que observava a cena.

— Vocês voltaram, bem-vindos de volta, queridos visitantes! — disse o policial a Doaa, rindo. Ela o reconheceu, era aquele que os apanhou na primeira vez. Bassem suplicou que ele não os levasse novamente à prisão e lhe ofereceu pagamento para ser liberado. No início o policial recusou, mas depois voltou com uma oferta absurda. Por 5 mil ele os deixaria livres. Bassem e Doaa deram-se conta de que iam voltar à prisão.

Primeiro foram levados para passar a noite em um estádio que era usado como quartel do Exército, e no dia seguinte levados à mesma delegacia de polícia de antes para assinar pela segunda vez documentos confessando a culpa por tentar sair ilegalmente do país. Foram então conduzidos à mesma prisão da ocasião anterior.

No segundo dia na prisão, Doaa acordou com uma terrível dor de cabeça e com náuseas. Agora era 28 de agosto, o primeiro aniversário do noivado de Doaa e Bassem, e Doaa estava desesperada. Como é possível que outros tenham conseguido chegar à Europa e não eles?, ela se perguntou.

Uma dor aguda se apoderara da base de suas costas e ela sentia pontadas pelos lados do corpo. Ela se sentou num canto, puxando os joelhos para o peito. Doaa pediu um médico aos guardas, mas teve de esperar com uma dor torturante pela ronda regular dos Médicos sem Fronteiras, que só aconteceria no dia seguinte.

Quando viu o estado de Doaa, o médico exigiu que ela fosse libertada e internada no hospital imediatamente. Depois de vários telefonemas aos superiores, o policial encarregado recebeu permissão e dois agentes do centro de detenção levaram Doaa e o médico à clínica mais próxima, a trinta minutos dali. Doaa sentia-se humilhada por ser acompanhada pela polícia e ficou constrangida com os olhares das pessoas na sala de espera.

Os policiais, todos homens em seus 50 anos que lembravam Doaa de seu pai, haviam se afeiçoado a ela e disseram a todos que ela não era uma criminosa. Pediram à equipe do hospital que a levassem para exames. Uma enfermeira a conduziu a uma sala para fazer raios X e a ajudou a tirar a roupa. Deu uma olhada no corpo de Doaa e começou a chorar. "Você está tão magra!", disse ela enquanto a guiava para a balança e registrava que o peso de Doaa era de apenas 39 quilos. Doaa confidenciou à enfermeira a história de como havia terminado na prisão. A enfermeira confessou que desprezava Bashar al-Assad, mas amava o povo sírio. Depois colocou 10 liras na mão de Doaa para um sanduíche e recitou uma oração do Alcorão. Doaa ficou profundamente comovida com a gentileza da enfermeira. Quando o médico entrou na sala, a enfermeira o instruiu: "Cuide dela como se fosse sua própria filha." Durante o exame, o médico descartou apendicite, mas diagnosticou cálculo renal e uma infecção gástrica, e decidiu mantê-la no hospital durante a noite para observação.

Quando voltou à prisão no dia seguinte, os guardas foram protetores com ela, batendo na porta da cela das mulheres para saber se Doaa havia tomado os remédios. Bassem a visitava também, quando eles permitiam, contando os comprimidos e pedindo às outras mulheres que ficassem de olho nela. Depois de dez dias, eles foram libertados mais uma vez. "Não tentem fugir do Egito de novo", disse-lhes o policial encarregado, "e boa sorte."

Mais uma vez, Doaa decidiu que eles deviam fazer outra tentativa de partir para a Europa. Sua experiência na prisão foi degradante, mas mudou sua perspectiva. A ideia de retomar a vida dos dois no Egito era insuportável. Bassem ficou mais relutante com outra tentativa, mas os contrabandistas ainda tinham seus 2.500 dólares. Assim, Bassem deu o telefonema e recebeu outro endereço em Alexandria. Era o mesmo cenário, mas um apartamento diferente. Eles foram recebidos por outra família síria na casa, marido, mulher e quatro filhos, refugiados como eles, com a determinação de arriscar a vida pela esperança de outra no futuro, melhor do que o limbo em que viviam agora.

OITO

Começa o pesadelo

Às 11 horas da manhã do dia 6 de setembro de 2014, veio o telefonema. Doaa guardou cuidadosamente uma muda de roupas para Bassem e ela, as escovas de dentes, um saco plástico grande e lacrado de tâmaras e uma garrafa grande de água na mochila do Mickey Mouse que ela guardava dos tempos de escola na Síria. Com cuidado, embrulhou os passaportes e o contrato de noivado dos dois em saco plástico, depois os colocou em um saco para sanduíche e dobrou a ponta. Em seguida, embrulhou em um saco plástico separado seu celular e a carteira com uns 500 euros e as 200 libras egípcias que eles ainda tinham das tentativas de fuga anteriores, guardando cada maço embaixo das alças de sua camiseta vermelha, a primeira de quatro camadas de roupas que ela escolhera cuidadosamente para a viagem. De imediato, o plástico deixou a pele suada no calor úmido do final da manhã.

Cinco micro-ônibus esperavam na frente do prédio de apartamentos em Alexandria, já lotado de companheiros refugiados sírios e palestinos, que olharam as portas se abrirem, mas não disseram nada. Doaa e Bassem entraram e encontraram um só lugar vago no fundo para eles dividirem, colocando a mochila e os dois coletes salva-vidas entre eles e a janela. As pessoas estavam tão espremidas ali que Doaa mal conseguia respirar e uma tensão muda enchia o ônibus que avançava pela via expressa como parte de um comboio com os outros veículos semelhantes. Doaa puxou o casaco para o rosto, como se pudesse protegê-la de qualquer força de segurança que estivesse olhando. Justamente quando Doaa se sentia prestes a desmaiar por causa do ar abafado no interior do ônibus, eles deram uma guinada para uma parada de caminhões e encostaram ao lado de um grande ônibus arruinado. Mandaram que saíssem e se juntassem aos outros passageiros no ônibus maior. As pessoas neste segundo ônibus já estavam sentadas no colo umas das outras ou de pé e espremidas. "Entrem, cães!", eles ouviram de dentro do ônibus. "Homens de um lado, mulheres do outro!" Havia mais mulheres e crianças do que homens, então, a regra rapidamente foi infringida. Outro contrabandista disse em um tom mais feio: "Se alguém abrir a boca, vamos jogá-la pela janela!" De todos os contrabandistas com que Doaa e Bassem lidaram nas tentativas anteriores de partir, aqueles eram os mais grosseiros e mais cruéis.

Em geral, Bassem assumia o papel de tranquilizar Doaa, mas daquela vez pensava em um jeito de tirá-los do ônibus. Não confiava nos homens que estavam no comando. Ficou perturbado com as palavras de Doaa quando eles se sentaram: "Parece que estamos sendo levados para nossa morte." Dias antes, ela também disse a ele enquanto tomavam café na varanda que, por mais que tentasse, não conseguia imaginá-los na Itália, na Suécia ou em qualquer outro lugar da Europa. Tudo após a subida a bordo de uma embarcação era um branco para ela, como se a porta de uma casa se abrisse e não houvesse nada ali senão o vazio. "O barco vai afundar", disse ela sem rodeios a Bassem. Bassem desprezou sua observação, brincando que o medo que Doaa tinha da água estava levando a melhor, mas agora tinha suas dúvidas.

Quando ele estava a ponto de falar nelas com Doaa, o ônibus entrou em uma parada para descanso. Por um momento, enquanto eles saíram de seus lugares e tinham permissão para entrar na loja para comprar um refresco e usar o banheiro, eles se sentiram tontos, agradecidos pelo breve descanso, mesmo que fosse só para comprar um lanche. Mas quando veio o sinal para que embarcassem no ônibus novamente, sem nenhuma informação sobre seu destino, quanto tempo levariam e sem ter confiança em seus guias, a aposta que faziam com a própria vida voltou a ter um foco aguçado. Bassem queria ficar na parada, mas Doaa teve medo de que os contrabandistas, que estavam batendo nas pessoas e empurrando quem andava devagar demais enquanto voltava ao ônibus, os machucassem se eles tentassem, e assim eles voltaram ao veículo, com o destino não mais em suas mãos.

Passava das 9 da noite quando o ônibus partiu novamente. Levou-os por estradas secundárias, passando por construções abandonadas ou semiacabadas. Os contrabandistas andavam pelo corredor portando bastões, agitando-os de um jeito ameaçador e de vez em quando batendo em alguém cujo filho chorava alto demais ou se atrevia a perguntar aonde eles iam. Doaa olhou pela janela e reconheceu uma placa para Khamastashar Mayo — uma parte da praia de Damietta. "Estamos perto de casa!", disse ela a Bassem. "Já estivemos nesta praia com nossa família!" Os contrabandistas evidentemente escolheram um ponto de partida diferente daquele perto de Alexandria e os levaram pelo litoral até o bairro de Doaa, em Gamasa, que agora ficava apenas a alguns quilômetros de distância. A bateria do telefone dela havia arriado, e assim ela perguntou a um homem sentado perto dela se podia usar seu celular para telefonar para a mãe.

— Estamos partindo agora! Reze por nós. Ligarei quando chegarmos.

— Cuide-se bem, *hayati*, tenha cuidado — respondeu Hanaa. — Que Deus a proteja.

Às 11 da noite, eles pararam a cerca de meio quilômetro de uma praia arenosa e inóspita. "Saiam e corram para o mar!", gritaram os contrabandistas. Os passageiros desceram e notaram outros ônibus já estacionados ali e centenas de pessoas à frente e atrás deles. Aqueles que estavam à frente andavam pela água rasa. Bassem retirou as sandálias, segurou a mão de Doaa e eles correram para a água. Ele pensou que de algum modo ficariam mais seguros se chegassem à frente da multidão. Ele a levou para a beira do mar, passando por famílias com filhos que eram mais lentos do que eles. Ao se aproximarem da margem, Doaa pediu a Bassem que esperasse antes de entrar no mar. "Preciso criar coragem", disse ela.

— Confie na vontade de Deus, Doaa, e seja corajosa, é nossa única chance — respondeu ele, segurando com força sua mão enquanto investia para a água rasa.

Doaa sentiu a água engolir as panturrilhas, depois os joelhos. Logo estava na altura da cintura e ela teve medo de ser levada pelo mar. Parecia-lhe que estava passando por seu pior pesadelo.

Um de dois escaleres de madeira pintada de azul-claro e com cerca de três metros e meio de extensão avançava para eles, mas, para alcançá-lo, tiveram de lutar pela arrebentação até que a água chegou aos ombros de Bassem. Teria coberto a cabeça de Doaa, mas seu colete salva-vidas fino, junto com a mão forte de

Bassem, mantiveram-na boiando. O colete subiu e cercou seu rosto, mantendo o queixo acima da água. Ela percebeu que a loja da praia que vendeu os coletes por 50 dólares cada um os havia enganado; eles eram falsos. Uma nova indústria produzia coletes salva-vidas para explorar o comércio com os refugiados. Alguns revestimentos dos coletes eram material absorvente barato. Ou, ao que parecia no caso de Doaa, camadas finas de espuma que proporcionavam apenas a mais leve flutuação. Ela fez o melhor que pôde para manter a cara acima da água e para impedir que o colete flutuasse, cobrindo sua cabeça. Eles chegaram ao escaler e Bassem se impeliu pela lateral enquanto um contrabandista levantava Doaa a bordo. Foram puxando gente para o barco, até que havia pelo menos vinte pessoas espremidas ali. Todos receberam a ordem de ficar sentados e parados, ombro a ombro, enquanto um homem puxava a corda para dar a partida no motor e levá-los ao barco maior, que esperava no horizonte.

Um egípcio, evidentemente outro contrabandista, colocou-se no meio do escaler e exigiu: "Entreguem seu dinheiro egípcio e os cartões SIM do celular agora! Não lhes servirão de nada na Europa." Ele berrou quando as pessoas mais perto dele hesitaram. As pessoas no escaler não tiveram escolha senão entregar dinheiro e telefones. Doaa retirou a carteira de dentro da camiseta e a fez escorregar entre os joelhos, onde poderia retirar discretamente 100 libras egípcias, passar a Bassem e esconder o resto do dinheiro de novo. Ela manteve o celular escondido embaixo da alça da camiseta. Quando eles se aproximaram do barco que os levaria na travessia marítima, Doaa sentiu um calafrio de pânico. Ela e Bassem jamais acreditaram muito que a embarcação que os levaria à Europa seria como os navios de cruzeiro anunciados em algumas páginas no

COMEÇA O PESADELO

Facebook dos contrabandistas, ou os "navios quatro estrelas" que seu representante descrevera para eles por telefone. Mas o estado decrépito daquela embarcação estava muito abaixo de suas expectativas. A tinta azul descascava e as bordas tinham se transformado em ferrugem. O equipamento a bordo para içar redes deixava claro que era uma traineira pesqueira e não um barco de passageiros. Ainda assim, Doaa pensou, aliviada: *Enfim fizemos a primeira fase de nossa jornada e depois que eu estiver a bordo não terei de entrar na água novamente.*

Centenas de pessoas já estavam a bordo quando Doaa e Bassem subiram ao convés, empurrados de baixo e puxados de cima pelos passageiros. Logo eles souberam que um bom número daqueles viajantes de aparência cansada já estavam no barco há dias, vagando no mar e esperando impacientemente que o grupo de Doaa e Bassem se juntasse a eles para que cada centímetro quadrado da traineira fosse preenchido. Quanto mais gente os contrabandistas conseguiam espremer, maior o lucro que tinham. Bassem estimou pelo menos quinhentos refugiados a bordo quando eles finalmente partiram. Se cada passageiro pagou 2.500 dólares, como eles, os contrabandistas teriam recolhido 1 milhão para a viagem. Ainda mais, se cobraram pelas crianças. Havia pelo menos cem delas na embarcação.

Já estava tão apertado no barco que Doaa, olhando em volta, perguntou-se como os outros nos ônibus atrás deles se espremeriam nos milímetros restantes. De súbito, ela ouviu alguém gritar "Polícia! Polícia!" — e depois o barulho de balas atingindo a lateral do barco.

"Abaixem a cabeça!", gritaram os contrabandistas, enquanto o motor roncava e o barco acelerava. As pessoas então se abaixaram no convés, rezando em voz alta que não queriam ser baleadas. Doaa apertou com força a amurada e baixou a cabeça aos joelhos, morta de medo de ser varrida pela beira enquanto o barco acelerava sobre as ondas agitadas. Ela só se atreveu a levantar a cabeça quando eles ficaram fora do alcance das balas. Espiou pela beira e percebeu que não conseguia mais ver a margem naquela escuridão.

Doaa estava assustada e agarrada à amurada do barco porque ela e Bassem haviam se separado. Quando subiu a bordo, ela foi orientada a se sentar no chão no lado das mulheres da coberta intermediária, enquanto Bassem foi mandado ao convés superior, onde estavam sentados os homens. Doaa se sentou espremida entre duas mulheres, com os joelhos no peito, tremendo e sozinha. Mandaram que as famílias encontrassem lugares do outro lado do barco ou nas cobertas inferiores. A embarcação cheirava a peixe e vinha um fedor desagradável dos banheiros, deixando enjoados todos os que estavam a bordo. Várias pessoas em volta dela vomitaram devido ao mar revolto e ao mau cheiro.

Os passageiros começaram a se apresentar em cochichos desesperados, tentando encontrar algum senso de comunidade em meio à infelicidade e ao medo. A maioria era de sírios, mas 27 famílias palestinas tinham vindo de Gaza e 25 africanas do Sudão e da Somália, junto com cerca de dez minorias egípcias. Apenas metade dos passageiros tinha coletes salva-vidas e Doaa desconfiava de que muitos não eram melhores do que os dela. Um menino que Doaa conheceu vestia um colete tamanho infantil que chegava apenas à metade de seu peito. Ela começou a rezar pela segurança de todos.

Ao amanhecer do domingo, depois de uma noite insone para todos a bordo, o barco desligou o motor ao se aproximar de outra traineira pesqueira. Os contrabandistas ordenaram que os refugiados trocassem de barco. Doaa não conseguia entender a lógica de passar a outra embarcação, mas tinha ouvido falar que era um procedimento recorrente nessas viagens clandestinas. Barcos de pesca diferentes tinham permissão para operar em áreas diferente do mar, de certo modo tornando o contrabando de carga humana ainda menos visível para as patrulhas. As duas traineiras se encostaram de bordo e, embora estivessem bem amarradas, constantemente se separavam e batiam um casco no outro. Doaa esforçou-se para se levantar e tentou manter o equilíbrio enquanto pulava de uma embarcação dilapidada para a outra, segurando, relutante, a mão que um contrabandista lhe estendia para puxá-la ao convés do segundo barco enquanto outro a empurrava para cima.

Daquela vez, os passageiros tiveram permissão de escolher onde queriam se sentar. Bassem e Doaa se reencontraram no novo barco e ele a levou a um espaço no convés onde podiam apoiar as costas na amurada. Sentaram-se em seus coletes salva-vidas e se aconchegaram. Sem nenhum espaço para se deitar, Doaa encostou a cabeça no ombro de Bassem e a cabeça dele pousou na dela.

Depois que eles partiram, a tripulação, numa tentativa ridícula de demonstrar benevolência, andou pelo convés distribuindo latas de carne processada apodrecida e de validade vencida. Bassem conformou-se com parte das tâmaras que eles tinham levado, mas Doaa não conseguiu comer nada. Quando a embarcação se mexia, tudo nas latrinas se mexia também, levantando um fedor terrível que chegava às narinas de Doaa, dificultando até sua respiração. Mais três dias e eles serão resgatados pelos italianos e aquele pesadelo acabaria — ela repetia a si mesma sem parar. Quando o mar estava calmo, a náusea era aliviada temporariamente e os passageiros pegavam os lanches que tinham trazido — biscoitos, frutos secos e pequenas caixas de suco, dividindo com os outros. Por breves momentos, o ânimo se elevava e as pessoas contavam histórias de seus sonhos para o futuro.

Doaa observava as pessoas a sua volta, perguntando-se o que as trouxera ali. Ela sempre teve interesse pela situação dos palestinos e tinha alguns amigos que moravam no bairro palestino em Daraa. Ficava horrorizada com a injustiça da vida que eles tinham em Gaza quando assistia aos noticiários. Então soube que muitas famílias de refugiados no barco fugiram da última ofensiva israelense. Outros vinham da Síria, antes um porto seguro para palestinos e agora um lugar onde o governo não os protegia mais e onde eles eram atacados ou por sua associação com o governo de Assad, ou pela pouca disposição de pegar em armas, em qualquer dos lados. Doaa viu uma família de quatro pessoas sentada perto dali. Ela e a mãe da família começaram a conversar. Eram do acampamento Yarmouk para palestinos em Damasco e ela e o marido, Imad, tentavam ao máximo reconfortar as filhas pequenas, Sandra, de 6 anos, e Masa, de 8 meses, que estavam indóceis e choravam. Doaa perguntou para onde iam. A mãe disse que o destino deles era a Suécia, para onde o cunhado havia partido um ano antes com uma filha mais velha deles, Sidra, de 8. Eles pensaram que se mandassem a filha antes, haveria uma probabilidade maior de que pelo menos parte da família sobrevivesse. A mãe pediu a Doaa para segurar a pequena Masa, depois se levantou e pediu que lhe passasse a menina, para ela levar ao banheiro. Doaa apertou o corpo pequeno e quente junto de seu peito só por um momento, depois a entregou à mãe.

Todos naquele barco deviam ter uma história triste para contar, pensou Doaa, enquanto olhava Masa e sua mãe a caminho do banheiro, mas ela notou que poucas pessoas falavam no passado. Em vez disso, sua conversa se concentrava no futuro, passar pelas provações daqueles dias infelizes no mar e começar uma nova vida. À medida que os dias se estendiam, formou-se uma espécie de solidariedade entre os passageiros. As pessoas se ofereciam especialmente para ajudar com as crianças — entretendo-as com histórias, oferecendo goles de água ou abrindo pacotes de biscoitos para lhes dar uma pequena guloseima. Não havia nenhuma divisão sectária, religiosa ou étnica ali, apenas gente tentando se ajudar a suportar o dia.

Doaa ansiava pelo Alcorão que tinha levado da Síria ao Egito, sua posse mais preciosa. Desde o início da adolescência, ela o lia toda noite antes de dormir e de vez em quando, durante o dia, quando precisava de algumas palavras reconfortantes que lhes dessem paz de espírito. Depois de ler o Alcorão, Doaa o devolvia a seu estojo, que era gravado com um desenho geométrico cor-de-rosa e branco. Seu Alcorão a tranquilizaria agora, pensou ela, mas logo seus pensamentos se transformaram em raiva quando ela se lembrou de que ele estava na bolsa de viagem preta confiscada em sua primeira prisão. De súbito, ela foi tomada de ódio pelos contrabandistas e raiva da polícia e de todos que tentavam lucrar com o desespero de refugiados como a própria Doaa.

Alguns minutos depois, um contrabandista aproximou-se da parte deles do barco com um livro na mão. "Deixaram cair este Alcorão. Alguém quer ficar com ele?" Aquele homem era o primeiro dos contrabandistas que falava com eles com alguma gentileza. Bassem conversava com um palestino a seu lado, chamado Walid, que aceitou o livro, mas depois, sem querer parecer egoísta, virou-se para Bassem e Doaa e o ofereceu a eles. Doaa cochichou a Bassem: "Eu gostaria muito de ficar com esse Alcorão." Walid sorriu gentilmente e lhe entregou o livro. Segurando o pequeno livro sagrado, ela sentiu a energia e o alívio voltarem a seu corpo. Bastou sentir o couro macio nas mãos para Doaa se reconfortar. Ela beijou a capa e abriu o livro ansiosamente, lendo as palavras de Deus contidas ali e sentindo que segurava um objeto de proteção. Ao folhear o livro, ela encontrou pequenas tiras de papel com orações. Quando terminou de ler, ela fechou o livro com cuidado, certificando-se de não perder as anotações, e o colocou embaixo da camiseta, perto do coração.

Às vezes as outras mulheres sentadas por perto se juntavam a Doaa, quando ela pegava o Alcorão e recitavam orações junto com ela e pediam a Deus que guiasse a embarcação à Itália com segurança. A mulher sentada bem à sua frente entabulou uma conversa, contando a Doaa de sua vida difícil em um campo de refugiados palestinos no Líbano. Perguntou a Doaa o que a fez sair da Síria e para onde ia. Quando soube do noivado de Doaa e Bassem no Egito e seus planos de concretizar o casamento na Europa, a jovem, que se chamava Um Khalil, "mãe de Khalil", seu filho de 2 anos, ficou deliciada.

— Você é uma noiva! — exclamou ela. — Faremos para você um lindo casamento quando chegarmos à Europa! Cantaremos e dançaremos a noite toda!

Doaa ficou comovida. A outra mulher sentada ao lado dela, uma palestina síria de meia-idade, intrometeu-se:

— Quando chegarmos à Itália, compraremos para você o vestido mais lindo do mundo e daremos duas festas... uma de seu casamento e outra para comemorar nossa chegada!

— Você tem muita sorte com Bassem — disse Um Khalil a Doaa, olhando nos olhos de Bassem e sorrindo para ele. Doaa sentiu-se subitamente possessiva e se virou para Bassem, evitando Um Khalil.

De imediato, Bassem reconheceu a expressão intensa de ciúme em Doaa.

— Você deve continuar a conversa com ela, ela é gentil! — cochichou ele no ouvido de Doaa.

— O que quer dizer com isso?! — perguntou Doaa, perplexa.

Será que ele a está usando para se aproximar da outra mulher?, perguntou-se ela.

Bassem lhe abriu um sorriso.

— Está com ciúme? — ele a provocou.

Depois, vendo que ela estava verdadeiramente aflita, ele a tranquilizou:

— Eu só tenho olhos para você, meu amor. — Ao ouvir isso, Doaa enroscou-se junto dele e segurou sua mão. — Em apenas dois dias, estaremos em águas italianas — previu ele. — Depois, iremos para a Suécia, nos casaremos e teremos nossa família.

Ele soube por amigos que conseguiram chegar à Europa que, uma vez na Itália, os contrabandistas mandariam um sinal de socorro, avisando a guarda costeira de sua localização por GPS. Às vezes, os contrabandistas eram recolhidos por colaboradores antes da chegada do barco de resgate, deixando os refugiados sem capitão ou tripulação, explicou Bassem. Caso contrário, eles fingiam ser refugiados também para evitar a prisão, fazendo com que os passageiros jurassem não revelar sua identidade, e então, na primeira oportunidade, escapavam do grupo.

Nenhum dos passageiros a bordo tinha ideia de onde estavam. Não havia marcos, apenas uma imensa massa de água que os cercava. De vez em quando, as pessoas testavam o celular, procurando sinal, mas não havia nenhum.

Naquela noite, os passageiros tremiam de frio, suas finas camadas de roupas encharcadas da água que espirrava no convés.

Doaa se mexeu ao sentir os dedos pequenos do menino de Um Khalil tocando seu rosto e puxando seu colar. Em vez de ficar irritada por seu sono ter sido perturbado, ela descobriu que este toque a acalmava.

Quando o sol nasceu no terceiro dia, suas coisas começaram a secar lentamente, mas logo o calor era escaldante. As roupas de Doaa se grudaram nela e os documentos e o telefone embrulhados em plástico por baixo das roupas pareciam derreter em sua pele. Naquela tarde, outro barco se aproximou. "Andem", disseram os contrabandistas, ordenando que eles trocassem de barco mais uma vez. Os passageiros reclamaram, mas obedeceram. Precisavam trocar de embarcação se quisessem passar à próxima parte da jornada. Para surpresa de Doaa, apenas 150 passageiros desembarcaram junto com ela e Bassem, enquanto os outros continuaram no barco anterior. Um dos contrabandistas explicou que as ondas estavam altas demais para tanta gente, e assim eles tiveram de dividir, e Doaa e Bassem se resignaram a seguir as orientações dos contrabandistas. Bassem raciocinou, otimista, que talvez eles chegassem à Itália mais rapidamente com um número menor de passageiros a bordo. Doaa olhou em volta, confusa, porém esperançosa, e percebeu que as duas meninas, Masa e Sandra, junto com seus pais, também tinham ido para este barco. Era a quarta embarcação em que eles estavam desde que começaram a viagem e Doaa torcia para que fosse a última.

Na manhã de terça-feira, 9 de setembro, com quatro dias de viagem, Doaa e Bassem viram outro barco pesqueiro ao longe e, à medida que se aproximavam, perceberam que era o mesmo que tinham visto no dia anterior. Novamente, sem qualquer explicação, os barcos se uniram e os contrabandistas ordenaram aos refugiados que mais uma vez trocassem de embarcação. Naquele dia de ventos fortes, a água era revolta. Os contrabandistas jogaram cordas a seus colaboradores no barco maior. Os barcos se chocavam e Doaa foi lembrada do estouro de uma explosão em Daraa e do pavor que sentiu quando ouviu o barulho.

Uma fila de gente se formou para voltar ao barco original. As crianças choravam enquanto eram jogadas como sacos de batatas nos braços de homens corpulentos no barco ao lado. Quando chegou a vez de Doaa, ela escorregou depois que eles a largaram no convés do novo barco, caindo e deslizando para o outro lado, machucando os cotovelos. Bassem a ajudou a se levantar. Depois eles viram apavorados Walid, o palestino que dera o Alcorão a Doaa, prender a mão entre as duas embarcações enquanto saltava entre elas. As ondas fizeram os barcos baterem de lado e Walid gritou. Quando ele finalmente se impeliu para o convés, seus dedos tinham sido decepados e o sangue esguichava para todo lado. Correram passageiros para embrulhar sua mão em gaze e estancar a hemorragia, mas ele havia perdido os dedos. Ele se sentou no convés, chorando de dor. Doaa olhou apavorada, chocada demais para se mexer.

Os contrabandistas continuaram inabalavelmente a gritar ordens e empurrar os passageiros restantes a bordo. Um homem tropeçou e caiu de cara em um poste de ferro, abrindo um corte na cabeça. O estômago de Doaa se revirou enquanto ela via uma mulher que o conhecia calmamente pegar uma agulha e linha na bolsa e costurar o corte.

Quando os passageiros estavam acomodados e o barco deu a partida no motor novamente, alguém da tripulação circulou pelo convés com um saco grande e cheio de pão pita dormido. Quando entregou alguns pedaços a Bassem, ele olhou para Doaa e lhe disse:

— Você precisa de pão para ficar forte.

Doaa meneou a cabeça.

— Obrigada, mas não estou com fome — respondeu ela categoricamente.

Bassem ficou furioso com ela enquanto aceitava a parte da noiva mesmo assim. Era o terceiro dia no mar e ela só havia comido uma vez, apenas algumas porções de uma lata de atum que alguém lhe dera. Walid estava ali perto, sofrendo visivelmente da dor, segurando a mão.

— Parece que vou morrer, dói demais — disse ele a Doaa, tremendo.

Ela se ajoelhou ao lado dele e leu alguns versículos do Alcorão na esperança de que isso lhe desse algum conforto.

A tripulação daquele barco era mais gentil do que aquela do primeiro. Shoukri Al-Assoulli, um passageiro palestino de Gaza, que estava no barco com a mulher e dois filhos pequenos, Ritaj e Yaman, soube por uma conversa com o capitão que ele não era um contrabandista, também estava a caminho da Europa na esperança de obter refúgio. O capitão disse a Shoukri que passou anos na prisão e precisou encontrar um jeito de sustentar a família quando saiu. Assim, ele e alguns amigos fizeram um acordo com os contrabandistas para conduzir o barco em troca de passagens gratuitas para a Europa, onde eles queriam procurar trabalho. Ele pediu a Shoukri e aos outros que não o entregassem, nem a tripulação, depois que chegassem à Europa. Eles eram iguais a todos, explicou, pessoas que não conseguiram sobreviver no Egito e procuravam uma vida melhor.

Os refugiados prometeram-lhe que não o entregariam, mas ficavam impacientes e cada vez mais frustrados com a viagem.

COMEÇA O PESADELO

Disseram a todos que a viagem duraria no máximo dois dias e já haviam se passado quase três.

Lá pelas três horas daquela tarde, eles viram, consternados, outra embarcação se aproximar da deles. *De novo, não!*, pensou Doaa. Aquele barco era ainda menor do que aquele em que eles estavam espremidos. O barco mal parecia em condições de navegação, com a pintura toda lascada e as partes de metal cobertas de ferrugem. A tripulação, de cerca de dez homens, encostou junto de sua embarcação, exigindo: "Passem todos para lá ou os mandaremos de volta ao Egito." Os refugiados, ligados por dias de proximidade e por seu objetivo comum de chegar à Itália vivos, recusaram-se coletivamente a desembarcar. O novo barco era arruinado demais. "Já trocamos de barco muitas vezes", queixou-se um refugiado. Um pai se levantou e protestou: "De jeito nenhum vamos subir nesse barco. As crianças já sofreram demais!" Doaa pensou nos dedos perdidos de Walid e estremeceu com a ideia de uma nova troca de embarcação. Todos se recusaram inflexivelmente a se movimentarem. Confrontados pela determinação dos passageiros, os contrabandistas não tiveram alternativa senão ceder. Foi feito um acordo — os passageiros podiam permanecer naquele barco, se todos concordassem em se ater à história de que o capitão e a tripulação também eram refugiados que fugiam da guerra na Síria e que não havia nenhum contrabandista a bordo, que eles estavam conduzindo o barco sozinhos.

Os passageiros prontamente concordaram e a tripulação demonstrou alívio. O capitão deu a partida no barco de novo, deixando a outra embarcação em sua esteira.

— Quanto tempo mais? — alguém lhe perguntou.

— Só 19 horas e estaremos na Itália — garantiu-lhes o capitão.

Os passageiros gritaram animados e aplaudiram quando ouviram aquilo. *"Inshallah"* — graças a Deus — "chegaremos à Itália!", exclamavam. Um Khalil abraçou primeiro Doaa, depois Bassem. Pela primeira vez desde que entrou na água, Doaa pensou que eles de fato conseguiriam chegar à Europa.

NOVE

Só o que resta é o mar

Doaa e Bassem voltaram a seu lugar a estibordo do convés, metendo-se entre os outros e se acomodando para a última parte da viagem. Sentindo-se tão perto de seu destino, as pessoas começaram a relaxar e o estado de espírito ficou um pouco mais leve. Pais aliviados ajudavam os filhos a retirar o colete salva-vidas, para que ficassem mais confortáveis, e os deixavam no convés. O barco parecia se deslocar numa velocidade maior do que antes no mar calmo, enquanto os passageiros riam e faziam piada. O sol brilhava forte e, sentindo o calor do dia, algumas pessoas procuraram refúgio embaixo de sacos plásticos de arroz que foram amarrados e esticados, proporcionando sombra, mas Doaa continuou no sol, saboreando o calor no rosto. *Mais 19 horas*, disse ela a si mesma, *e tudo isso estará acabado. E, então, Bassem e eu estaremos na Europa, a caminho de uma nova vida juntos.* O tempo que eles passaram na prisão, as horas infelizes na traseira de caminhões e em ônibus abarrotados, a corrida exaustiva pelo deserto, tudo isso valeria a pena. Ela apertou a mão de Bassem e apoiou a cabeça em seu ombro. Ele lhe abriu um sorriso confiante e sussurrou: "Nós vamos conseguir, Doaa."

Doaa sorriu ao ouvir aquilo e se permitiu fechar os olhos e adormecer com o barco balançando e o sol batendo nos dois. Só havia cochilado alguns minutos quando foi acordada, assustada, com um barulho de motor e de homens gritando insultos em um dialeto egípcio. Naquele momento, havia se passado meia hora desde o encontro deles com a outra embarcação. Ela e Bassem levantaram-se para localizar a origem do conflito, segurando-se na amurada e se curvando sobre ela, vendo um barco de pesca azul com o número 109 pintado na lateral, aproximando-se a toda a velocidade. De convés duplo, era maior e de um modelo mais novo do que o barco em que eles estavam. Doaa conseguiu ver cerca de dez homens a bordo, vestidos em roupas comuns e não os trajes completamente pretos dos contrabandistas. Alguns tinham bonés para ocultar sua identidade, mas outros aparentemente não se importavam que os passageiros vissem seu rosto. Doaa nunca tinha visto piratas, mas a maldade que viu na cara dos homens trouxe-lhe a palavra à cabeça.

— Seus cães! — gritaram eles. — Filhos da puta! Parem o barco! Aonde pensam que vão? Deviam ter ficado para morrer em seu país!

Quando o barco estava a apenas metros de distância, um dos contrabandistas no barco de Doaa gritou aos homens:

— Que diabos vocês estão fazendo?

— Mandando esses cães sujos para o fundo do mar! — gritou um deles em resposta.

De repente, começaram a jogar pedaços de madeira nos passageiros do barco de refugiados, com os olhos desvairados de ódio. O barco então acelerou e deu uma guinada por um momento, mas depois voltou na direção da embarcação de Doaa. Ela olhou apavorada enquanto o barco acelerava para eles em uma rota de colisão no local onde estavam ela e Bassem, agarrados à amurada. Doaa ficou petrificada de medo.

— Doaa, Doaa, coloque seu colete! — gritou a voz frenética de Bassem, arrancando-a da paralisia. — Eles vão nos matar!

Ao redor, passageiros entravam em pânico, atrapalhando-se para vestir os coletes salva-vidas, enquanto orações desesperadas eram interrompidas por gritos apavorados e o choro das crianças. O barco se aproximava deles, acelerado. Doaa havia acabado de alcançar seu colete quando o barco bateu na lateral da embarcação com um guincho de metal e madeira se espatifando pouco abaixo de onde ela e Bassem estavam de pé. O impacto foi tão forte e repentino que parecia um ataque de torpedo. Doaa cambaleou para frente, quase caindo por cima da amurada, mas os braços de Bassem dispararam e a seguraram. Enquanto era puxada de volta à segurança, ela viu que outras pessoas não tiveram tanta sorte e caíram, batendo no convés duro e em outros passageiros abaixo. Um grito soou nos ouvidos de Doaa, mas ela não sabia que origem tinha. Sua própria garganta estava apertada demais para soltar algum som. No tumulto, Doaa deixou cair o colete e não conseguia encontrá-lo. Ela tateou, procurando a sua volta, depois Bassem a puxou para ele. Doaa percebeu que o barco começava a virar de lado. *Ah, meu Deus*, pensou Doaa. *A água, não. Não o afogamento. Que eu morra agora, não no mar.* Uma de suas mãos estava na amurada para manter o equilíbrio e a outra segurava firme a mão de Bassem.

— Escute com atenção, Doaa — disse Bassem. — Continue segurando minha mão. Não solte e vamos conseguir. Prometo que não vou deixar você se afogar.

Doaa ouvia o riso dos homens do barco agressor, que jogavam mais pedaços de madeira na embarcação de Doaa. Aqueles risos foram o som mais apavorante que ela ouviu na vida. Ela não conseguia acreditar que eles estavam se divertindo com a crueldade de tentar afundar um barco que carregava crianças pequenas. Tudo em volta dela eram gritos de terror e gente berrando orações desesperadas.

Enfim os agressores deram a ré e se afastaram da embarcação, e por um momento, Doaa teve esperanças de que o ataque tivesse acabado, que os homens apenas quisessem assustá-los. Segundos depois, porém, aceleraram novamente na direção deles e Doaa entendeu que não haveria misericórdia, eles tinham toda a intenção do mundo de matar cada homem, mulher e criança a bordo. Então, quando se chocaram na lateral, a frágil embarcação de Doaa mergulhou de bico, subitamente e com violência no mar.

A mão de Bassem foi arrancada dela enquanto ele lutava para recuperar o equilíbrio. Doaa o perdeu de vista na massa de pessoas que tombavam para frente. Ficou espremida na lateral do barco, mantendo-se de pé pela massa de gente que a pressionava.

Quanto mais gente caía na água, os homens do barco agressor comemoravam, gritando que cada um deles se afogaria. "Que os peixes devorem sua carne!", eles gritavam ao se afastarem acelerados. A provocação a sangue-frio teve eco nos ouvidos de Doaa.

Metade do barco de refugiados já estava submerso e afundava rapidamente. Doaa pensou nas centenas de pessoas presas no porão. *Estavam condenadas*, pensou ela, segurando-se na beira da embarcação que afundava, *e nós também*.

Ela se segurou com a força que pôde na lateral do barco, mas à medida que ele mergulhava, seus dedos se abriram e ela escorregou para o mar, afundando imediatamente. Doaa viu-se debaixo dos sacos plásticos de arroz que os passageiros tinham amarrado para fazer sombra no barco. Mexeu freneticamente os braços, tentando chegar à superfície, vendo que estava presa junto com dezenas de outras pessoas embaixo dos sacos. Contendo o pânico, Doaa fechou os olhos e os abriu, vendo que quem estava perto dela lutava para se libertar sob os sacos plásticos pesados. Não havia ar para respirar e nenhum caminho para a superfície. Ela se lembrou da vez em que o primo a havia atirado no lago e ela respirou a água sufocante e pesada. Daquela vez não havia nenhum familiar que a retirasse dali, nada além da água salgada e fria e a pressão crescente no peito e por trás dos olhos enquanto ela lutava para prender a respiração e aspirava mais água. E então ela viu o brilho do sol e notou um rasgo no plástico. Estendeu as mãos para a abertura, sentindo que se mexiam em câmera lenta, e se impeliu pelo pequeno buraco, para cima. Na superfície, ela ofegou. Doaa percebeu que os sacos de arroz ainda estavam amarrados ao barco e se ela engatinhasse sobre eles podia alcançar a popa — a única parte que ainda flutuava — e se agarrar na beira da embarcação. Ela seguiu pelos sacos e, quando chegou à beira, agarrou-a com tanta força que não conseguia sentir as próprias mãos. Recuperou o fôlego em imensas golfadas, depois se virou para olhar. As pessoas embaixo do plástico tinham parado de se mexer.

Ela ouviu gritos a toda volta, abafados apenas pelo barulho do motor. Virou a cabeça para o mar e viu grupos espalhados, gritando os nomes de seus entes queridos e pedindo socorro a Deus, aos prantos. As pessoas agarravam-se desesperadamente a qualquer coisa que flutuasse — bagagens, garrafas de água, até outras pessoas, puxando-as para baixo. Doaa notou que o mar em volta dela estava tingido de vermelho e percebeu que havia gente sendo sugada para o motor do barco e desmembrada por suas hélices. Partes corporais flutuavam a toda volta. Era pior do que qualquer coisa que ela vira durante a guerra em Daraa. Ela observou horrorizada enquanto num momento uma criança estava gritando e lutando para se agarrar ao barco e, no minuto seguinte, perdeu a pegada e escorregou para as hélices, retalhando seu corpo pequeno. Não restou nada além de sangue e gritos. Ela se obrigou a virar o rosto e, em vez disto, passou o foco para o convés. Viu um homem sem vida preso na estrutura de metal usada para as redes de pesca, com uma corda enrolada no pescoço, os braços e pernas decepados, o rosto coberto de sangue.

    Dominada pelo pânico e pelo medo, Doaa começou a gritar desesperadamente: "Bassem!" Estava morta de medo de que ele também fosse um dos mortos. Ela gritou seu nome sem parar, o tempo todo olhando o corpo mutilado do homem preso na corda. Alguns segundos depois, ouviu a voz de Bassem: "Doaa! Doaa, não olhe para ele, olhe para mim!" Doaa virou a cabeça para a voz e o localizou no mar. A borda de metal da embarcação cortava suas mãos e as pernas estavam penduradas na água. Ela queria ir até Bassem, mas não conseguia criar coragem para pular na água. Porém, o barco estava afundando em um ângulo que a puxava para as hélices que ainda girava. Mais pessoas eram atraídas para suas hélices. De algum modo, ela ainda não conseguia se decidir a soltar a embarcação e permitir que o mar a engolisse. "Solte, ou elas vão cortar você também!", gritou Bassem. Ele tentou nadar até ela, mas as ondas o levavam para longe.

Ela ouviu uma voz a suas costas:

— Faça o que ele disse, Doaa! — Era Walid.

Ele se segurava na popa com a mão saudável, olhando as hélices. Desviou o olhar dele e se virou para Doaa, com uma expressão assustada, e disse:

— Não sei nadar. Não tenho colete salva-vidas.

— Eu também não sei nadar.

O colete de Walid havia desaparecido há muito tempo e ambos se aproximavam pouco a pouco das hélices.

Bassem gritou novamente:

— Doaa! Pule! Agora!

— Precisamos pular — gritou Doaa para Walid, embora estivesse petrificada com a ideia.

Uma expressão de tristeza substituiu o terror no rosto dele.

— Entregue suas esperanças a Deus — disse-lhe ele com uma gentileza que lhe deu vontade de chorar. — Se você acredita em Deus, Ele a salvará.

Ela fechou os olhos e abriu as mãos, caindo de costas, os braços e pernas abertos ao bater na superfície. Ficou boiando por alguns segundos de costas, depois sentiu alguém puxar seu lenço de cabeça, que foi arrancado e afundou no mar. Enquanto boiava de costas, ela sentiu as pontas de seu cabelo comprido sendo puxadas dentro da água. Aqueles que se afogavam perderam completamente a razão e se agarravam ao que pudessem alcançar para tentar se impelir para a superfície. As mãos agarravam sua cabeça, puxando o rosto de Doaa para dentro da água. De algum modo, ela conseguiu afastar aquelas mãos. Tomou uma golfada de ar, ficou reta e mexeu os braços e pernas para tentar ficar na superfície. Lembrou-se de que era assim que se nadava e fez o que pôde para atravessar a água enquanto via a última parte do barco afundar nas ondas. Não restou nada além de destroços, sangue, cadáveres e alguns poucos sobreviventes. Ela sentiu coisas se mexendo abaixo dela e entendeu que era gente se afogando e que a qualquer momento uma delas podia pegar suas pernas, puxando-as para baixo.

E então ela viu Bassem nadando na direção dela, segurando uma boia azul, do tipo que as crianças de colo usam em piscinas infantis e na parte rasa no mar.

— Coloque por sua cabeça, assim você pode flutuar — disse ele enquanto passava o aro parcialmente inflado pelos ombros dela.

Com medo de que alguém se agarrasse a suas pernas, ela se impeliu para cima do aro, com as pernas e braços pendurados pelos lados, e, de repente, desmaiou de choque e exaustão. Bassem espirrou água do mar em seu rosto para trazê-la de volta a si.

O sol começava a se pôr no horizonte e o mar ficara imóvel e plano, colocando o cenário diante dela num foco sinistro. Sobreviventes estavam reunidos em pequenos grupos, alguns usando coletes salva-vidas que mantinham apenas sua cabeça acima da água. Muitos tinham comprado coletes falsos, que mal podiam flutuar. Ela se perguntou se os contrabandistas que lhes deram aqueles coletes pretendiam o tempo todo deixar que eles se afogassem.

Bassem mexia-se na água ao lado de Doaa, segurando-se em seu aro de plástico. Localizou um homem que ele reconheceu com uma pequena garrafa de água e pediu a ele que desse um gole a Doaa. Ela tomou uma quantidade mínima e de imediato vomitou a água salgada que havia ingerido. Retirar do corpo toda a água do mar ajudou-a a se sentir mais alerta. De súbito, ela notou todas as pessoas gemendo a sua volta. Perto dela, eles ouviram os gritos angustiados de Shoukri Al-Assoulli, o palestino que eles conheceram no barco. Estava flutuando em um saco plástico cheio de garrafas de água vazias e gritava sem parar os nomes de sua mulher e dos filhos: "Hiyam! Ritaj! Yaman!" Com a mão livre, empurrava a água para o lado a fim de se deslocar aos outros sobreviventes, perguntando: "Você os viu? Minha mulher, meus filhos?" Ele parou quando encontrou outro amigo chorando. Ele também havia perdido a esposa e os filhos. "Como contarei a minha mãe que eles morreram?", perguntou ele a Shoukri.

Uma mulher pegou um celular à prova d'água e tentou qualquer número de emergência em que ela e os outros a sua volta conseguiam pensar. Mas não havia rede. Outra mulher retirou o celular das camadas de sacos plásticos em que havia embrulhado, descobrindo que ainda estava seco e na esperança de ter mais sorte. Mas a bateria havia arriado.

A escuridão lentamente caía nos sobreviventes que boiavam na água e o mar ficava negro e revolto. Doaa tremia com suas roupas frias e molhadas agarradas ao corpo. As ondas separaram os grupos de sobreviventes que estiveram de mãos dadas, pensando que teriam uma chance melhor de ser localizados e resgatados se ficassem juntos. Bassem segurava-se à boia de Doaa, que, por sua vez, segurava seu braço, com medo de que ele também flutuasse para longe. Passaram-se horas e o choro alto das crianças transformou-se em lamentos fracos. Doaa procurou às apalpadelas o Alcorão que Walid lhe dera, reconfortada ao perceber que ainda estava seguro junto de seu coração. Ela começou a recitar versículos em voz alta e logo outros a sua volta se juntaram a ela. Por um breve momento ela se sentiu reconfortada neste círculo e mais próxima de Deus. A lua e as estrelas eram sua única luz, iluminando vivos e mortos. Corpos flutuavam a toda volta.

— Perdoe-me, Doaa, você não deveria ver essas coisas. — Bassem se desculpou.

Mas ela apenas meneou a cabeça em negativa e se segurou mais firmemente no braço dele.

Entre cinquenta e cem pessoas tinham sobrevivido ao naufrágio; porém, à medida que a noite avançava, mais gente morria de frio, cansaço e desespero. Alguns que haviam perdido a família desistiram, tirando o colete salva-vidas e se deixando afundar no mar. Em uma ocasião, Doaa ouviu gritos desesperados enquanto companheiros passageiros tentavam dar esperanças a um jovem próximo, que havia retirado o colete. "Não faça isso", pediam os outros sobreviventes. "Por favor, não desista!" Mas o jovem retirou o colete e afundou de cabeça no mar. Estava tão perto de Doaa que ela quase podia tocar nele.

Em meio ao desespero, surgiu uma solidariedade entre aqueles que restaram. Quem tinha colete salva-vidas deslocava-se para aqueles que não tinham, oferecendo um ombro para se apoiarem e descansarem. Aqueles com um pouco de comida ou água a dividiam. Os que ainda tinham o espírito forte reconfortavam e estimulavam as pessoas que queriam desistir.

Bassem tirou a calça jeans para que ela não o puxasse para baixo, mas estava perdendo as forças. Eles já estavam no mar há 12 horas.

— Desculpe-me, Doaa. Desculpe-me — ele repetia. Estava arrasado por ter insistido que eles viajassem por mar quando aquilo a apavorava tanto. — Foi minha culpa isto ter acontecido. Eu não devia ter feito você entrar no barco.

— Tomamos essa decisão juntos — disse-lhe ela com firmeza. Os dentes dele batiam e os lábios ficavam azulados. Lágrimas escorreram pelo rosto dela ao ver o quanto ele estava fraco, mas ela manteve a voz firme: — Nós vamos conseguir,

Bassem — disse ela, fazendo eco às palavras que ele usara para reconfortá-la na embarcação. — Seremos resgatados e teremos uma família juntos.

— Juro por Deus, Doaa, eu a amo mais do que a qualquer um no mundo — disse Bassem, segurando a mão dela.

Ele cruzou os braços por cima da boia, descansou a cabeça neles e resvalava e saía do sono. Doaa segurava a mão dele como se fosse a única coisa que a impedia de se juntar àqueles levados pelo mar.

Quando o sol nasceu, Doaa viu claramente que a noite tinha levado pelo menos metade dos sobreviventes. Cadáveres flutuavam a toda volta, de cara para baixo, azuis e inchados. Doaa reconheceu alguns, mas não do primeiro grupo de sobreviventes. Percebeu que eram as pessoas que se afogaram quando o barco afundou primeiro, e seus corpos agora deviam ter subido à superfície. Quem se afogou diante de seus olhos e durante a noite tinha desaparecido. Muitos cadáveres que boiavam na água tinham as mãos agarradas ao peito, como se sentissem frio. Alguns sobreviventes que conseguiram atravessar a noite sem colete salva-vidas recorriam desesperadamente aos cadáveres, agarrando-se a eles para se manter à tona.

Doaa sufocava com o mau cheiro dos mortos. Quando Bassem acordou e observou a cena ao redor, voltou a pedir desculpas. Daquela vez, porém, Doaa ouvia a resignação na voz dele, como se ele tivesse desistido da esperança de que ambos sobrevivessem. Parecia a Doaa que os pedidos de desculpas de Bassem na verdade eram uma despedida.

— Não se preocupe — garantiu Doaa a Bassem, sentindo o amor por ele crescer no peito. Ela também passara a aceitar que talvez eles não aguentassem muito mais. — É o nosso destino.

Um homem perto dela deve ter notado o ânimo vacilante de Doaa e Bassem. Gritou para Bassem: "Fique se mexendo ou seu corpo ficará rígido!" E assim Bassem soltou a boia e nadou por alguns minutos, procurando a sua volta algo para levar a Doaa — uma garrafa de água para umedecer a boca ressecada dos dois, ou uma caixa de suco para combater a vertigem que dominava a ambos. Mas não havia nada além do mar interminável, cabeças subindo e descendo e pedaços de madeira. Ele voltou a Doaa, meneando a cabeça. O sol esquentava, o que aquecia seus corpos porém os deixava mais sedentos. Bassem estava enjoado de toda a água salgada que tinha engolido, e assim Doaa colocou os dedos na garganta dele para ajudá-lo a vomitar. Depois, Bassem mais uma vez cruzou os braços sobre a boia inflável de Doaa e apoiou a cabeça ali para descansar.

Um pequeno grupo de sobreviventes se reuniu em volta do casal, movendo-se na água. Alguns, provavelmente delirantes, diziam coisas que não faziam sentido. Um homem falou: "Tem uma cafeteria perto daqui, vamos comprar um chá!" Em meio à cacofonia, Bassem olhou diretamente para Doaa, elevou a voz o suficiente para que todos pudessem ouvir e declarou solenemente: "Eu amo você mais do que qualquer um que tenha conhecido na vida. Peço desculpas por decepcioná-la. Eu só queria o que era o melhor para você." Doaa viu que ele tinha os olhos febris e olhava nos olhos dela como se fosse a última vez que os veria. Ele falava com uma urgência que ela não ouvia desde quando ele ameaçou voltar para a Síria se ela não concordasse em se casar com ele. Era como se colocar as palavras para fora fosse a coisa mais importante que ele fez na vida.

— Assumi a tarefa de cuidar de você — disse ele — e fracassei. Eu queria que tivéssemos uma nova vida juntos. Queria o melhor para você. Perdoe-me se eu morrer, meu amor.

— Não há nada para perdoar — disse-lhe Doaa, entre soluços. — Estaremos sempre juntos, na vida e na morte. — Ela suplicou que ele se segurasse, dizendo-lhe repetidas vezes que não era culpa dele.

Ao estender o braço para acariciar o rosto de Bassem, ela notou um homem mais velho nadando na direção deles, segurando um bebê nos ombros. Ele se agarrava a uma garrafa de água com a outra mão, batendo as pernas com força para se aproximar do casal. Quando os alcançou, olhou para Doaa com olhos suplicantes.

— Estou exausto — disse. — Pode, por favor, segurar Malak por algum tempo?

A criança estava de pijama cor-de-rosa, tinha dois dentes pequenos e chorava. Doaa a achou parecida com o significado do nome Malak, "Anjo". O homem explicou que era o avô dela. Ele era pescador de Gaza e eles partiram para fugir do mais recente bombardeio israelense. Vinte e sete integrantes de sua família estavam no barco e todos os outros se afogaram.

— Só nós sobrevivemos. Por favor, fique com a menina — implorou ele. — Ela só tem 9 meses. Olhe para ela. Considere-a parte de você. Minha vida está acabada.

Doaa pegou Malak e a aconchegou junto ao peito, encostando o rosto do bebê no Alcorão que ainda estava junto do coração. Àquele toque, Malak parou de chorar e de imediato Doaa se reconfortou tendo a criança junto de seu corpo.

O avô de Malak tocou o rosto da neta.

— Meu pequeno anjo, o que você fez para merecer isso? Coitadinha. Adeus, minha pequena, perdoe-me, eu vou morrer. — Em seguida ele se afastou a nado. Doaa e Bassem concentraram a atenção na criança pequena. A vida jovem pareceu animar Bassem por algum tempo enquanto ele acariciava as faces macias e frias de Malak. Instantes depois, o avô de Malak voltou, olhou-a, viu que ela estava sendo bem cuidada e se despediu novamente. Quando olharam novamente na direção dele, viram que o avô estava de cara para baixo no mar, a cerca de dez metros.

Malak tremia. Seus lábios estavam azulados e rachados. Doaa mergulhou o dedo na água e gentilmente os umedeceu. Ela achou que sua própria saliva seria melhor, assim a criança não lamberia o sal, mas Doaa não conseguia reunir umidade na boca. Ouvira em algum lugar que esfregar as veias de uma pessoa pelos pulsos a mantinha aquecida, e assim tentou isto e começou a cantar músicas que a mãe cantava para ela quando criança.

Bassem também era levado a dormir pelo canto de Doaa e ela sabia que precisava mantê-lo acordado ou ele escorregaria para longe dela. Doaa bateu palmas junto da cabeça dele para despertá-lo.

— Estou com medo, Bassem — disse-lhe ela, curvando-se para perto da orelha dele —, por favor, não me deixe aqui sozinha no meio do mar! Aguente só mais um pouco e chegaremos à Europa juntos.

Doaa notou que o rosto dele passava do amarelo ao azul.

Ele falou:

— Alá, dê meu espírito a Doaa para que ela possa viver.

— Não diga isso, Bassem! — suplicou Doaa. — Ficaremos juntos com Deus. — Mas ela sabia que ele estava completamente exausto e escorregava para longe dela. Doaa começou a chorar, pensando que não conseguiria salvá-lo. Ela sabia que o único poder que lhe restava era seu conhecimento da palavra de Deus.

— Bassem, antes de você morrer, deve jurar pelo Alcorão ter certeza de morrer como muçulmano e que sua fé irá com

SÓ O QUE RESTA É O MAR

você — disse ela com urgência. — Repita comigo: "Juro que só existe um Deus e Maomé é Seu profeta."

— "Juro que só existe um Deus e Maomé é Seu profeta" — repetiu Bassem, depois fechou os olhos. Doaa deu um tapa em seu rosto para mantê-lo acordado, mas ele começou a resmungar, delirante: — Mãe, os talheres são para você.

Ele estava alucinando. Para mantê-lo ocupado, Doaa decidiu fazer o mesmo jogo:

— Tudo bem, Bassem, quando você melhorar, vamos sair para comprar os talheres. Só precisa ficar comigo e aguentar. Não me deixe sozinha.

Doaa percebeu que Bassem perdia a consciência e que ele estivera tentando se despedir dela. Ela entendia que tinha de lhe dar um último presente e, chorando, conseguiu pronunciar uma promessa:

— Escolhi a mesma estrada que você. Eu o perdoo nessa vida e na próxima estaremos juntos também. — Doaa segurou os dedos de Bassem com a mão direita enquanto o braço esquerdo envolvia Malak.

Depois de algum tempo, ela sentiu as mãos dele escorregarem dela e o viu ficar flácido e deslizar para a água. Ele flutuava para longe, assim Doaa tentou desesperadamente estender o braço e puxá-lo de volta, mas Bassem estava fora de alcance. Ela não conseguia sair da boia inflável sem deixar de segurar Malak.

— Bassem — gritou ela —, pelo amor de Deus, não vá! Responda! Não posso viver sem você! — Ela gritou por ele sem parar, chorando.

Um homem se aproximou nadando e verificou a pulsação de Bassem.

— Lamento muito, mas ele está morto — disse-lhe ele com apatia.

Doaa entendeu que a morte de Bassem, para aquele homem, era apenas uma entre muitas; pelo menos duas dúzias de pessoas tinham morrido desde o nascer do sol naquele dia. Para Doaa, porém, era o fim de tudo. Ela havia perdido a pessoa mais preciosa de sua vida e queria morrer com ele. Imaginou deixando-se escorregar pela boia e entrando no mar com Bassem. Mas sentiu os braços diminutos de Malak em volta de seu pescoço e percebeu que era a única responsável por aquela criança. Doaa entendeu que precisava tentar mantê-la viva.

Bassem boiava de cara no mar, depois, lentamente, começou a afundar. A última coisa que Doaa viu dele foi seu cabelo preto e basto elevando-se enquanto a água escura engolfava a cabeça. E, então, ele sumiu. Ela gritou apenas uma vez ao testemunhar aquilo, permitindo-se um momento de angústia. Um homem perto de Doaa tentou reconfortá-la. Ela o reconheceu do barco. O homem falou de si mesmo a Doaa enquanto o sol nascia para outro dia. Ele era de Damasco, disse, mexendo-se na água ao lado dela, e só o que queria era dar ao filho uma educação e um futuro sem bombas. Ele começou a chorar enquanto lhe contava que havia assistido, impotente, a seu filho pequeno ser sugado pelo motor do barco, que o decapitou. A esposa também se afogou diante dele.

— Você também viu... você viu minha mulher e meu filho morrerem! — gritou ele.

Foi o filho dele que testemunhei sendo cortado nas hélices?, perguntou-se Doaa.

— Não chore — disse Doaa ao homem —, você se juntará a eles no paraíso.

— Deus o abençoe — respondeu o homem —, você não merece isso.

Logo, mais gente se deslocava para Doaa procurando conforto e orações, mas também pedindo ajuda para vomitar a água salgada que tinham engolido. Espalhou-se a notícia de que engolir a água do mar apressava a morte. Eles devem tê-la visto ajudar Bassem a vomitar naquela manhã e, um por um, aproximavam-se e Doaa usava a mão livre para ajudá-los a vomitar, lavando os dedos no mar depois de cada vez. Embora eles expelissem apenas água salgada, o cheiro revirou seu estômago, mas o visível alívio deles e suas palavras de gratidão a reconfortavam.

Agora era a tarde de quinta-feira. *Já estou nesse inferno há dois dias inteiros*, pensou Doaa. Ela notou que agora havia apenas 25 sobreviventes. Malak dormia na maior parte do tempo, mas chorava quando acordava. Doaa sabia que embora Malak não pudesse falar, estava desesperada por água.

Entre os outros sobreviventes estava a família que ela havia conhecido no barco com suas duas filhas pequenas, Sandra e Masa. Todos tinham coletes salva-vidas que os mantinham acima da água, mas a menina mais velha, Sandra, começava a ter convulsões, seu corpo se sacudia todo. O pai a abraçava, falando em voz baixa, chorando. Doaa pensou ter visto a alma da menina deixar o corpo pequeno quando ela ficou flácida. A mãe de Sandra, com uma expressão determinada, nadou até Doaa, segurando a menina menor, Masa, com as duas mãos.

A mãe de Sandra se agarrou à boia de Doaa e a olhou bem nos olhos.

— Por favor, salve nossa menina. Não vou sobreviver.

Sem hesitar, Doaa pegou Masa e a colocou de seu lado esquerdo, pouco abaixo de Malak, que agora tinha a cabeça aninhada abaixo do queixo de Doaa. Ela descansou a cabeça de Masa em seu peito, abaixo do seio, e com isto o corpo pequeno se estendeu por sua barriga. *A menina ainda não tinha 2 anos e já vira este inferno*, pensou Doaa, acariciando o cabelo de Masa e se perguntando se sua boia pequena aguentaria manter as três à tona. O tronco de Masa estava submerso e as ondas as empurravam e espirravam nelas.

Um gemido alto arrancou Doaa de seus pensamentos. Sandra estava morta e os pais choravam ao lado do corpo, que flutuava. Doaa passou o braço firmemente em volta de Masa e tentou reconfortar a mulher entristecida com algumas palavras tranquilizadoras. Porém, minutos depois, o corpo do marido também ficou frouxo. Ele desistira. A esposa o olhou, sem acreditar. "Imad!", exclamou ela. E de súbito ela também ficou em silêncio e desfaleceu bem diante dos olhos de Doaa.

Ao cair da noite, o mar escureceu e ficou coberto de uma densa neblina. As meninas começaram a se mexer, inquietas, e a chorar, e Doaa fez o possível para acalmá-las. Teve medo de mexer os braços doloridos, para não soltar as duas. O peso das meninas em seu peito quase impedia sua respiração e continha seu impulso constante de tossir. Ela ansiava por água. Naquela manhã, alguém lhe dera um pouco do suculento doce halva de tahini que foi encontrado boiando na água. "As crianças também devem comer", disse o estranho, entregando-o a ela. Doaa quebrou em pedaços mínimos e os empurrou por suas bocas abertas. Aparentemente, o sabor doce acalmou as meninas. Ela guardou um pouco para si, mas isto só aumentou sua sede.

A água tornou-se uma obsessão para os sobreviventes. Os homens urinavam em garrafas vazias de plástico e bebiam o líquido para continuar vivos. Doaa desviava os olhos.

A alguns metros dela, Shoukri Al-Assoulli movia-se na água perto de outro grupo de sobreviventes. Como Doaa, ele havia conseguido atravessar os últimos dois dias e, como Doaa, também perdera tudo. Agora, achava que estaria perdendo o juízo. As pessoas à volta dele claramente alucinavam. Uma delas disse: "Entre no meu carro. Abra a porta e entre no meu carro!" Outra pediu uma cadeira para se sentar. Um homem convidou todos os outros a sua casa, que disse ficar perto dali.

Um homem chamado Foad Eldarma pediu a Shoukri para telefonar para sua mulher vir buscá-lo. Depois lhe pediu que o levasse para casa e para ela. Outro homem que Shoukri reconhecia, também de Gaza, nadou até ele, gesticulando para que o acompanhasse porque, declarou com convicção, conhecia um lugar onde eles podiam conseguir água. Shoukri o acompanhou por uma curta distância, batendo as pernas, mas não havia nada ali. Outro homem disse que sabia de uma cafeteria que tinha toda a água que eles quisessem beber e que eles também podiam fumar cachimbos *shisha*. Disse que tinha 100 dólares e pagaria por todos e perguntou:

— Você quer ir?

— Sim — respondeu Shoukri.

— Mas vamos levar duas horas nadando até lá!

— Não tem problema, vamos!

Alguns homens se juntaram a eles enquanto se deslocavam pela água.

— Devemos ir em linha reta, depois, a certa altura, virar à esquerda — instruiu o homem.

A cabeça de Shoukri clareou por um momento e ele percebeu que o homem estava alucinando, assim como ele próprio. Ele nadou de volta aos outros para se juntar ao grupo de sobreviventes não muito distante do grupo de Doaa. A neblina fria envolvia a todos, deixando-os cegos e fazendo-os tremer. Uma mulher que perdera as duas filhas chorava. "Estou com muito frio. Por favor, me aqueça." Shoukri e seu amigo Mohammad formaram um círculo em volta dela para lhe dar proteção.

Naquela noite, enquanto Shoukri sonhava que estava em casa com a família, ele soltou o saco de garrafas de água que o mantinha à tona. Assim que começou a afundar, recuperou a consciência e o agarrou novamente. Mais tarde, ele se imaginou chegando à terra e lançando boias para salvar as pessoas, depois lhes oferecendo a água. Com o passar das horas, ele saía da lucidez e voltava a ela. Não tinha certeza se estava vivo ou morto.

Doaa gostaria de eliminar o barulho da água em movimento se pudesse. Parecia música de filme de terror, tornando as cenas de morte diante dela ainda mais apavorantes, como se o afogamento das pessoas ditasse o ritmo das ondas. Sempre que alguém morria, seu coração se partia. Quantos homens ela vira tirar o colete salva-vidas, quando decidiam morrer? Ela perdera a conta. *Ela os entendia*, pensou, mesmo que sua religião visse o suicídio com desprezo. *A agonia deles foi demasiada para que suportassem. E quem sou eu para julgar alguém que tira a própria vida? Sou apenas um ponto neste mar imenso que logo vai me engolir também.* Se não fosse pela força que as duas meninas pequenas em seu peito lhe davam, ela teria deslizado sob as ondas igualmente.

Doaa estava exausta, mas temerosa demais de dormir, por medo de que as crianças caíssem de seus braços. Ela contou os cadáveres que olhavam a sua volta — sete. Pelo menos estavam de rosto para baixo, assim ela não precisava ver suas expressões. As costas sem camisa estavam inchadas e de um preto-azulado, da cor das baleias. O fedor era insuportável. Sempre que uma onda trazia um corpo para Doaa, ela o empurrava com os pés e a mão. Um homem chamado Momen a ajudou a se afastar um pouco deles. Ele era um dos únicos sobreviventes e agora ficava perto de Doaa.

Momen lhe dava forças com suas palavras de estímulo:

— Você é altruísta, Doaa. Estive vendo como você está apoiando os outros. Você é tão corajosa e forte. Quero mantê-la a salvo. Se nós sobrevivermos, gostaria de me casar com você.

De algum modo, ali, Doaa não considerou as palavras dele estranhas nem atrevidas demais, apenas carinhosas. Era o jeito dele de ficar firme, algo talvez a ansiar, se eles conseguissem sair da água vivos. Doaa respondeu: "Segure-se aí e vamos conversar sobre isso mais tarde, quando tudo isso ficar para trás."

Na manhã do terceiro dia, enquanto o sol nascia, um homem, uma mulher e um menino pequeno entraram no campo de visão de Doaa. Os adultos seguravam-se em uma boia inflável, assim como Doaa, que envolvia a cintura do menino. Subitamente, porém, a boia estourou e o menino caiu na água, debatendo os braços. Doaa viu que a mulher não nadava muito bem. Assim que não teve mais a boia em que se segurar, ela também afundou, depois subiu para uma golfada desesperada e derradeira de ar antes de sua cabeça tombar para a frente e ela ficar imóvel.

O homem conseguiu ajudar o menino. Pôs os braços do garoto em volta de seu pescoço e nadou até Doaa.

— Por favor, segure-o por um tempo — pediu-lhe ele quando a alcançou.

Ele estava tão cansado que suas palavras eram arrastadas. Disse que o menino era seu sobrinho e que a mulher que acabara de morrer era a mãe da criança. Doaa hesitou.

— Não tem espaço!

O menino tinha uns 3 anos, maior do que as meninas, e Masa e Malak se afogariam se a boia arriasse. Mas o menino olhava para ela angustiado e o coração de Doaa se solidarizou com ele.

— Vamos encontrar um jeito — disse ela ao estender o braço para ele e o deitar em suas pernas estendidas.

Ele ficou se contorcendo e levantando a cabeça, olhando à volta e pedindo, sem parar: "Quero água! Quero meu tio! Quero minha mãe!"

Doaa não sabia o que fazer para reconfortar o menino desesperado e teve medo de que a agitação dele provocasse o estouro de sua boia e todos eles se afogassem também. Só o que Doaa queria era manter todos a salvo. O garoto lhe lembrava Hamudi, e Doaa pensou em como ficaria arrasada se o visse se afogar. O menino não parava de perguntar pela mãe.

— Sua mãe foi buscar água e comida para você — disse-lhe Doaa e por alguns minutos isso o aquietou, mas depois ele reclamou de sede. Para tranquilizá-lo, Doaa por fim pôs a mão em concha no mar e lhe deu a água salgada para beber. Pelas duas horas seguintes, o tio se afastava a nado por uma curta distância para manter o corpo em movimento, depois voltava para ver como ele estava. Não tinha nada que o mantivesse à tona. O menino começou a tremer e seus lábios ficavam azulados; seu peito pequeno subia e descia, arquejando. O tio, segurando-se na boia de Doaa, pegou o menino nos braços e chorou. "Não nos abandone", pediu ele.

O menino falou numa voz fraca:

— Por favor, tio, você não pode morrer também!

E então seu corpo subitamente ficou flácido nos ombros do tio. O homem abraçou o menino ao peito, afastando-se da boia de Doaa, e ela viu que ele e o garotinho afundaram juntos diante de seus olhos, enquanto o corpo da mãe boiava ao lado dela.

— Amado Deus — ela ouviu Momen falar —, todos estão morrendo a nossa volta, eu vi meu filho morrer e minha esposa. Por que isso está acontecendo conosco? Por que eles nos afundaram? Ninguém está vindo nos salvar!

— Eles chegarão a nós, *inshallah*, Momen — disse-lhe Doaa em voz baixa. — Seja forte, reze, assim a esperança ainda estará dentro de você.

Porém, ao pronunciar essas palavras, Doaa começou a chorar. Só segurou o menino por algumas horas, mas sentia que ele já fazia parte dela.

— Dizem que a dor que uma mãe sente quando perde o filho é a pior do mundo. É assim que eu me sinto. Eu amava aquele garotinho. — Ela vira tanta morte, mas esta última fez com que sentisse o coração se desfazer em pedaços. — Foi minha culpa ele ter morrido! — exclamou ela a Momen. — Eu devia ter conseguido salvá-lo!

— Não, não! — respondeu Momen. — Foi a vontade de Deus. Você é boa, tentou salvá-lo.

Entretanto, Doaa não conseguia evitar a sensação de que havia fracassado com o garotinho. Com uma determinação renovada, pensou que não fracassaria com Malak e Masa. Agora, nada mais importava para ela do que manter as duas vivas.

Quando as meninas se mexiam e ficavam agitadas, ela lhes cantava sua cantiga de ninar preferida: "Vem dormir, durma, vamos dormir juntos, trarei para você as asas de uma pomba." Ela também inventava brincadeiras com os dedos para distraí--las. Descobriu que Malak sentia cócegas embaixo do queixo e ria quando ela brincava, usando os dedos, fingindo que um camundongo corria pelo peito de Malak e chegava a seu pescoço. Quando as meninas adormeciam, Doaa passava a mão por elas para mantê-las aquecidas e quando achava que elas podiam estar perdendo a consciência estalava os dedos perto de seus olhos e falava com firmeza: "Malak, Masa, acordem, queridas, acordem!"

A única palavra que Masa usou para responder a ela foi *"Mama"*.

Doaa sentia uma ligação tão profunda com essas crianças que agora passara a se sentir mãe delas. A sobrevivência das duas significava mais para Doaa do que a própria vida.

Nos momentos em que não estava reconfortando as meninas, Doaa recitava o Alcorão e muitos sobreviventes se reuniam em volta dela para ouvir e rezar. Alguns também conheciam as palavras da Ayat Al Kursi, uma oração que ela costumava recitar antes de dormir e sabia de cor.

As vozes acalmavam as crianças e suas palavras reconfortavam Momen e os outros sobreviventes à volta. Recitar os versículos dava a Doaa uma força que ela sentia vir diretamente de Deus. Ela se agarrava à esperança de que alguém viria resgatar a todos em breve.

Na sexta-feira, a quarta manhã no mar, Doaa notou que Malak e Masa dormiam quase o tempo todo e mal se mexiam. Constantemente ela verificava o pulso das duas para saber se estavam vivas.

Momen tornou-se uma espécie de guarda-costas para Doaa e as meninas; protegê-las lhe dava um senso de propósito. Não restava nenhuma outra mulher entre os vivos. Os outros homens procuravam conforto em Doaa e formaram um círculo em volta deles, alguns tentando se apoiar na boia para descansar. Momen tentava enxotá-los, avisando: "Ela está carregando essas crianças! Pode perder o equilíbrio." Mas Doaa sempre deixava que eles ficassem: "Encoste-se de leve, por favor, pelo bem das crianças." Momen não tinha um colete salva-vidas, mas era um bom nadador. Ainda assim, Doaa viu, no fim da tarde, que ele começava a perder as forças.

— Não me abandone também! — exclamou Doaa, pensando que ele era o único adulto que lhe restava de quem ela se sentia próxima e em quem confiava desde a morte de Bassem.

Ela não sabia o que faria sem a ajuda e o conforto dele. Momen estava boiando de costas, de olhos fechados, quando de repente seu corpo ficou imóvel, depois virou para frente, o rosto afundando no mar. Agora Doaa se sentia inteiramente só, a não ser pelas duas crianças cujas vidas dependiam dela.

Ela saía da consciência e voltava, deitada ali na boia, com Malak e Masa descansando em seu peito. Quando abria os olhos, tudo parecia borrado. Ela jogava água no rosto para ficar acordada e verificava se as meninas ainda respiravam. Recostava a cabeça novamente e olhava o céu, sem ver nada além de formas enevoadas, e então, de súbito, pensou ter visto um avião branco e reluzente no alto. *Devo estar alucinando*, pensou ela, descartando a ideia. Em seguida, ela pensou nas palavras de Bassem: "Rogo a Deus para levar minha alma e colocar em Doaa para que ela viva." Ela procurou o local no mar onde Bassem havia morrido, mas tudo estava igual: só a água parada e cadáveres boiando a sua volta. Ela tentou se livrar da ideia do corpo do amado afundando na água e sendo devorado por tubarões, sem um sepultamento adequado.

Angustiada, Doaa olhou o céu novamente, procurando algum sinal do avião, mas viu apenas uma pequena ave preta e cinza. A ave voou para ela e contornou sua cabeça, depois se afastou. Voltou três vezes e sempre parecia olhar diretamente para ela. *Será que isso significa que a terra está próxima?*, ela se perguntou. Não vira uma só ave em quatro dias, nem mesmo uma gaivota. *Isto deve ser um sinal de Deus*, pensou ela. *Talvez alguém venha nos salvar.*

    Pouco depois da partida da ave, ela ouviu o barulho de um motor e localizou o mesmo avião branco no alto. Desta vez entendeu que não podia ser sua imaginação.

    — Amado Deus! — gritou ela. — Mais alguém viu isso?

    Os poucos sobreviventes tinham se afastado e ela estava olhando sozinha, apenas com Malak e Masa. Dois homens nadaram na direção dela — Mohammad, um palestino que ela reconhecia, e um africano que ela não vira antes. Mohammad tinha um colete salva-vidas e o africano se agarrava a um galão de plástico para água. Doaa olhou o céu e viu o que pareciam diamantes caindo como fogos de artifício. Mais uma vez o avião circulou acima dela.

    — É mesmo um avião! — exclamou Doaa, esperançosa. — Cheguem mais perto, assim eles vão nos ver! — disse ela aos homens.

    — Não estou vendo nada — respondeu Mohammad, estreitando os olhos para o céu.

    — Me dê sua garrafa de plástico — exigiu Doaa. Quando ele a entregou, ela a levantou e virou de modo que refletisse o sol e o avião pudesse vê-los. O avião começou a voar mais baixo e, ao fazê-lo, os três agitaram os braços, gritando: "Socorro! Salvem-nos!"

    Mas então o avião de repente desapareceu e o sol caiu lentamente no horizonte. Doaa rezou: *Por favor, Deus, eles devem ter nos visto*, em pânico com a ideia de passar outra noite na água escura como breu.

    Agora o sol estava em seus olhos e os raios ofuscavam a visão, mas ela ainda varria o horizonte, com esperança. Quando localizou um enorme navio ao longe, ela pediu a Mohammad, que estava perto:

— Fique comigo, por favor, ajude-me a alcançar o navio! — Doaa sabia que não podia nadar segurando as duas crianças.

— Não consigo mais ficar me mexendo na água — disse-lhe Mohammad. — Estou cansado demais. Vou nadar até o navio e dizer a eles para virem aqui e pegar você.

Os dois homens partiram e Doaa os observou lutar para nadar à embarcação, até que ela não conseguia mais enxergar Mohammad. Mas o africano ainda era visível e ela se perguntou por que ele tinha parado de repente, quando estava tão perto de ser resgatado, até que ela percebeu que ele não se mexia em absoluto. Ele morreu justamente quando estava prestes a ser salvo.

A noite caiu e Doaa não conseguia mais ver o navio nem qualquer outra coisa no escuro. O mar estava revolto e algo esbarrou em sua boia. Ela se virou e viu que era o corpo do africano. Seu rosto estava inchado e os olhos, arregalados. Doaa gritou e empurrou o corpo para longe, mas a força da correnteza o trazia de volta, esbarrando nela repetidas vezes. Ela transferiu as crianças para o meio de seu tronco. Segurando-as com um só braço, ela usou toda a força que lhe restava para remar com a mão livre na direção em que vira o barco pela última vez.

Mas sentia que não chegava a lugar nenhum. Virou-se e olhou para trás. Ao longe, viu as luzes de outro navio grande. Pegou um pouco de água na mão em concha para jogar nos rostos das crianças e mantê-las acordadas.

Como vou alcançar esse navio?, perguntou-se ela. *Está longe demais. Amado Deus, tenho o desejo de chegar lá, por favor, dai-me as forças!*

Ela passou a remar para a embarcação com um só braço, o outro envolvendo as duas garotinhas. Não se importava com o que acontecesse com ela, mas se Malak e Masa sobrevivessem, ela sentia que sua vida teria significado alguma coisa. Duraria tempo suficiente para saber que tinha salvado as meninas, depois podia, enfim, parar de lutar e ficar mais uma vez com Bassem.

DEZ

Resgate na hora da morte

O navio-tanque químico CPO *Japan* estava navegando pelo Mediterrâneo para Gibraltar quando chegou um chamado de socorro da guarda costeira maltesa: um barco carregando refugiados tinha afundado e era requisitada a assistência de todas as embarcações disponíveis. A lei internacional exige que todos os navios devem "prestar assistência a qualquer pessoa encontrada no mar em perigo de ser perdida". O capitão do *Japan* ouviu o chamado e mudou de curso. Designou que vigias extras assumissem posições por todo o convés de carga. As tripulações de barcos de toda a região costumavam ficar atentas a refugiados imigrantes que se arriscavam na travessia do Mediterrâneo, sabendo com quanta frequência essas tentativas acabavam em morte. A tripulação do *Japan* faria o que pudesse para salvar qualquer sobrevivente. Mas, quando chegaram às coordenadas dadas pelo chamado de socorro, só o que viram foi um monte de corpos inchados flutuando na água.

O navio reduziu a velocidade para não bater nos corpos. Eles souberam de um cargueiro, já na região, cuja tripulação havia salvado cinco pessoas, mas estava prestes a encerrar a operação de resgate porque escurecia. Tentar encontrar mais corpos no escuro seria inútil.

Desde o início da crise europeia dos refugiados em 2014, navios mercantes tiveram um papel indispensável no salvamento de vidas, à medida que um número sem precedentes de refugiados imigrantes tentava a jornada perigosa através do mar Mediterrâneo. No ano do naufrágio de Doaa, embarcações comerciais resgataram aproximadamente 40 mil pessoas. Porém, todas estavam mal equipadas para operar como barcos de busca e resgate e toda tentativa de resgate custava tempo e recursos à empresa de navegação.

O capitão do CPO *Japan* pensou que tinha feito sua parte. Atendeu ao chamado de socorro e ninguém podia culpá-lo por manobrar o navio e continuar no curso. Mas, enquanto olhava os cadáveres flutuando a sua volta, decidiu ordenar à tripulação soltar o barco salva-vidas no mar. *Se a outra embarcação encontrou cinco vivos, talvez houvesse outros*, pensou ele. Não suportava desistir quando só o que conseguia ver na luz moribunda eram cadáveres.

Um consenso silencioso e determinado prevaleceu entre a tripulação que se lançava à busca. Eram apenas marinheiros mercantes, homens do Leste Europeu e das Filipinas que tinham se reunido para tripular o navio. Embora não fossem profissionais do resgate, não podiam abandonar a cena sem ao menos tentar.

O vento aumentava, a água estava agitava e a visibilidade era fraca. Três tripulantes subiram em um barco salva-vidas fechado, e outros manejavam as polias para baixá-lo lentamente no mar. Aquele modelo de alta tecnologia foi projetado para percorrer águas revoltas em mar alto e continuar impermeável. Eles passaram por dezenas de corpos flutuando enquanto partiam. "Não peguem os mortos", disse-lhes o capitão pelo rádio, "procurem apenas sobreviventes."

Os tripulantes contornaram a área, mas só encontraram mais cadáveres. Parecia que sua busca era inútil, mas de repente a voz do capitão estalou no rádio. No navio, um vigia na proa tinha ouvido o que pensava ser a voz de uma mulher pedindo socorro. Em algum lugar lá fora ainda havia alguém vivo. Os homens no barco salva-vidas foram para a proa, na esperança de localizar a origem dos pedidos de socorro.

O vento ficava mais forte enquanto eles continuavam a busca, dificultando que distinguissem qualquer coisa com aquele barulho. Periodicamente, desligavam o motor do barco para ouvir melhor. De vez em quando, distinguiam os ecos fracos da voz de uma mulher, mas a cada vez parecia vir de um lado diferente. "Continue gritando!", eles berravam sem parar, sabendo que, se ela não o fizesse, eles jamais poderiam encontrá-la.

Depois de quatro dias e noites no mar sem nada para comer ou beber, as forças de Doaa a deixavam. Os braços doíam e ela estava tão tonta que tinha medo de desmaiar. Não conseguia mais sentir a parte inferior das pernas e a garganta estava áspera de gritar sem parar. Ela queria desistir, mas o peso de Masa e Malak descansando em seu peito a enchia da determinação de viver. Ela continuou remando para ficar à tona e a cada impulso da mão na água gritava: *"Ya Rabb!"* [Ah, Deus!] Mas sua voz parecia desaparecer no vento.

Ela havia localizado o *CPO Japan* quando ele se aproximou e parecia estar tão perto, mas agora não conseguia enxergá-lo. *Para onde teria ido?*, ela se perguntou enquanto a dúvida penetrava em sua mente e ela ficava cada vez mais certa de que ela e as meninas morreriam antes que alguém as encontrasse.

E então, como se Alá tivesse respondido a suas orações, Doaa ouviu vozes chamando. Conseguiu distinguir algumas palavras em inglês: "Onde você está? Continue falando, vamos seguir sua voz e encontrar você!". De repente, uma onda a balançou e as vozes ficaram abafadas, como se vagassem para longe. Então elas pararam completamente.

Frenética, Doaa procurou se lembrar da palavra inglesa para "socorro". Como a palavra não lhe veio, ela usou qualquer outra que sabia e todas as suas forças restantes para projetá-la. *Não conseguem me ver?*, ela se perguntou enquanto olhava pela água, preocupada que talvez não estivesse produzindo som nenhum, ou que fosse uma alucinação. Mas viu o farol de busca varrendo o mar de um lado a outro e a cada vez que ela gritava, a luz se aproximava mais. Ela desejou que o facho de luz a iluminasse na boia enquanto ela remava freneticamente para ele. Sua determinação de salvar Malak e Masa lhe dava uma força que nem sabia que ainda tinha.

Agora as meninas mal se mexiam, começando a perder a consciência. Doaa espirrava água em seus rostos para mantê-las acordadas e, com a maior rapidez que podia, contornava os corpos na direção do som de sua única esperança. Não podia deixar que Masa e Malak morressem, agora que o resgate estava tão perto.

A boca de Doaa estava tão seca que o que saía dela parecia produzir um rangido através dos lábios. Ela não sabia quanto tempo podia continuar gritando ou mantendo a si mesma e as meninas à tona. Mas seu medo de que se parasse de gritar os homens do resgate desistissem e as meninas morressem a fazia continuar. Então, Masa e Malak estavam flácidas, deitadas e apáticas em seu peito. Doaa sentia que o sangue delas circulava por suas próprias veias e que os três corações batiam em uníssono. A vida delas dependia de ela alcançar aquele barco de resgate. *Depois que Masa e Malak estivessem a salvo, pensou, posso voltar ao local onde Bassem se afogou e ficar com ele de novo.* Era reconfortada pela ideia de que tinha apenas de aguentar um pouco mais, depois poderia descansar e ficar com Bassem.

Enfim, depois de duas horas, um marinheiro olhou pela escotilha do bote salva-vidas e gritou: "Eu a vejo!" De repente, o farol de busca balançou-se para Doaa. Uma cápsula vermelha e futurista do tamanho de um ônibus pequeno flutuava diante dela, como algo saído de um filme. No início, ela pensou ser fruto da imaginação; não era nada parecida com nenhum outro barco que tenha visto na vida. Os homens no barco olhavam para ela assombrados, chocados ao ver uma jovem tão magra flutuando em uma boia inflável comum, como a metade inferior do corpo dentro da água.

Uma porta lateral se abriu e algo que parecia a entrada de uma jaula saiu dali. Um homem na entrada chamou Doaa e lhe estendeu uma vara. Doaa a segurou firme enquanto eles a puxavam com as meninas para dentro. Ao se aproximar do barco, Doaa falou com os homens do outro lado da vara, com a voz fraca, mas num tom urgente, porém logo percebeu que eles não entendiam uma palavra do que ela dizia.

Quando enfim Doaa alcançou o barco, os homens seguraram seus braços e pernas para tentar trazê-la para dentro com eles, mas ela resistiu. Com o que restava de sua voz, Doaa pediu em árabe aos homens do resgate que salvassem Malak e Masa. Freneticamente, apontava o próprio peito e levantava seu casaco fino, revelando as duas crianças pequenas deitadas ali, o braço fraco as envolvendo. Os homens ficaram espantados. Não só esta jovem de aparência frágil sobreviveu quando muitos outros tinham morrido, como também, de algum modo, manteve vivas duas crianças novas. Um dos oficiais do navio, Dmytro Zbitnyev, pegou a primeira criança dos braços de Doaa, depois a segunda, e as passou com cuidado a seus companheiros tripulantes, que as enrolaram em cobertores térmicos e as aninharam nos braços, aquelas vidas mínimas tão preciosas em meio a tanta morte. Por fim, Dmytro estendeu o braço para puxar Doaa para o barco. Mas novamente ela resistiu.

Eu amo profundamente essas meninas. Por favor, que elas fiquem bem, pensou ela enquanto imaginava o meigo sorriso de dois dentes de Malak. *Pelo menos agora elas estavam a salvo e não preciso mais lutar por elas. Agora posso me juntar a Bassem.* Sozinha pela primeira vez em dias e tomada de alívio por ter cumprido seu dever, Doaa puxou os joelhos para cima, a fim de se afastar do barco. *Quero voltar a Bassem e morrer com ele.* Doaa não sabia se havia dito isso em voz alta ou não.

Naquele momento, um dos tripulantes alcançou sua perna, arrastando Doaa para mais perto, de modo que eles pudessem puxá-la para dentro do barco e o interior aquecido. Ela estava delirante de sede e exaustão e começara a perder a noção do que era real e aquilo que seria apenas sua imaginação. *Não suporto viver sem ele*, pensou. Mas embora se resignasse a perecer no mar com Bassem, também estava fraca demais para resistir aos homens que tentavam salvá-la. Mesmo com todo o peso da completa exaustão, Doaa ainda não pesava muito e Dmytro facilmente a levantou para dentro do barco e a deitou com cuidado no chão. Doaa foi imediatamente enrolada em um cobertor e alguém colocou uma esponja úmida em seus lábios para que ela obtivesse alguma hidratação. Sentindo o gosto de água fresca, ela teve mais sede do que passou em todos aqueles dias que ficou boiando no mar. Gesticulou pedindo mais e tentou estender a mão para a garrafa de água, mas não conseguia se mexer. Um homem levou um canudo aos lábios rachados, assim ela pôde encher a boca com o líquido transparente e puxá-lo para dentro de seu corpo ressequido. A água tinha um gosto celestial, mas Doaa a bebeu com tal rapidez que acabou vomitando.

Enquanto isso, Masa e Malak não se mexiam.

— Temos de fazer tudo que pudermos para mantê-las vivas! — ordenou Dmytro aos colegas antes de se comunicar pelo rádio com o oficial em comando do navio, pedindo que alertasse a guarda costeira e solicitasse um helicóptero de resgate.

Dymitro olhou em volta, assombrado, e por fim se perguntou: "Será que é um milagre? Ou destino? Que marinheiros mercantes como nós, que não são treinados em busca e resgate, encontrem uma pessoa nessas condições no mar é como achar uma agulha em um palheiro. E com o mau tempo não é possível que elas sobrevivessem mais uma hora nessa boia pequena."

Doaa ficou deitada e flácida no barco salva-vidas, fraca e emaciada, incapaz de mover um músculo enquanto eles tomavam o caminho de volta ao *Japan*. Ela sentia as ondas empurrando o barco salva-vidas contra o grande navio enquanto eram necessárias várias tentativas para que ele pudesse ser içado e preso de volta à embarcação. Quando enfim subiram a bordo do *Japan*, os homens a retiraram e a colocaram com cuidado em uma maca. Ela perdera de vista Masa e Malak, mas viu olhos curiosos, preocupados e gentis ao redor. Ninguém falava árabe, mas eles entenderam quando ela lhes disse que não era mãe de Masa e Malak.

Doaa ficou deitada na maca, tremendo nas roupas molhadas. Um homem estendeu um macacão laranja bem passado a ferro, igual àquele usado por todos os membros da tripulação. De algum modo ela conseguiu comunicar que queria se vestir sozinha e privadamente. Eles pareceram entender e formaram um círculo em volta dela com cobertores, de costas para Doaa, assim ela podia discretamente retirar as roupas molhadas, sentada no convés e vestir o macacão. Aquilo consumiu todas as forças que restavam em seu corpo. Enquanto ela passava a mão na cabeça que martelava, seus dedos roçaram no elástico branco que prendia o cabelo. Ela se lembrou do sorriso de Bassem quando o deu a ela, e aquele pensamento a fez chorar. Dominada pela emoção e repentinamente sentindo-se exposta, Doaa ansiava por um lenço para cobrir a cabeça. Jamais em sua vida ficou com a cabeça, descoberta diante de homens que não fossem de sua família. Procurando conforto, Doaa apalpou seu pescoço em busca de outro presente que teve tanto significado quando Bassem lhe deu. Os pingentes pendurados no colar amado eram de uma bandeira da oposição síria e uma cápsula de bala que Bassem havia recolhido em Daraa antes de fugir.

Recompondo-se, Doaa examinou a pilha de roupas e os documentos que havia embrulhado com tanto cuidado em plástico e estavam a sua volta. Eram os únicos pertences que lhe restavam e ela ficou aliviada por ainda estarem intactos. Um por um, com toda a confiança que lhe restava, ela os entregou a um dos homens que a haviam retirado da água: os passaportes dela e de Bassem, seu contrato de noivado, os 500 euros em notas enroladas, seu celular e seu precioso Alcorão. Em seguida desmaiou no convés, tendo consumido o que restava de suas forças. Os tripulantes a ajudaram a voltar à maca e a carregaram para o convés inferior, entrando numa cabine pequena. Com cuidado, colocaram-na em uma cama e puseram um travesseiro macio sob sua cabeça, depois a cobriram com um cobertor quente.

O posto da guarda costeira mais próximo ficava na Grécia, na ilha de Rodes, longe demais para que um helicóptero de resgate alcançasse a localização atual do navio-tanque. Em vez disso, a tripulação recebeu instruções para seguir à ilha grega de Creta, assim o helicóptero poderia encontrá-los na costa sudoeste. Levaria pelo menos quatro horas para chegar àquele ponto de encontro e à ajuda médica desesperadamente necessária para Doaa e as meninas. O capitão olhou o mar, depois colocou os motores a toda a velocidade.

Enquanto isso, na coberta, alguns tripulantes cuidavam de Masa, Malak e Doaa com todo o treinamento em primeiros socorros que conheciam. Um homem abriu uma embalagem de uma barra de chocolate e ofereceu a Doaa. Ela deixou que ele derretesse na língua. O sabor era maravilhoso, mas o açúcar subitamente ficou preso em sua garganta, ela teve um acesso de tosse incontrolável e sua respiração ficou curta. Alguém colocou uma máscara de oxigênio em seu rosto e ela logo relaxou. Sentia que ainda estava boiando no mar e quando abriu os olhos mal conseguia acreditar que estava em um navio, a salvo.

Doaa entrava e saía do sono naquela noite. Em certo momento, acordou e descobriu que a tripulação tirava fotos e selfies com ela. Mas ela não se importou. Sabia que eram boas pessoas e se sentia segura com elas por perto. Deus as havia enviado a elas, pensou Doaa, enquanto cochilava novamente. Doaa foi acossada por sonhos com afogamento e asfixia. Uma vez, acordou com ânsias de vômito. No sonho, estava presa dentro da água, tentando alcançar o ar na superfície. Ela acordou com um sobressalto e ficou surpresa ao encontrar um dos homens em sua cabine baixando suas roupas ao lado da cama. Elas foram lavadas, meticulosamente passadas, dobradas e tinham cheiro de sabonete. O homem depois colocou com cuidado seus documentos, o dinheiro e o Alcorão por cima da camiseta e guardou tudo num saco plástico. Aquele pequeno gesto de gentileza reconfortou Doaa e ela voltou a se deitar na cama e a fechar os olhos.

Enquanto Doaa lutava com seus pesadelos, a tripulação tentava desesperadamente salvar as meninas pequenas. Um tripulante falava pelo rádio com um médico da guarda costeira maltesa, que lhe passava instruções. Como não havia médico a bordo, a tripulação recorria a seu treinamento mínimo em primeiros socorros. O tripulante disse ao médico que as duas meninas estavam péssimas — continuavam inconscientes, a respiração era superficial e a temperatura corporal era perigosamente baixa. As condições de Doaa também eram ruins; ela estava fraca e só conseguia falar lentamente e de forma ininteligível. Mas as meninas pequenas pareciam à beira da morte. O médico aconselhou o tripulante a oferecer apenas pequenos goles de água morna e a enrolar as crianças em cobertores, com garrafas de água quente por dentro. Provavelmente as meninas sofriam de hipotermia e seus corpos precisavam se aquecer lentamente. Um vigia foi designado para monitorar sua respiração e medir continuamente a temperatura.

Cinco horas depois de ter sido retirada da água, Doaa ouviu o barulho de um helicóptero. Agitada do sono, ela encontrou tripulantes entrando às pressas em sua cabine, gesticulando para ela que estava na hora de partir. Ela tentou se levantar, mas as pernas vergavam sob seu peso e ela caiu de volta na cama. Seis homens cercaram a cama e a ergueram com ela, carregando Doaa ao convés superior, onde o helicóptero pairava e um cesto de resgate articulado baixava lentamente ao convés. O fundo do cesto era uma estrutura quadrada de metal e corda presa a um cabo por uma malha de cordas grossas com amortecedores de borracha. Quando retesadas, as cordas formavam uma gaiola forte e piramidal. O vento vergastava o cabelo de Doaa e ela sentia frio enquanto um homem de colete e capacete a pegava no colo e colocava dentro do cesto. Ela estava tão fraca que não conseguiu se sentar. Um homem se ajoelhou ao lado dela na abertura, segurando as cordas e sorrindo tranquilizador enquanto eles subiam ao helicóptero. Sentindo-se segura no abrigo no cesto, ela olhou a água escura e revolta abaixo. Pensou: *Não posso jamais voltar a odiar o mar, porque agora Bassem faz parte dele.* Ela se lembrou de parte das últimas palavras do noivo: "Se eu morrer, só quero que você seja feliz."

Dois braços fortes se estenderam do ventre do helicóptero para puxá-la para dentro da cabine. Doaa ficou surpresa ao descobrir que outros sobreviventes já estavam em seu interior. O primeiro que ela viu foi Mohammad — o homem que havia nadado para o primeiro barco de resgate com o africano atrás dele naquele mesmo dia, prometendo voltar a ela, porém jamais retornando. Aquele barco, afinal, foi uma ilusão. "Você está aqui", disse ele sem emoção quando a viu. Doaa evitou os olhos dele. Não tinha nada a dizer à pessoa que não voltou para salvá-la. Depois, ela notou Shoukri, o palestino arrasado que perdera a mulher e dois filhos pequenos logo após o naufrágio. Estava sentado em silêncio e olhava o mar por uma janela. Ela reconheceu outros dois homens, mas não conseguiu se lembrar de seus nomes. E, aninhada nos braços de um tripulante do helicóptero, estava a pequena Masa, bem enrolada em um cobertor de fleece branco. Os pés descalços e mínimos saíam pela ponta, virados de lado. Ela não se mexia. *Por favor, por favor, que ela esteja viva,* rezou Doaa. Ela procurou freneticamente nos bancos por Malak, mas não conseguiu encontrá-la. Talvez estivesse prestes a ser içada do navio, pensou Doaa. Mas então a porta se fechou e o helicóptero arremeteu para a frente. Nenhum outro sobrevivente foi trazido para bordo. Doaa chamou a atenção do único tripulante do helicóptero:

— Malak?! — exclamou ela, desesperada. — A bebê?!

Mas havia barulho demais no helicóptero e ela não conseguiu entender a resposta do homem e, mesmo que entendesse, ele falava inglês. Ela perguntou novamente e dessa vez um dos outros sobreviventes traduziu para ela. A pequena Malak morreu, ele repassou a Doaa. A tripulação fez tudo o que pôde para ressuscitá-la, mas ela faleceu. A respiração de Doaa ficou presa na garganta ao ouvir essa notícia e, então, chorou. Sentia que seu coração estava sendo arrancado do ponto exato no peito onde Malak havia aninhado a cabeça. Doaa não suportou a injustiça disso. Malak sobrevivera durante quatro dias no mar apenas para morrer depois de ser resgatada. Doaa preferia ter morrido e Malak sobrevivido. Atormentada de tristeza, Doaa perguntou-se se o bebê teria sobrevivido se ela tivesse insistido em mantê-la a salvo nos braços enquanto cantava cantigas e recitava versículos do Alcorão, como havia feito na água. Um médico se aproximou de Doaa com um ar preocupado e tomou sua pulsação. Depois se virou abruptamente e foi rapidamente a Masa, deitando-a de costas e começando uma ressuscitação cardiopulmonar, com a base da mão pressionando seu peito. Doaa prendeu a respiração. Não suportaria perder Masa também. Depois de alguns minutos tensos, o médico parou as compressões no peito e se sentou com um sorriso aliviado. Masa respirava novamente e uma leve esperança palpitou no coração de Doaa.

Depois de uma hora, o helicóptero pousou em uma base militar perto da cidade portuária de Chania, no Oeste de Creta. Duas ambulâncias esperavam do lado de fora. Enquanto o sol nascia no horizonte, Doaa foi colocada em uma maca e levada dali.

Quando despertou, Doaa estava em um leito hospitalar e um policial estava junto dela falando em uma língua que ela nunca ouvira. A seu lado havia um homem com a idade aproximada de seu pai que falou com ela em árabe com sotaque egípcio. Perguntou seu nome e de onde ela era, explicando que estava a salvo em um hospital grego. Começou a traduzir as perguntas do policial: de onde o barco partiu? Quem estava nele? Quantas pessoas? Para onde iam? Quem eram os contrabandistas? Como o barco afundou? As perguntas deixaram Doaa tonta e ela queria voltar a dormir. Contou-lhes com a maior rapidez que conseguiu que uma gangue de homens maus afundou o barco de propósito e que quase todos os quinhentos passageiros tinham se afogado. O policial perguntou a Doaa se as meninas que foram resgatadas com ela eram suas filhas. Quando ela negou com a cabeça, ele perguntou: "Como é possível que não sejam suas?" Ela achou esta pergunta estranha, mas explicou que o bebê que ainda estava vivo era Masa e que era da Síria, como Doaa, e que a outra menina, Malak, era de Gaza e a única sobrevivente de sua família de 27 pessoas que também estavam no barco, mas que ela havia morrido. Chorando, Doaa contou-lhes que as meninas foram confiadas a ela por seus familiares e ela tentou mantê-las vivas. Novamente dominada pela tristeza ao pensar no falecimento de Malak, Doaa chorou sem parar, até cair em um longo sono.

Quando acordou, Doaa via que agora estava em um grande quarto de hospital com outros pacientes. Ela retirou os cobertores e olhou seus braços e pernas, viu que estavam cobertos de feios hematomas roxos e pretos. Doaa tentou se levantar para ir ao banheiro, mas caiu. Enquanto tentava se levantar do chão, uma dor aguda rasgou suas pernas e ela se perguntou se teria perdido a capacidade de andar. Além da dor nas pernas, os músculos dos braços doíam de segurar Masa e Malak por tanto tempo na mesma posição. Uma enfermeira veio apressadamente a Doaa e, com cuidado, colocou-a em uma cadeira de rodas e a empurrou ao banheiro. Doaa gesticulou que queria privacidade e a enfermeira fechou a porta. Uma vez sozinha, Doaa se impeliu com as mãos e se apoiou na pia, olhando seu reflexo no espelho. Quase não reconheceu o próprio rosto. Estava queimado de sol e descascava, e seus olhos davam a impressão de pertencer a uma estranha que a fitava com uma expressão desamparada. Ela passou os dedos pelo cabelo desgrenhado e chumaços grandes vieram em sua mão. Doaa deve ter gritado, porque a enfermeira abriu repentinamente a porta e entrou com um olhar preocupado. Ajudou-a a voltar à cadeira de rodas e a levou de volta ao leito. Doaa ficou aliviada por se afastar do reflexo assombrado dela mesma naquele espelho.

De volta ao leito hospitalar, Doaa pensou em telefonar para a mãe, mas não sabia o que iria dizer. Como contaria a ela o que aconteceu? Além disso, sentia vertigem e desorientação demais e não conseguia se lembrar de nenhum número telefônico. Doaa pegou seu celular e tentou ligá-lo, mas ele estava morto. Ela olhou para o aparelho e pensou: *Eu me sinto morta também, embora esteja viva.*

A pequena Masa fora levada a outra clínica, o Hospital Universitário de Creta, em Heraklion, onde estava na unidade de cuidados intensivos da pediatria. A dra. Diana Fitrolaki, que supervisionava o tratamento de Masa, disse que a menina estava à beira da morte quando chegou. Sofria de falência renal aguda, hipotermia e grave desidratação. Estava letárgica e semiconsciente. A médica teve medo de que a criança, se sobrevivesse, ficasse com danos cerebrais. O hospital jamais vira um caso como o de Masa e a equipe trabalhava 24 horas por dia para fazer todo o possível, a fim de salvá-la. Ela foi colocada em ventilação mecânica e com um tubo intravenoso para restaurar os níveis de glicose e de fluidos. A equipe a batizou de Nadia e frequentemente a pegava nos braços e cantava para ela, sem jamais deixá-la sozinha.

Logo a imprensa chegou, e a luta de Masa pela vida ganhou as manchetes da Grécia. Uma foto dela em seu leito hospitalar, olhando para a câmera com olhos arregalados e tristes, foi impressa nos jornais e apareceu on-line. No quarto dia depois do resgate, o diretor do hospital, Nikos Haritakis, falou com a imprensa: "A criança batalhou com o mar por dias e noites. Quando chegou aqui, estava completamente desidratada, queimada pelo sol e sofria de uma multiplicidade de desequilíbrios bioquímicos. Entretanto, foi retirada do suporte mecânico em apenas quatro dias. Tem uma consciência excelente de seu ambiente, está comendo e bebendo normalmente e goza de boa saúde. Uma criança tão nova poderia ter sofrido danos cerebrais irreversíveis pela desidratação."

Assim que saiu a notícia de que o bebê milagroso sobrevivera a um naufrágio de quatro dias no mar, os telefones do hospital se alvoroçaram de ligações de famílias gregas querendo adotá-la. O diretor Haritakis estima que foram cerca de quinhentas propostas. Ninguém conseguia resistir à criança que havia sobrevivido em situação de desvantagem tão inacreditável.

Enquanto isso, depois de quatro dias de tratamento, Doaa recuperava-se lentamente, pelo menos no aspecto clínico. Foi transferida para um lar de idosos, a fim de completar sua recuperação. A imprensa chamava Doaa de heroína por salvar a bebê Nadia e por sobreviver tanto tempo no Mediterrâneo. O egípcio que servira de intérprete quando ela despertou na Grécia vinha visitá-la com frequência, levando sua esposa. Eles lhe compraram roupas e se ofereceram para levá-la para sua casa. Tinham quatro filhas, uma delas da idade de Doaa. Ela seria bem-vinda e não teria problemas, garantiu-lhe o casal, e, além disso, estava sozinha em um país desconhecido e precisava de proteção. Como alternativa, as autoridades gregas se ofereceram para lhe providenciar um pequeno apartamento, com um estipêndio e a oportunidade de conseguir asilo.

Doaa sabia que não tinha condições de morar sozinha em um país estrangeiro e, assim, decidiu aceitar a oferta da família egípcia. Depois de dois dias num lar para idosos, mudou-se para o apartamento deles em Chania. Eles haviam preparado uma cama para ela no quarto das meninas. O lar modesto e aconchegante, os rituais familiares e a culinária egípcia logo tranquilizaram Doaa.

Porém, ela sabia que os pais deviam estar doentes de preocupação. Não tinham notícias dela há mais de uma semana e Doaa esteve por demais doente e desorientada quando de sua estada no hospital para tentar falar com eles. Sempre que pegava o telefone, era um esforço se lembrar dos números, e quando ela pensava no que ia dizer, a ideia de articular o que havia acontecido com ela e Bassem a exauria e ela só queria dormir. Mas Doaa sabia que um dia teria de ligar para eles. Doaa se esforçou para se lembrar do número deles ou de uma das irmãs, ou de amigos, mas não conseguia. Então, teve a ideia de retirar o cartão SIM de seu celular morto e inserir em um aparelho que seus anfitriões haviam lhe dado. Lembrava-se de que quando mandava fotos para amigos pelo serviço de mensagens WhatsApp, o número telefônico do receptor aparecia abaixo das fotos. Com o telefone novo, ela abriu o serviço de mensagens e percorreu a lista de contatos. O primeiro número que viu de alguém que podia ser útil era de uma de suas amigas no Egito. Ela discou o número, mas era o meio da noite e ninguém atendeu. Sentindo-se lenta e cansada, Doaa continuou a examinar o telefone. Por fim, encontrou uma foto que a irmã Ayat, que agora morava no Líbano, havia lhe mandado. Acima da foto estava o número de Ayat, que Doaa discou imediatamente.

Depois de vários toques, ela ouviu a irmã, sonolenta:
— Alô?
— Ayat, é Doaa! — Ainda era um esforço falar e a voz de Doaa lhe parecia estranha, depois de todos os pedidos de socorro aos gritos.
— Doaa! Onde você esteve? — Ayat parecia aliviada e Doaa quase chorou ao ouvir a voz dela.

Ela disse a Doaa que a mãe havia telefonado dois dias antes, desesperada para saber se haveria alguma notícia de sua irmã. Foi nesta ocasião que Ayat soube que Doaa e Bassem estavam em um barco para a Itália e que deveriam ter chegado há muito tempo. Desde então, Ayat ficou preocupada.

— Onde está Bassem?
— Bassem está dormindo na mesquita, porque somos todas mulheres aqui e ele não pode ficar conosco.

Doaa mentiu. Não tinha coragem de contar à irmã mais velha que Bassem havia morrido. Pronunciar as palavras tornaria o fato mais real. Abruptamente, ela disse a Ayat que precisava desligar, porque estava usando um telefone emprestado.

— Você precisa ligar para a mãe e dizer a ela que você está bem!

— Ligarei para ela, mas não consigo me lembrar do número. Por favor, me dê e eu ligarei — prometeu Doaa antes de rapidamente desligar o telefone.

Doaa não conseguia raciocinar direito e nem dormiu pelo resto da noite, com medo do que contaria a sua família sobre Bassem. Nem mesmo conseguia se lembrar mais do que era real e do que havia imaginado. Durante dias, só pensara em sobreviver e manter vivas as meninas pequenas. Agora, porém, não sabia o que fazer. Masa e Malak lhe deram um propósito; agora, Doaa não tinha nenhum. Antes, todos os seus planos eram construir uma vida com Bassem. Agora, ela estava sozinha. Se falasse com os pais, teria de confessar que ele morrera e que aquilo significava que ela teria de pensar em como viver sem ele e também em enfrentar seu sentimento de que foi responsável por sua morte. Quando Bassem quis voltar durante a viagem de ônibus até o barco, ela insistira que eles seguissem em frente, apesar das próprias premonições.

Quando entendeu que não podia mais esperar, ela pegou o telefone para ligar para a mãe.

Desde o momento em que se despediram de Doaa e Bassem, Hanaa e Shokri ficaram cheios de preocupação. Hanaa teve o pressentimento de que jamais os veria de novo. Depois do último telefonema de Doaa para informar aos pais que ela e Bassem estavam quase chegando à praia da qual partiria a embarcação, Hanaa e Shokri ficaram dentro de casa pelo maior tempo possível, evitando qualquer um que pudesse perguntar se eles tinham notícias. Quando se passaram cinco dias sem notícia nenhuma, Hanaa ficou fora de si de preocupação. A viagem deveria levar no máximo quatro dias. Ela telefonou às amigas de Doaa e pediu que verificassem *"Fleeing from Death to Death"*, uma página do Facebook que acompanhava as viagens de barco de refugiados para a Europa e publicava anúncios quando uma embarcação chegava em segurança. Muitos barcos estavam relacionados na página, mas não aquele que havia partido de Gamasa em 6 de setembro.

Hanaa tentou dizer a si mesma que eles haviam conseguido e só não encontraram um jeito de fazer contato com ela. Ou talvez o barco tenha tido problemas no motor no mar e eles esperavam por resgate. Shokri perguntou-se em voz alta se eles, como antes, não tinham conseguido chegar ao barco e eram incapazes de ligar da prisão. A única coisa que nenhum dos dois dizia ao outro era que talvez Doaa e Bassem tivessem morrido no mar.

Informações conflitantes começaram a chegar por intermédio de amigos e familiares. A caminho da loja, Nawara ouvira um boato de que o barco havia afundado, mas que Doaa e Bassem estavam entre os duzentos sobreviventes. Em outra ocasião, vizinhos disseram a Saja que Doaa e Bassem tinham morrido. As irmãs guardavam esses boatos para si, por medo de que os pais entrassem em pânico.

Cerca de seis dias depois de ter a última notícia de Doaa, Hanaa também ouviu um boato de que o barco havia afundado e não deixou sobreviventes. Ela começou a temer pelo pior, mas ficou calada, sem querer preocupar a família ou admitir para si mesma que Doaa estaria morta. E então, em 18 de setembro, doze dias depois da partida de Doaa e Bassem, um grupo de vizinhos bateu na porta de Hanaa e Shokri, pedindo para entrar, afirmando terem novidades. Pela expressão deles, Hanaa entendeu que era a respeito de Doaa e Bassem, mas teve medo de perguntar. As mulheres foram para a varanda e os homens sentaram-se melancolicamente na sala de estar adjacente.

Justamente quando eles iam falar, o telefone de Hanaa tocou. Ela o atendeu, aliviada com a interrupção do silêncio tenso e o adiamento da notícia que sentia que iam dar a ela.

— Quem fala e o que você quer? — disse ela, numa rispidez que lhe era pouco característica.

— Mãe, sou eu, Ayat! Preste atenção! Doaa está viva! — Rapidamente, Ayat contou à mãe sobre o telefonema que recebeu às 3 da madrugada e que Doaa estava a salvo com uma família na Grécia.

— Graças a Deus! — Hanaa ficou fraca de alívio.

Hanaa contou a Ayat que dias antes soubera de um naufrágio, mas que escondeu a notícia, sem querer que os outros se preocupassem. E então Hanaa perguntou por Bassem.

— Ela me disse que ele estava dormindo em uma mesquita, mas me pareceu estranha — disse Ayat. — Não sei bem. Ela estava desorientada quando falou, mas algo no que disse me soou mal. — Ayat deu a Hanaa o número de Doaa na Grécia, para que ela falasse com a própria Doaa.

Hanaa discou o número assim que encerrou a ligação com Ayat. Atendeu uma mulher, falando em árabe. Hanaa pediu ansiosamente para falar com a filha.

Depois de longos segundos, Doaa atendeu ao telefone:

— Mãe, eu estou bem. Vou ligar para você quando estiver me sentindo melhor. — Ela parecia fraca e distante.

Hanaa foi tomada de alívio, mas não conseguia acreditar que Doaa fosse desligar com tanta rapidez.

— Onde está Bassem?

— Foi ao supermercado — disse Doaa categoricamente.

Hanaa sentiu que havia algo de errado na resposta de Doaa e em sua precipitação para desligar o telefone. Pediu para falar com a anfitriã de Doaa. Quando a mulher voltou à ligação, Hanaa pressionou, querendo detalhes.

— Ela está bem — disse a anfitriã, prometendo que a família trataria Doaa como sua própria filha e a protegeria.

Quando Hanaa perguntou por Bassem, a mulher disse apenas que ele tinha saído, mas não deu maiores detalhes. Hanaa imaginou, pelo tom tenso da mulher, que Doaa estava por perto e, assim, perguntou se elas poderiam conversar em particular. Passaram-se alguns minutos, depois a mulher começou a falar com mais franqueza. Disse a Hanaa que desconfiava de que Bassem tinha se afogado junto com a maioria dos passageiros e que Doaa estava em negação. A mulher disse que Doaa foi uma heroína que sobreviveu por quatro dias na água e salvou um bebê.

— Doaa tem um coração gentil e está a salvo conosco. Agradeça a Deus por ela estar viva.

Depois a mulher cochichou para Hanaa:

— Que Bassem descanse em paz — e se ofereceu para recolocar Doaa ao telefone.

A voz de Doaa era tão fraca que mal podia ser reconhecida.

Hanaa só queria chorar, mas sabia que precisava ser forte para Doaa.

— Diga alguma coisa, minha filha, assim seu pai e nossos vizinhos podem ouvir que é você. — A essa altura, familiares e amigos tinham se reunido em volta de Hanaa depois de saberem que Doaa estava viva. Hanaa colocou o telefone no viva-voz e disse a ela: — Estão todos aqui, perguntando por você.

— Eu estou bem — garantiu Doaa a todos que se reuniam na sala, o máximo que conseguiu dar como resposta.

Todos caíram aos prantos ao ouvir sua voz.

— Descanse, Doaa — disse-lhe Hanaa, prometendo telefonar de novo no dia seguinte.

Toda noite, pesadelos acordavam Doaa com sobressaltos. Ela continuava vendo Bassem escorregar dela para o mar. À medida que esses sonhos lhe vinham repetidas vezes, ela lutava para aceitá-los como a verdade. Aos poucos, a realidade de que Bassem estava morto foi absorvida e, durante o dia, quando Doaa ficava a maior parte do tempo sozinha na casa, a tristeza a consumia.

Em alguns dias, ela ia à varanda do apartamento, olhava o céu e imaginava Bassem ali. "Quem dera você estivesse aqui comigo hoje!", dizia ela com o rosto virado para as nuvens, na esperança de uma resposta. "Minha felicidade está acabada sem você." Em outros dias, Doaa fingia que Bassem ainda estava vivo. Em um devaneio, ela imaginou se encontrando com ele, que andava pela rua comercial principal de Chania, onde eles se abraçariam e retomariam sua história de amor de onde haviam parado. Ela ainda não conseguia admitir a morte dele para a família. Durante um dos telefonemas com os pais, Shokri perguntou como Doaa estava levando a morte de Bassem e a filha respondeu sem pensar: "Ele não morreu, pai, ele está vivo."

Enquanto isso, espalhava-se pela mídia social árabe a notícia da jovem que havia sobrevivido a um dos piores naufrágios de refugiados no Mediterrâneo e salvara uma menina de colo. Amigos e familiares de passageiros desaparecidos procuravam ansiosamente por notícias de seus entes queridos e a história de Doaa lhes deu esperanças. Um amigo da família que a hospedava publicou o número deles em uma página do Facebook para qualquer um que procurasse informações sobre o naufrágio. Centenas de mensagens e telefonemas começaram a aparecer. "Sabe o que aconteceu com minha filha?" "Meu filho está vivo?" "Minha mãe sobreviveu?" "Esta é uma foto de minha irmã; você a viu?" "Você viu meu pai?" "Você viu meu tio?" "Você viu meu amigo?" As mensagens sobrepujavam Doaa, mas ela fez o melhor que pôde para responder, pedindo às pessoas que enviassem fotos para que ela pudesse ver se reconhecia alguém. Como poderia dizer a todos que não havia esperança? Que ela sabia de apenas seis sobreviventes, inclusive ela mesma, ali na Grécia, e outros cinco que foram levados para Malta? E era tudo. Como poderia ela lhes dizer que reconhecia algumas pessoas, mas que foi do momento em que ela os viu se afogar?

Algumas mensagens eram desagradáveis: "Como é possível que você seja uma das únicas a sobreviver? Você deve ter sido ajudada pelos contrabandistas." Ler o massacre das mensagens exauriu Doaa, cada uma delas era um lembrete das mortes que ela havia testemunhado e a fazia reviver sua tristeza com a perda de Bassem e Malak. E, então, uma mensagem de texto, de certo Mohammad Dasuqi, chamou sua atenção: "Doaa, acredito que você salvou minha sobrinha, Masa." Havia, no anexo, a foto de uma menina de colo de vestido azul com calcinha branca. Doaa olhou atentamente a foto. O bebê que sorria para a câmera era de fato a Masa que ela havia aninhado nos braços por quatro dias no mar.

Doaa estendeu o telefone para sua mãe emprestada e exclamou: "Masa tem uma família!" Com um enorme sorriso, Doaa sentiu uma onda de felicidade pela primeira vez desde o naufrágio. Respondeu de imediato à mensagem, aliviada por finalmente poder dar uma boa notícia a alguém: "Sim, é a Masa que foi resgatada comigo!"

Doaa soube que Mohammad Dasuqi, então com 28 anos, era o irmão do pai de Masa, Imad, e morava como refugiado na Suécia com a irmã mais velha de Masa, Sidra, que tinha 8 anos. Ele tinha dinheiro apenas para os dois irem para a Europa e requisitou levar para a Suécia o resto da família, inclusive a própria esposa e a filha bebê, e os pais e irmãos de Sidra, cumprindo os procedimentos de reencontro familiar. Porém, um ano se passou sem documento nenhum e o pai de Masa cansou-se de esperar, decidindo tomar a questão nas próprias mãos e reservar a passagem para sua família. Ele acreditava que como Mohammed e Sidra tinham chegado a salvo, o resto da família certamente chegaria à Europa também. Antes de subir na embarcação, ele tirou uma foto de Sandra e Masa colocadas lado a lado, com coletes salva-vidas de um laranja berrante, o braço de Sandra passado com confiança pelos ombros de Masa. Mandou a foto para o irmão, confiando que logo eles estariam reunidos.

Quando soube do naufrágio e que quase todos a bordo tinham morrido, Mohammad entristeceu-se. Sabia que o irmão, a cunhada e as meninas pequenas estavam naquela embarcação e que provavelmente tinham morrido. Depois, leu sobre a síria de 19 anos que havia sobrevivido e salvado uma menina de colo. Ele viu uma foto da criança resgatada e comparou com aquela que tinha. Masa estava viva!

No dia seguinte ao que Doaa mandou uma mensagem de texto a Mohammad confirmando que Masa estava a salvo, ele pegou um avião para Creta, chegando ao hospital e exigindo ver a sobrinha. Levou quase um ano para que o ACNUR e a embaixada sueca em Atenas confirmassem que Mohammad era parente de Masa e o reconhecessem como seu guardião legal, e assim se concluísse o reencontro. Durante aquele período, Masa ficou aos cuidados de um orfanato em Atenas especializado no tratamento de crianças traumatizadas. Brincava com as outras crianças e rapidamente aprendeu grego. Depois de exames de DNA e audiências no tribunal, enfim Masa pôde se juntar ao tio, à tia, à irmã mais velha e a um primo, que desde então se juntara a ele, para começar uma nova vida na Suécia.

Encontrar a família de Masa representou uma virada para Doaa. A experiência fez com que ela sentisse que seu coração podia começar a se curar. Em momentos fugazes, até acreditava poder ser reunida a sua família e recomeçar a vida. Mas as notícias de casa eram desanimadoras. Nas semanas depois de seu resgate, órgãos de imprensa de todo o mundo solicitavam entrevistas com Doaa, perguntando-lhe sobre as circunstâncias do naufrágio. Várias matérias a citaram acusando os contrabandistas de afundar o barco e de serem responsáveis pela morte de quinhentas pessoas. Ela só compreendeu o alcance — e as consequências — que aquelas entrevistas teriam quando recebeu um telefonema aflito da mãe.

— Alguém me ameaçou, Doaa! — disse-lhe Hanaa no mesmo tom amedrontado que Doaa ouvira da mãe na última vez, quando os egípcios tinham ameaçado estuprar Doaa e as irmãs. — Ele falou: "Diga a Doaa para calar a boca e parar de dar nomes. Sabemos onde você mora."

Foi o primeiro de muitos telefonemas de números desconhecidos, cada um deles ameaçando machucar a família de Doaa.

Hanaa disse a Doaa que deu queixa na polícia e entrou em contato com o ACNUR a respeito dos telefonemas, e ambos levaram as ameaças a sério. Mandaram alguém para conversar com a família e os aconselharam a mudar de casa.

— Não quero me mudar de novo — admitiu Hanaa a Doaa, que, por sua vez, garantiu à mãe que não daria mais nenhuma entrevista, e elas torceram para que os homens as deixassem em paz.

Porém, alguns dias depois, Doaa recebeu outro telefonema angustiado da mãe. Ela estava em casa com a família quando ouviu uma batida na porta. Um egípcio vestido elegantemente estava do lado de fora, pedindo educadamente seus passaportes, afirmando ser agente da polícia. Sem pensar, Hanaa foi buscar os documentos e entregou a ele. Ele os folheou, lendo os nomes em voz alta.

— Foi quando eu fiquei desconfiada — disse ela a Doaa.

Hanaa arrebanhou os passaportes das mãos do homem, perguntando: "Por que o senhor quer nossos passaportes?"

— Só estou verificando se há algum sírio aqui — disse ele, depois partiu abruptamente.

Depois que ele saiu, Hanaa foi à delegacia do bairro e perguntou se eles mandaram um agente a sua casa para verificar as identidades. Quando disseram a ela que não, Hanaa ficou preocupada. E se ela colocou a família em perigo?, ela se perguntou. Em seguida, recebeu uma mensagem de texto cheia de obscenidades que dizia: "Eu sei os nomes de suas filhas."

Logo depois disso, Saja e Nawara estavam voltando a pé para casa quando sentiram que eram seguidas. Olharam para trás e viram um homem alto e muito bem-vestido, segurando na mão direita o que parecia uma faca. Reconheceram que era a pessoa que fora à porta deles pedindo os passaportes e bancando o policial. Apavoradas, elas atravessaram rapidamente a rua e se juntaram a um vizinho que elas sabiam que estava perto. Mais tarde, quando as meninas contaram a Hanaa e Shokri o que tinha acontecido, a família se deu conta de que não havia alternativa senão se mudar. Hanaa telefonou novamente para o ACNUR e representantes os visitaram para ter mais informações. Ela lhes contou toda a história do que havia acontecido com Doaa e sobre as ameaças, inclusive o assédio sexual que as meninas enfrentavam, que obrigou Hanaa e Shokri a retirarem-nas da escola. O representante do ACNUR disse à família que eles estavam qualificados para o programa de reassentamento do ACNUR, em vista de sua situação precária. A Suécia era um dos países que aceitavam refugiados sírios "vulneráveis". "Suécia", disse Hanaa, "era para onde queriam ir Doaa e Bassem".

Doaa estava decidida a fazer todo o possível para retirar a família do Egito. Sua raiva das pessoas que os ameaçavam a arrancou temporariamente da tristeza e a fez entrar em ação. Ela procurou a ajuda de Erasmia Roumana, do ACNUR, a assistente social em quem Doaa passara a confiar. O processo seria longo e complexo, explicou Erasmia. Embora a família de Doaa tivesse um caso forte, a Grécia não tinha um programa estabelecido de reassentamento com outro país da União Europeia. Roumana explicou que Doaa tinha o direito de pedir asilo na Grécia. Se recebesse, poderia morar ali e ter o direito de viajar e por fim de pedir cidadania. Mas o coração de Doaa estava na Suécia; ela e Bassem planejavam começar a vida juntos lá. Como não poderia chegar lá com Bassem, levaria a família e, se não conseguisse levar a família, ela teria de ir sozinha. Depois de chegar à Suécia, ela realizaria sozinha o plano original que teve com Bassem — candidatar-se ao programa sueco de reencontro familiar e levar a família para se juntar a ela.

Todo dia Doaa combatia o desânimo, mas lutar pela segurança da família lhe deu uma nova determinação e nos meses seguintes sua vida começou a se recompor. Sua história havia cativado a imaginação da sociedade civil grega. O prefeito de

Chania apelou a autoridades federais para lhe dar cidadania grega por seu heroísmo. Infelizmente, isso não deu em nada, mas o pedido ajudou Doaa a ver a si mesma sob uma nova luz — como alguém que era corajosa e forte.

E então, em 19 de dezembro de 2014, a prestigiosa Academia de Atenas deu a Doaa o prêmio anual de 3 mil euros por sua coragem. Ela foi a Atenas e o orgulho que sentiu ao aceitar o prêmio pareceu um divisor de águas, e ela começou a vislumbrar o futuro. Disse a si mesma que só pararia de lutar quando reencontrasse a família. Depois disso, estudaria para ser advogada, assim poderia lutar por justiça. Havia visto muito pouco dela em sua vida.

Sofrendo por estar longe da família, ela lutou para superar o desespero e a tristeza que às vezes engolfavam seu espírito. Nos primeiros 19 anos de sua vida, sempre esteve cercada da família. Agora, que estava por conta própria, ela achava mais fácil ficar sozinha com suas lembranças do que partilhá-las. Sentia-se diferente das meninas de sua idade e embora gostasse da companhia de suas irmãs emprestadas, que eram gentis com ela, sabia que elas jamais poderiam entender o que ela havia passado. Ela própria não conseguia encontrar as palavras para expressar o horror das mortes e do sofrimento que havia testemunhado, nem a profundidade de sua própria tristeza. Seu infortúnio ameaçava dominar sempre que ela tentava falar no assunto. Depois do mal que ela vira, era difícil confiar novamente nas pessoas. Doaa sentia que podia cuidar de si mesma e jamais procurar outra pessoa em busca de ajuda para superar seu trauma.

Às vezes, durante os atos normais da vida cotidiana, uma súbita lembrança de seus dias no mar a atingia com tal poder que a dor voltava toda de novo. Certo dia, enquanto estava escovando o cabelo e olhando-se no espelho, ela sentiu o cheiro da colônia de Bassem e se virou para ver se ele estava atrás dela. Amigos no Egito lhe falaram dos boatos de que ele estava vivo, em uma prisão naquele país. Parte dela queria acreditar que fosse verdade, embora quase toda noite sua mente repassasse a cena do afogamento que ocorreu diante de seus olhos. Ela tentava pensar nas várias maneiras em que poderia tê-lo mantido vivo. Depois disso, levava horas para voltar a dormir e na manhã seguinte, quando acordava, tinha esperanças de que as visões da morte dele fossem apenas um sonho e que ele estivesse esperando por ela do outro lado da porta.

No verão de 2015, quase um ano depois de ter sido resgatada, Doaa ainda lutava com sua tristeza, os pesadelos e o medo de que jamais conseguisse tocar a vida. Certo dia ela assistia a uma matéria no noticiário sobre os milhares de refugiados de seu país que chegavam à Grécia. Tinham atravessado o mar a partir da Turquia e seguiam, pelos Bálcãs, para a Áustria, a Alemanha e a Suécia. Ela costumava pensar em pegar seu prêmio em dinheiro e pagar outro contrabandista para ajudá-la a viajar para a Suécia, como os outros refugiados. Mas a equipe do ACNUR, que tentava ajudar a reassentar Doaa, avisou que a viagem era perigosa, em particular para uma jovem que fosse sozinha. Insistiram que ela tivesse paciência e aguardasse outra solução. Eles estavam trabalhando no reassentamento da família dela na Suécia e descobrindo um jeito de fazê-la se juntar a eles. Quando a papelada fosse cumprida, Doaa poderia pegar um avião para a Suécia e recomeçar legalmente sua vida, junto da família. Doaa achava quase impossível continuar paciente ou confiar em alguém que prometera ajudar, mas se isto significava que ela talvez conseguisse colocar a família a salvo, ela tentaria. Até lá, ia se curar no casulo da família que a hospedava.

Um dia, naquele verão, depois de um ano combatendo a tristeza, os pesadelos e o medo de que jamais conseguiria tocar sua vida, Doaa se juntou à família anfitriã em um piquenique na praia. Depois que terminaram de comer, por impulso Doaa se levantou, tirou as sandálias aos pontapés e entrou no mar raso, até a água chegar aos ombros. A água era transparente, fria e parada. Ela ficou ali, prendendo a respiração, depois calmamente deixou o corpo afundar até a água cobrir a cabeça por alguns momentos. Quando saiu e voltou à areia, virou-se para olhar o horizonte e pensou: *Não tenho mais medo de você.*

Epílogo

Doaa estava a salvo em Creta e se curava, mas logo começou a ficar inquieta, preocupada com o futuro. O governo grego lhe ofereceu a oportunidade de pedir asilo. Entretanto, apesar da gentileza das pessoas que a cercavam, Doaa não sentia que a Grécia era seu lar. A cada dia que passava ali, tinha de encarar o mar onde Bassem se afogara, e embora esta visão não mais a enchesse de pavor, ela queria se afastar de tudo que a fizesse se lembrar da água. Ela e Bassem sempre sonharam em ir para a Suécia e ela queria realizar este sonho. Ao mesmo tempo, Doaa também morria de medo pela família; as ameaças dos contrabandistas aumentavam e não havia nada que ela pudesse fazer para ajudar. Sobretudo, sentia falta dos braços amorosos da mãe e de ficar sentada na companhia animada de sua família. Por toda a vida, ela foi cercada de sua tagarelice reconfortante. Isto era algo que nenhuma conversa pelo WhatsApp ou Skype podia substituir. Ela também se sentia responsável pelo perigo que eles corriam e, embora não soubesse como faria isso, estava decidida a retirar todos do Egito para que eles pudessem recomeçar a vida juntos.

Conheci Doaa em janeiro de 2015 e passei várias horas na sala de estar da família que a hospedava, bebendo chá e a entrevistando sobre sua provação. Fiquei impressionada com a determinação que ela demonstrou de contar sua história e logo percebi que ela a confiava a mim por dois motivos — para ajudá-la com sua família a se reassentar em outro país e para alertar outros refugiados que ficassem tentados a fazer a mesma viagem perigosa. Logo ficou evidente para mim que ela sentia a responsabilidade de cuidar da família, assumida em geral pelos filhos mais velhos nas culturas árabes. Doaa sentia que só ela poderia mudar o destino da família. Àquela altura, ela claramente perdera a confiança nos governos para ajudá-la e a fé em que os culpados que afundaram a embarcação fossem encontrados e levados à justiça. "Nós, sírios, não temos apoio, apenas de Deus", disse-me ela. "Talvez exista interesse por nós, mas é tão somente verbal. Estou exausta. Não posso voltar para meus pais, minha família não pode vir para cá. Já ouvi promessas demais, quero ver ação."

Eu estava decidida a levar sua história ao palco global, mas também a ajudá-la a recomeçar a vida na Suécia. Seu heroísmo foi amplamente reconhecido pela imprensa grega e ela ganhou o prêmio anual da prestigiosa Academia de Atenas alguns meses depois de ter sido resgatada. Mas eu sentia fortemente que sua história merecia a atenção de um público global e tinha certeza de que cativaria essas pessoas.

Meus colegas deram entrada em um processo formal para seu reassentamento, incomum nessa época para a Grécia, outro país da União Europeia. Porém, Doaa era tratada como um caso especial — uma jovem traumatizada com uma família em risco

EPÍLOGO

— e assim eles apelaram por consideração especial. Havia um sistema em vigor para reassentamento de países que abrigavam refugiados, como o Egito, e dada a situação precária da família, eles atendiam aos critérios de "vulnerabilidade" do ACNUR. As solicitações de Doaa e sua família estavam relacionadas e foi feito um pedido especial para que eles fossem colocados no mesmo lugar.

Eu estava com Doaa em uma cafeteria ao ar livre em Chania, Creta, em outubro de 2015, quando recebi o telefonema informando que o governo sueco tinha aceitado as solicitações de reassentamento dela e de sua família e que ela teria de se preparar para partir em algumas semanas. Pela primeira vez desde que começamos a trabalhar juntas no livro, vi uma alegria verdadeira em seu rosto. Enquanto eu pedia sundaes para comemorar, ela, em êxtase, telefonou aos pais para contar a novidade.

Em 18 de janeiro de 2016, Hanaa, Shokri, Saja, Nawara e Hamudi embarcaram em um avião do Cairo para Estocolmo, depois tomaram um voo para o aeroporto provincial de Östersund. Foram recebidos no aeroporto por autoridades suecas designadas para o caso e embarcados em um furgão que os levaria a seu novo lar, a algumas horas de carro do aeroporto, no vilarejo de Hammerdal, no Nordeste nevado da Suécia. Naquela mesma manhã, Doaa pegou um avião de Chania para Atenas, depois para Copenhague, Estocolmo, e por fim Östersund. Quando chegou a seu novo lar, por volta do meio-dia, andando com dificuldade pelo metro de neve na entrada, ela estava tremendo de um frio que jamais sentiu na vida. Doaa bateu timidamente na porta de entrada e, segundos depois, Hanaa a abriu, de braços abertos para a filha. Shokri estava atrás dela, com os olhos cheios de lágrimas. Depois de um ano e meio, finalmente Doaa sentia o abraço caloroso de sua mãe e jamais queria deixá-lo de novo.

* * *

Apesar de terem perdido tudo que antigamente os definia — casa, comunidade, meio de vida —, refugiados como Doaa recusavam-se a perder a esperança. Mas que alternativas restavam a Doaa e sua família? Continuarem como refugiados no Egito, com poucas oportunidades de educação formal ou trabalho significativo? Voltar a uma zona de guerra onde o futuro era ainda mais melancólico e, sobretudo, perigoso? Ou se arriscar a se lançar ao mar em um chamado "barco da morte" para procurar a segurança e melhores oportunidades na Europa?

À maioria dos refugiados não resta nada em seu país natal para que eles voltem. Suas casas, seus empregos e as cidades foram destruídos. Desde que começou a crise na Síria em 2011, os combates engolfaram progressivamente todas as regiões e a economia e os serviços entraram em colapso generalizado. Metade da população síria (quase 5 milhões de pessoas) foi obrigada a fugir de seus lares, a fim de salvar a própria vida. Outros 6,5 milhões foram internamente desalojados. Desde março de 2011, mais de um quarto de milhão de sírios foram mortos nos combates e mais de 1 milhão de pessoas ficaram feridas. A expectativa de vida entre os sírios caiu mais de vinte anos e estima-se que 13,5 milhões de pessoas, inclusive 6 milhões de crianças, precisem de assistência humanitária. Porém, metade dessas pessoas carentes está em áreas de difícil alcance ou sitiadas, o que torna a chegada da ajuda muito difícil e, em alguns locais, impossível.

Na época do lançamento deste livro, a guerra síria entrava em seu sexto ano e 5 milhões de refugiados foram para países vizinhos em busca de abrigo em campos desolados no deserto, habitações improvisadas ou prédios de apartamentos em ruí-

EPÍLOGO

nas em cidades do Líbano, Jordânia, Turquia, Egito e Iraque. Todo dia assistem aos noticiários e tomam conhecimento de que suas cidades natais são reduzidas a entulhos e sabem das mortes de amigos e entes queridos, o que tem um profundo impacto psicológico.

As antes acolhedoras comunidades em que eles moram agora estão sobrecarregadas com o fardo de abrigar tantas pessoas em situação de necessidade. No minúsculo Líbano, um país que luta contra a pobreza e a instabilidade, agora 25% da população são de refugiados. Não existem escolas, sistemas de abastecimento de água, saneamento ou abrigos em número suficiente para dar apoio a esta crescente população.

Depois de mais de cinco anos de conflito com pouca perspectiva de paz, muitos sírios agora abandonaram a esperança até mesmo de voltar a seu país natal. Sem lhes restar nada e com seus lugares de exílio sob tensão crescente, os refugiados se sentem compelidos a viajar ainda mais além, a fim de encontrar um porto seguro que também lhes permita instruir os filhos e reconstruir a vida, mesmo que uma viagem dessas signifique se arriscar a morrer durante a perigosa travessia do mar Mediterrâneo.

Foi necessária a onda súbita de sírios chegando à Europa em 2014 e 2015 para despertar os governos a garantir mais apoio aos refugiados na região. De repente, a Europa reconhecia que não podia mais deixar que Líbano, Jordânia e Turquia ficassem sem apoio enquanto refugiados lutavam em meio a condições horrendas. Uma conferência internacional em Londres, em janeiro de 2015, reuniu garantias de financiamento sem precedentes para organizações humanitárias e países anfitriões, bem como para programas educacionais e de emprego. Foi selado um acordo com a Turquia que ofereceu bilhões de dólares ao país em troca de ajuda para evitar a fuga de refugiados, e cercas na fronteira foram instaladas nos Bálcãs para impedir a entrada de refugiados que já estavam na Grécia e desestimular outros de tomar o caminho da Europa. Porém, os auxílios financeiros que se materializaram na esteira da conferência não conseguiam cobrir as necessidades dos refugiados e houve pouca melhoria visível em seu padrão de vida.

A história de Doaa é a história de milhões que vivem no limbo, esperando por asilo e assistindo aos noticiários dos combates em seu país natal. É também a história de potências internacionais envolvidas em rivalidades regionais e de como ou são incapazes de acabar com a guerra ou não estão dispostas a isto.

Doaa e sua família agora recomeçam a vida na segura e generosa Suécia. Doaa, Hanaa e Shokri passam o dia em aulas de sueco, aprendendo a língua, e Saja, Nawara e Hamudi estão matriculados em escolas locais. Mas tenho de perguntar, por que Doaa teve de arriscar a vida, perder o noivo e testemunhar a morte de outros quinhentos para finalmente chegar àquele lugar de refúgio e oportunidade?

E se Bassem tivesse recebido um visto para trabalhar no exterior? E se Masa e sua família tivessem a oportunidade de se reencontrar formalmente com outros familiares que já estavam no norte da Europa? E se nenhum deles tivesse de assumir esse risco? E se houvesse um meio legítimo de chegar à Europa a partir do Egito, a fim de estudar no exterior? Por que não existe um programa de reassentamento maciço para sírios — as vítimas da pior guerra de nossos tempos? Por que as comunidades e países vizinhos que abrigam 4 milhões de refugiados sírios receberam tão pouco financiamento e apoio para infraestrutura e desenvolvimento? E, naturalmente, a principal pergunta: por

EPÍLOGO

que tão pouco é feito para acabar com as guerras, a perseguição e a pobreza que levam tanta gente a fugir para as praias da Europa?

A simples verdade é que os refugiados não arriscariam a própria vida numa viagem tão perigosa se pudessem prosperar onde estavam. Migrantes que fogem da pobreza opressiva não estariam naqueles barcos se pudessem se alimentar e a seus filhos em sua cidade natal ou em países anfitriões vizinhos. Ninguém recorreria a gastar as economias de uma vida inteira para contratar os notórios contrabandistas se pudesse solicitar legalmente asilo em um país seguro. Até que abordem esses problemas, as pessoas continuarão a atravessar o mar, colocando sua vida em perigo, em busca de asilo. Ninguém que fuja de conflitos ou de perseguição deveria morrer tentando chegar à segurança.

A esperança de Doaa é de que nenhum de seus companheiros de barco tenha morrido em vão. Ela fica escandalizada pelo fato de o fundo do mar ter sido o único lugar em que encontraram abrigo quinhentos refugiados, inclusive o homem que ela amava. Sente-se agradecida à Suécia por oferecer asilo e um novo começo a ela e sua família, mas se preocupa com as duas irmãs mais velhas que estão lutando com suas famílias como refugiadas na Jordânia e no Líbano. Hoje, Doaa passa várias horas todo dia em aulas de sueco e um dia espera ingressar na universidade e estudar direito. Com um diploma, ela acredita que estará capacitada a lutar por mais justiça.

Em maio de 2015, Doaa viajou a Viena, na Áustria, para receber o prêmio anual do Fundo para Desenvolvimento Internacional da Opep. O comitê de premiação escolheu Doaa por "sua bravura e sua determinação em chamar uma atenção maior para a crise dos refugiados, contando sua história". O dinheiro do prêmio irá para sua educação e para ajudar outros refugiados sobreviventes de naufrágios. Ao aceitar o prêmio, ela se colocou diante de um público da alta sociedade que a admirava, trajado em vestidos de gala e smokings, e disse a eles: "Nenhum homem deseja terminar sua vida tirando o colete salva-vidas. Nenhuma família jamais sonha em ser desalojada. (...) Essas viagens levam refugiados do desespero para a morte. Esta noite vocês me deram alguma paz."

Nota de Doaa

Neste livro, partilhei de meu sofrimento com vocês. É apenas um pequeno vislumbre das dificuldades e da dor que suportam refugiados do mundo todo. Represento apenas uma entre os milhões de vozes que se arriscam diariamente para ter uma vida de dignidade.

A perigosa jornada feita pelos refugiados para alcançar a segurança na Europa costuma levar a desespero e morte. Mas colocamos nossas vidas nas mãos de contrabandistas cruéis e impiedosos porque não temos alternativa. Enfrentamos os horrores da guerra e a indignidade da perda de nossos lares. Nosso único desejo é viver em paz. Não somos terroristas. Somos seres humanos como vocês. Temos um coração que sente, deseja, ama e se magoa.

Toda família de meu país perdeu tanto que precisou reconstruir seus lares no coração. Nossa terra natal e nossos sonhos ficaram todos no passado. Quisera eu que todas as tragédias que vivemos fossem apenas um pesadelo do qual pudéssemos acordar.

As pessoas responsáveis pela guerra na Síria não se importam de derramar o sangue de uma criança, separar famílias ou destruir lares. E o mundo não parece lamentar por todas as pessoas que se afogaram no mar durante sua busca pelo santuário.

Meu noivo, o amor de minha vida, escorregou de meus braços e se afogou diante de meus olhos, e não havia nada que eu pudesse fazer. Agora, minha vida sem ele parece uma pintura sem nenhuma cor. Mais do que tudo, eu só queria que ele ainda estivesse comigo.

Quando fiquei boiando no mar, fiz o máximo para manter vivas Masa e Malak. Durante aqueles quatro dias terríveis, elas passaram a fazer parte de mim. Quando soube que a preciosa Malak dera seu último suspiro depois de termos sido resgatadas, senti que alguém tinha arrancado meu coração do peito. Mas me reconforto em saber que ela foi para o paraíso. Um paraíso onde ela enfim encontrou a segurança e onde não existem lutas nem guerras.

Sou grata a todos os que se recusam a permanecer indiferentes. Quero agradecer especialmente a nossos amigos egípcios, que fizeram minha família se sentir acolhida, o capitão e a tripulação do CPO *Japan*, que foram em meu resgate, os pilotos que nos içaram para seu helicóptero, os médicos em Creta, que nos salvaram a vida, e minha família anfitriã em Creta, que me recebeu e deu-me espaço para me curar. Quero também dedicar minha gratidão especial à ACNUR por trabalhar por nosso reassentamento e ao governo da Suécia por nos dar um novo lar seguro e promissor.

Um dia, tenho esperanças de retornar à Síria e assim poder voltar a respirar. Mesmo que apenas por um dia. Isto bastaria.

Nota da Autora

Dei com a história de Doaa pela primeira vez no site grego do ACNUR. Como diretora de comunicações do ACNUR, sempre estou à procura de relatos especiais de sobrevivência e resistência que possam ilustrar as dificuldades dos refugiados e, ao mesmo tempo, formem pontes de empatia com o público. Era março de 2015 e em maio eu teria de fazer um discurso em um evento do TEDx em Tessalônica, na Grécia, sobre a crise dos refugiados no Mediterrâneo. De imediato entendi que a história de Doaa agitaria o público grego e teria ressonância em pessoas de toda parte que estivessem tentando entender o que levava milhares de refugiados a arriscar a própria vida numa travessia por mar à Europa, empurrando-os a uma distância cada vez maior de sua terra natal, depois de já terem escapado dos horrores da guerra.

Marquei uma conversa pelo Skype com minha colega em Atenas, Erasmia Roumana, designada para cuidar do caso de Doaa e Masa e ver como o ACNUR podia ajudar. Erasmia entrevistou Doaa depois de sua alta no hospital para avaliar suas necessidades e informar que Doaa tinha o direito de pedir asilo na Grécia. À medida que Erasmia me contava a história de Doaa, percebi que ela estava visivelmente abalada. Erasmia havia testemunhado e ouvido todo tipo de história trágica durante seu trabalho com os refugiados, mas nenhuma havia se apoderado de seu coração como a história de Doaa. Viajei a Creta algumas semanas depois para conhecer Doaa pessoalmente.

    Minhas colegas nas comunicações em Atenas, Ketty Kehayioylou, Stella Nanou e Katerina Kitidi, organizaram minha visita e pesquisaram e traduziram toda a cobertura na imprensa grega como preparação para mim. Estes artigos, bem como fotos e outros relatos, mais tarde se mostrariam úteis para o livro, apesar de algumas imprecisões em reportagens da imprensa que ficaram claras depois de feitas as verificações.

    Minhas colegas Ana White e Sybella Wilkes viajaram comigo a Creta e Sybella deu-me apoio durante todo o processo de redação da história para o discurso no TED. Realizei minha primeira entrevista com Doaa em 21 de abril de 2015 na sala de estar da família que a hospedava em Creta. Doaa fala somente árabe e nosso intérprete só podia traduzir do árabe para o grego. Assim, Erasmia traduziu do grego para o inglês mais de três horas de conversa. Logo, ficou evidente que os relatos na imprensa apenas arranhavam a superfície do pesadelo e das lutas que Doaa vivera na Síria, no Egito e no Mar Mediterrâneo. Doaa foi acolhedora e calorosa, mas também estava muito fragilizada e traumatizada. A certa altura, depois de contar os detalhes de como Bassem se afogou, perguntei se ela queria continuar. "Pergunte-me o que você quiser", disse ela. "É a minha vida. Eu vivo com isso." A certa altura, ela ficou de guarda muito alta, mas era evidente que nos via como pessoas em quem ela talvez pudesse confiar para obter ajuda. Havia uma só coisa que ela queria, e era ser exilada na Suécia junto com sua família, que ainda estava no Egito, por quem ela se sentia responsável e tinha de proteger, e ela sabia que só nós podíamos ajudá-la.

NOTA DA AUTORA

A família que abrigou Doaa, que a acolheu depois de seu resgate e cuidou dela como uma de suas próprias filhas por 16 meses, foi útil dando-nos acesso a Doaa. Porém, não quiseram ser entrevistados para o livro, explicando que eles acreditavam que o que fizeram por ela foi a "vontade de Deus" e, assim, não mereciam reconhecimento por sua generosidade. Este é o motivo para eu preservar seu anonimato neste livro. Mas quero reconhecê-los aqui. Eles proporcionaram um lugar de cura, proteção e amor para Doaa e este é um feito muito nobre e muito belo.

Um dia depois do encontro com Doaa, fomos a Heraklion para visitar o Hospital Universitário, onde a pequena Masa era tratada depois de seu resgate e nos encontrar com a dra. Diana Fitrolaki, a médica que supervisionava seu tratamento. Ela me confirmou que Masa "estava perto da morte" quando foi admitida no hospital. "Ministramos glicose, fluidos, oxigênio", contou-me ela. "E lhe cantamos cantigas, abraçamos, a pegamos em nossos braços, andamos com ela. Depois de dois dias, ela começou a sorrir. Ela sempre pedia colo. Queria ser abraçada o tempo todo. A equipe sempre estava fazendo afagos e abraçando-a. Eles amam todas as crianças, mas nunca viram um caso semelhante." Saí do hospital naquele dia convencida de que não era apenas a medicina moderna que salvava Masa, mas o amor que a dra. Fitrolaki e a equipe do Hospital Universitário demonstraram por uma garotinha desde o momento em que ela foi admitida ali.

Depois de sair do hospital, Masa ficou aos cuidados de um orfanato, o Lar para Menores Mitera, em Atenas. Durante minha visita, passei algumas horas brincando com ela e falando com a direção e a equipe do Mitera. Ficou claro para mim que a criança entusiasmada que rapidamente aprendia a língua grega estava no melhor lugar possível para superar seu trauma e o afogamento trágico dos pais e da irmã.

Posteriormente, no escritório do ACNUR em Atenas, fiz uma entrevista pelo Skype com Mohammad Dasuqi, tio de Masa que morava na Suécia. A mulher dele, os dois filhos e a irmã mais velha de Masa, Sidra, entravam e saíam do enquadramento enquanto conversávamos. Mohammad estava aguardando o resultado de um processo judicial que confirmaria sua relação genética e a capacidade de cuidar de Masa para poder levá-la à Suécia e se unir à irmã mais velha e a sua família, e se tornar seu guardião legal.

Naquela mesma tarde, meus colegas conseguiram que um dos outros sobreviventes, Shoukri Al-Assoulli, nos encontrasse no escritório de Atenas. O estado de Shoukri era péssimo quando nos conhecemos. A Autoridade Palestina havia parado de pagar seu pequeno estipêndio mensal devido à falta de recursos e alguns dias antes, em um parque no centro de Atenas, membros do grupo de extrema-direita Aurora Dourada haviam espancado Shoukri e um amigo porque eles eram estrangeiros. Ambos foram parar no hospital. Ele não tinha um centavo e estava arrasado, chorava ao nos mostrar fotografias do lindo quarto cor-de-rosa das filhas falecidas em Gaza. Shoukri queria contar sua história e concordamos que Jowan Akkash, jornalista sírio com quem ele fez amizade e servia de intérprete para nós, fizesse a ele as perguntas de minha entrevista quando o momento fosse adequado. Esta entrevista, junto com outra sessão meses depois, quando Shoukri havia voltado a Gaza, corroborou maiores detalhes e deu mais descrições do que aconteceu durante a viagem de barco e o período em que eles lutaram pela sobrevivência no mar.

Depois de finalmente reunir informações suficientes para redigir o discurso para o TED, partilhei o texto com as curadoras

NOTA DA AUTORA

do TEDx Tessalônica, Katerina Biliouri e Elena Papadopoulou, que de imediato se convenceram de que seu público grego ficaria profundamente comovido com a história de Doaa e ao mesmo tempo teria uma compreensão maior dos motivos por que tantos refugiados morressem em suas águas territoriais. Antes e depois do evento, Katerina e Elena fizeram esforços especiais para promover a palestra. Bruno Giussani, diretor europeu do TED e curador da conferência TEDGlobal, também se ofereceu para analisar a palestra e dar conselhos criteriosos e uma edição útil que melhorou significativamente a forma do texto e o tornou mais emocionante. Também sou grata a Mark Turner, que ajudou a fazer as palavras cantarem. Ensaiei a palestra repetidas vezes e meus colegas, em particular Sybella Wilkes, Edith Champagne, Christopher Reardon, Alexandre St-Denis e Médéric Droz-dit-Busset, serviram como uma plateia paciente e ativa dos ensaios e deram muito *feedback*. O instrutor de oratória T.J. Walker me deu apoio por todo o processo, fazendo uma análise crítica dos vídeos dos ensaios e me mantendo em um regime de treinamento. Quando fiz a palestra em 23 de maio de 2015, o público ouviu em um silêncio extasiado e aplaudiu de pé quando terminei. Muitos estavam aos prantos. Um companheiro orador e importante empresário de Atenas, Alexis Pantazis, ficou tão comovido com a história de Doaa que garantiu a ela uma bolsa de estudos em nome de sua empresa.

    Decidi mandar um link da palestra à agente literária Mollie Glick, então na Foundry Media, agora na CAA, que anteriormente havia me procurado a respeito da redação de um livro depois de ter visto minha primeira palestra no TED tendo como tema os refugiados. "Isto é um livro?", perguntei a ela. Sua resposta foi clara: "Sim!" Com o envolvimento apaixonado e a forte crença demonstrados por Mollie na atemporalidade de uma história de refugiados como a de Doaa, passamos a trabalhar na elaboração de uma proposta e ela recomendou Dorothy Hearst, uma experiente editora de não ficção e romancista de sucesso, para me ajudar no processo da proposta e na redação. A assistente de Mollie, Joy Fowlkes, que levou minha primeira palestra TED à atenção de Mollie, administrou todos os contatos em diferentes fusos horários e Kirsten Neuhaus, da Foundry, conseguiu oito editoras estrangeiras com base na proposta do livro e se esforça para obter mais contatos.

Meu livro foi parar na Flatiron Books, uma divisão da Macmillan. Meu editor, Colin Dickerman, impressionou-me com seu interesse pelas histórias humanas que comovem, educam e influenciam os leitores. Desde então, Colin me orientou habilidosamente no processo de redação e divulgação, mantendo-me nos prazos e me estimulando a escrever o melhor livro que eu tivesse em mim. À medida que os originais entravam nas fases derradeiras, a editora Jasmine Faustino, da Flatiron, melhorou significativamente o fluxo e a forma do texto com seu olhar afiado e renovado para o estilo e a estrutura. O preparador de originais Steve Boldt e o advogado da editora, Michael Cantwell, passaram um pente-fino no último rascunho em busca de incoerências e refinaram o texto, dando um ótimo acabamento.

Revelar parte de sua história para uma curta palestra no TED foi uma grande coisa para Doaa, mas expor toda a história de sua vida em detalhes para um livro era uma perspectiva assustadora. Eu estava profundamente convencida de que contar sua história a ajudaria a superar a tragédia e também lhe daria algum apoio financeiro extremamente necessário. Também tinha certeza de que sua história daria aos leitores um discernimento real sobre a guerra na Síria, a vida torturante que os refugiados enfrentam nos países vizinhos e os fatores que levam

NOTA DA AUTORA

tantas pessoas a arriscar a vida na travessia do Mediterrâneo para chegar à promessa da Europa. Meu colega Firas Kayal, um companheiro sírio que ficou profundamente comovido com a provação de Doaa, foi fundamental para convencer Doaa e sua família de que o livro era de seu interesse e que eles podiam confiar sua redação a mim. O instinto de Doaa era se retrair em seu próprio trauma e Firas a fez entender que ela poderia ajudar outras pessoas contando sua história ao mundo.

Para chegar ao nível de detalhes necessários, estava claro que eu precisava trabalhar com um colaborador que não só fosse fluente em árabe, mas também sensível aos apuros do povo sírio. Encontrei esta pessoa em Zahra Mackaoui, uma videojornalista e documentarista que havia trabalhado para o ACNUR, cobrindo histórias de refugiados sírios no Líbano. Zahra sempre me impressionou com seu talento para o relato de histórias individuais enquanto pintava um quadro mais amplo e gerava compaixão para seu sofrimento e as circunstâncias. Rapidamente ela desenvolveu um forte relacionamento com Doaa e sua família. Sua abordagem sensível e carinhosa conquistou a confiança deles. Fizemos a maioria das entrevistas juntas, embora algumas ela tenha feito sozinha, quando não pude viajar — e todas as entrevistas somaram mais de setenta horas de conversas. Algumas sessões foram tão dolorosas para Doaa que tivemos de interromper e recomeçar no dia seguinte. Éramos as únicas com quem ela falara nesse nível de detalhes sobre o que aconteceu e falar no assunto parecia ajudar Doaa. Zhara sabia reconfortá-la quando ela se entristecia e fazê-la rir para melhorar seu estado de espírito. Nos mais de sete meses que passamos trabalhando juntas na pesquisa, Zahra tornou-se uma amiga querida e mentora para Doaa. As transcrições em que ela trabalhou, traduzidas graças a Naglaa Abdelmoneim, proporcionaram um relato detalhado do que aconteceu na vida de Doaa, criaram cenas nítidas e capturaram o diálogo de sua família. Zahra garantiu que as transcrições fossem completas e coerentes, que a cronologia fosse precisa, que qualquer lapso de memória fosse resolvido e que as emoções do momento fossem capturadas. Também acrescentou comentários perceptivos e descrições que ajudaram a dar forma à narrativa geral e a desenvolver plenamente os contornos do caráter de Doaa.

Mais ou menos na época em que comecei a trabalhar no livro, em outubro de 2015, a equipe editorial do TED, chefiada por Helen Walters e Emily McManus, publicou minha palestra no TED.com. A reação foi fenomenal. Quando terminei a redação do livro, em agosto de 2016, mais de 1,3 milhão de pessoas tinham visto e foi legendada em trinta línguas pelos talentosos tradutores voluntários do TED. Sou grata à equipe editorial do TED por reconhecer o poder da história de Doaa e por proporcionar a plataforma TED para aumentar a consciência a respeito da crise global de refugiados.

Eu não poderia ter escrito este livro sem o apoio magistral de Dorothy Hearst na redação. Ela me ensinou os pormenores da publicação de livros e a arte de escrever textos mais extensos. Também me deu confiança quando minha redação parecia bloqueada ou atrapalhada e deu-me dicas de como melhorar. Ela deu um polimento capítulo por capítulo e suas edições e acréscimos ajudaram a colocar as cenas em um foco mais nítido, com cor e emoção.

Também quero reconhecer Jane Corbin, cujo documentário seminal da BBC sobre os levantes de Daraa ajudaram-me a criar as cenas que incitaram a guerra na Síria. Outros trabalhos que serviram como referências importantes foram *Burning Country*, de Robin Yassin-Kassab e Leila al-Shami, e *The New Odyssey*,

NOTA DA AUTORA

de Patrick Kingsley. Também gostaria de reconhecer os jornalistas cidadãos cujo corajoso relato em vídeo dão testemunho aos acontecimentos que a mídia, os historiadores e escritores *mainstream*, como eu, utilizariam como referência para ajudar a pintar um retrato da guerra. Muitos agradecimentos a Maher Samaan por verificar os dados dos capítulos sobre a Síria.

A edição e as sugestões criteriosas de Bruno Giussani melhoraram a redação e o contexto em todo o processo. Também sou grata a Ariane Rummery, Sybella Wilkes, Edith Champagne, Christopher Reardon, Elizabeth Tan, Yvonne Richard e Elena Dorfman por lerem os originais e me darem tantas palavras de estímulo. Um agradecimento adicional a Elena pelos retratos impressionantes que fez de Doaa.

Sou profundamente agradecida a Pat Mitchell, curadora do TED Women, que me colocou em contato com o programa Rockefeller Center Fellowship em Bellagio, na Itália. Recebi uma bolsa de um mês em sua impressionante residência no lago Como em abril de 2016 que me proporcionou ambiente e tempo ideais e necessários para escrever importantes capítulos do livro. Agradecimentos especiais à diretora administrativa Pilar Palacia por seu interesse sincero no projeto e por receber Doaa e Zahra para sessões de entrevistas diárias por mais de três dias na tranquilidade das instalações do centro e em seus jardins.

Além do testemunho de Doaa, várias outras entrevistas foram fundamentais para o livro. Sou profundamente agradecida a Hanaa, Shokri, Saja e Nawara por responderem a todas as minhas perguntas e me proporcionarem tanto insight sobre sua vida familiar, Doaa como pessoa e a história de amor de Doaa e Bassem. Minhas entrevistas com as irmãs de Doaa, Ayat no Líbano e Asma na Jordânia, deram-me insight sobre a personalidade de Doaa e sua luta para aceitar a morte de Bassem.

Agradeço também ao médico no Egito dos Médicos sem Fronteiras, que, embora prefira continuar anônimo, deu um relato muito comovente não só da fragilidade da saúde de Doaa e de Bassem, mas também do otimismo dos dois e do enorme amor que um sentia pelo outro.

Agradecimentos especiais também a Svante Somizlaff, do Offen Group, uma empresa de gestão de navios-tanque e de carga de Hamburgo, Alemanha. O navio de resgate de Doaa, o CPO *Japan*, é um dos navios-tanque de sua frota. Svante foi imensamente útil ajudando a localizar quem resgatou Doaa. Ele ativou o departamento de pessoal para encontrar três homens que tripulavam o navio naquele dia, o capitão Vladislav Akimov, o imediato Dmytro Zbitnyev e o engenheiro Vladislavs Daleckis, transmitindo suas respostas detalhadas por escrito a minhas perguntas. Estas entrevistas corroboraram o momento do resgate e deram detalhes à história que Doaa não tinha condições de recordar — como a decisão tomada pelo capitão de procurar por sobreviventes, embora o outro navio mercante na cena tenha desistido em meio à fraca visibilidade e ao mar revolto, momento em que ele ouviu os gritos dela; como trabalharam para finalmente alcançá-la, as medidas clínicas que tomaram para cuidar das pessoas que resgataram e como Malak morreu.

Também sou grata aos pilotos John Fragkiadoukis e Antonios Kollias, da Força Aérea Helênica, que deram detalhes importantes de seu resgate de helicóptero de Doaa, Masa e de outros sobreviventes, bem como forneceram o vídeo dramático que fizeram enquanto eles eram içados do navio para o helicóptero. Para eles, este resgate era quase rotina, mas ainda se recordam deste incidente em particular porque envolveu uma jovem e um bebê que estavam tão visivelmente à beira da morte e cuja sobrevivência no meio do Mediterrâneo por um período tão longo parecia um milagre.

Sou sinceramente agradecida a Aurvasi Patel e Diane Goodman por seus esforços junto aos governos da Grécia, Egito e Suécia para garantir reassentamento a Doaa e sua família. Graças a eles, Doaa tem esperanças renovadas.

Um grande obrigada ao fotógrafo do *Humans of New York* Brandon Stanton e aos escritores Khaled Hosseini e Neil Gaiman por seu endosso e a minha colega Coco Campbell pelo forte apoio ao projeto.

Embora eu tenha escrito o livro com minha capacidade pessoal, o alto comissário para Refugiados das Nações Unidas da época, António Guterres, endossou o projeto, acreditando que serviria como um importante instrumento de comunicação para criar empatia pelos refugiados. Desejo enfatizar que a maior parte da renda deste livro será doada para apoiar refugiados.

O processo de redação aconteceu em um período em que a crise dos refugiados na Europa ganhava as manchetes diárias na imprensa e minha carga de trabalho no ACNUR era alta o tempo todo. Também sou agradecida a meu marido, Peter, e a meus filhos, Alessi e Danny, não só por aceitarem que minhas noites e fins de semana fossem consumidos pela redação do livro, mas por me darem ânimo o tempo todo.

Impressão e Acabamento:
GRÁFICA STAMPPA LTDA.